WINKLER
WELTLITERATUR
WERKDRUCK
AUSGABE

Ideen, in Tinte getaucht

Aus dem Tagebuch von

Jules Renard

Winkler Verlag München

Ausgewählt und aus dem Französischen übertragen von
Liselotte Ronte. Mit einem Nachwort von Hanns Grössel.

Verlegt 1986 im Winkler Verlag, München.

Satz: Filmsatz Schröter GmbH, München. Druck: G. Wagner,
Nördlingen. Printed in Germany
ISBN 3-538-06594-2

1887

[ohne Datum]

Ein in Nebel gehüllter Vogel, als bringe er Wolkenfetzen mit, die er mit seinem Schnabel abgerissen hat.

Ich mag Geschichten nicht, die sich an einem bestimmten Ort zutragen. Vielleicht bevorzuge ich deshalb Reisebeschreibungen, denn in Geographie bin ich so wenig beschlagen, daß die geschilderten Gegenden für mich nebelhafte Landschaften bleiben, Phantasie- und Traumlandschaften, die eigentlich nicht zählen.

Die Sträucher schienen wie trunken von Sonne, voller Unbehagen schwankten sie hin und her und verströmten Weißdorn wie weißen Schaum.

Wer weiß, ob nicht jedes Ereignis einen Traum verwirklicht, den wir selbst oder ein anderer geträumt haben, dessen wir uns aber nicht mehr erinnern, oder den wir nie gekannt haben.

Talent ist eine Frage der Quantität. Talent haben, heißt nicht, eine Seite niederschreiben; es heißt, dreihundert davon zu Papier bringen. Es gibt keinen Roman, den ein durchschnittlicher Verstand nicht entwerfen könnte, keinen Satz, und sei er noch so schön, den ein Anfänger nicht zu formulieren vermöchte. Es gilt nur, die Feder zu zücken, sich das Papier zurechtzulegen, es geduldig vollzuschreiben. Die Starken zögern nicht. Sie setzen sich hin und schinden sich. Sie gehen den Weg bis zum bitteren Ende, die Tinte mag ihnen ausgehen, ja, sie werden das ganze Papier verbrauchen. Das allein unterscheidet sie, die

Begabten, von den Verzagten, die niemals beginnen. In der Literatur gibt es nur Arbeitstiere. Die größten unter ihnen sind die Genies, jene, die sich täglich achtzehn Stunden lang unermüdlich plagen. Ruhm ist eine unaufhörliche Anstrengung.

20. Juni

Die Sehnsucht nach Ländern, die wir nicht kennen, ist vielleicht nur die Erinnerung an Landschaften, durch die wir in einem früheren Leben gereist sind.

[ohne Datum]

Sie kommen mir vor wie jemand, der sich seinen Kaffee glühendheiß bestellt und ihn dann kalt werden läßt.

16. Juli

Diese Nacht habe ich mit den großen Damen des 18. Jahrhunderts verbracht, mit der Du Barry, der Pompadour, der Herzogin von Châteauroux, und da kam mir so in den Sinn, dem Lenker meines Schicksals sechzig Jahre zu bieten für einen einzigen Tag aus dem Leben Ludwigs XV. Wenn ich bedenke, daß dies alles ganz und gar vergangen ist, mache ich mir ewig Vorwürfe, zu spät gekommen zu sein.

20. Juli

Der Geist ist für den wahren Verstand etwa das, was der Essig im Verhältnis zu einem starken guten Wein ist: ein Getränk für sterile Hirne und kranke Mägen.

Sein Herz ist verlassen, einsam, allein, ja, noch verlorener als ein Herz-As auf einer Spielkarte.

22. Juli

Die Liebe einer Jungfrau ist ebenso unerträglich wie eine Neubauwohnung. Man meint, man wohne sie trocken. Allerdings braucht man die giftigen Krankheitskeime eines Vorgängers nicht zu fürchten.

Gleich einer großen Künstlerin tötet das Meer um zu töten und wirft seine Opfer und Abfälle verächtlich auf die Felsen.

4. August

Von Ronsard bis hin zu Chénier, und nochmals André Chénier... sucht man vergebens nach einem Dichter. Ich sage nicht: nach einem Versemacher, einem Reimeschmied, einem Wortaufreiher, sondern nach einem Dichter. Kein einziger! Echte Dichtung ist Schöpfung aus Bild und Traum.

9. August. An der See.

Das Meer steigt, nimmt einen Felsen nach dem anderen, überschwemmt diesen, beleckt jenen, hinterläßt Schaum auf einem dritten und zeigt durch sein Flaschengrün schimmernd viele phantastische, wie versteinerte und von Seetang überwucherte Ungeheuer.

Krebse, laufende Kiesel.

Aus dem weißen Sand ragt ein Leuchtturm empor wie ein Eiskaffee auf dem Tischtuch in einem Café.

Schon der Geruch einer verwesten Muschel klagt das gesamte Meer an.

13. September

Die wahrhaft große Kunst besteht nicht darin, irgendein umfangreiches Werk in Angriff zu nehmen, etwa einen Roman zu schreiben, in dem sich der Geist ganz den Erfordernissen eines übergreifenden Themas beugen muß, das er sich selbst gestellt hat; eine größere Kunst ist es wohl, in kleinen Schritten über unzählige Themen zu schreiben, die unverhofft auftauchen, sozusagen die eigenen Gedanken zu zerbröseln. Auf diese Weise ist nichts erzwungen, alles behält den Reiz des Ungewollten, des Natürlichen. Man fordert nicht, man wartet ab.

17. September

Eine ausgesuchte Ungenauigkeit.

1. Oktober

Beim Anblick eines Chinesen fragt man sich, wie wohl die Maske eines Chinesen aussehen mag.

11. Oktober

Der Gipfel des Patriotismus: einen preußisch-blauen Himmel fliehen.

21. Oktober

Die Bäckerei zu einer nationalen Einrichtung erheben: Brot gratis und obligatorisch.

23. Oktober

In mir fast unablässig das Bedürfnis, über die anderen etwas Böses zu sagen, und nicht das geringste Verlangen, ihnen auch solches anzutun.

24. Oktober

Wenn bei einer Diskussion auch nur ein Fünkchen Wahrheit herauskäme, würde weniger diskutiert werden. Nichts ist so tödlich langweilig, wie einander zu verstehen: Man hat sich nichts mehr zu sagen.

27. Oktober

Das Meer gleicht einem riesigen Feld, das von unsichtbaren Pflugscharen umgegraben wird.

28. Oktober

Wie eigentümlich, diese Welt des Traums! Die Gedanken, die Worte im Innern, ganz inwendig, drängen, wimmeln und schwärmen. Diese ganze kleine Welt beeilt sich noch zu leben vor dem Erwachen, das ihr Ende, ihren sicheren Tod bedeutet.

Nichts ist so banal wie ein normaler Zustand.

31. Oktober

Häufig verspüren wir Lust, unsere Familie gegen eine literarische unserer eigenen Wahl auszutauschen, nur um zu einem bestimmten Verfasser einer uns bewegenden Seite sagen zu können: »Bruder«.

2. November

Entwurf zu einem Vorwort: »Meine Geliebte, Dir will ich diese Verse widmen; zum einen wirst Du sie nicht lesen, und zum anderen bin ich ganz ruhig, denn solltest Du sie lesen, wirst Du gar nichts verstehen. Doch ich schenke sie Dir, weil sie auf dem steinigen Strand am Ärmelkanal, in den verlorenen Winkeln der Normandie, in einer betäubend herben Landschaft zwischen Unterholz und Sträuchern entstanden sind. Weißt Du noch, wie wir uns gestochen haben? Welch sonderbare Ergebnisse: Fast alle klingen traurig. Nur sehr wenige sind heiter. Wenn ich daran zurückdenke, taucht in meiner Erinnerung ein Schwarm von Raben auf, den ich gesehen habe und unter den sich hier und dort einige aufgescheuchte Lerchen mischten, sich hoch in die Lüfte schwingend über einem zauberhaften und heiteren Blumengarten mit rotem Klatschmohn, schneeigen Maßliebchen und schönem Löwenmaul. Du, das haben Versemacher so an sich, daß sie niemals dort sind, wo sie sich befinden. Ließest Du Dir einfallen, mich küssen zu wollen, während ich gerade ein Sonett von Baudelaire lese, ich wäre imstande, meine Lektüre nicht einmal zu unterbrechen; und sollte mir jemand den Tod meines Vaters melden zwischen zwei Strophen von Victor Hugo, ich würde sagen: »Warte bitte.«

Ich erinnere mich noch an Deine Ausbrüche von Begeisterung. Du warst voller Bewunderung, ohne jedoch zu verstehen. Gleichwohl war das vertrauensselige Klatschen Deiner Hände von großem Reiz für mich; nichts ist so wohltuend süß für das Herz eines Mannes wie das Entzükken der Frau, die er liebt und die ihn liebt und dazu noch sehr aufmerksam jedem seiner Worte lauscht, um so bewegter und innerlich trunken, je weniger sie ahnt, was er ihr sagt.

Dein Geliebter

P. S. Daß ich heirate, weißt Du.«

3. November

Seinem Geist auflauern mit gezückter Feder; stets bereit, den kleinsten Einfall, der ihm entspringen könnte, zu erwischen.

Andere egoistisch zu sehen, verblüfft uns wohl, als hätten allein wir das Recht, so zu sein und Lebensdrang zu verspüren.

5. November

Die Schilderung von Frauen erinnert an die Auslagen von Juweliergeschäften. Dort sieht man goldenes Haar, smaragdgrüne Augen, Zähne wie Perlen, korallenrote Lippen. Wie erst sieht es aus, wenn wir intimer werden! In der Liebe, ja da pißt man Gold.

7. November

Ein ununterbrochenes Rinnen von Wassertropfen auf beschlagenen Fensterscheiben hinterläßt so etwas wie einen kleinen Pfad im Schnee.

Metallische Natur, Vegetation aus Ofenrohren, Zinkdächer weißer als Seen, Höhlenmulden wie Öffnungen von Tabakdosen, eine bis zu den Schornsteinen aus roten Ziegeln vom Wasser fast begrabene Stadt, ein Ertrinken unter äußerst blasser Sonne, auch sie ziegelfarben, das Ganze eine schwimmende Welt, geisterhaft, dies ist bei Regenwetter der Anblick durch die beschlagenen Scheiben.

9. November

Allem voran die Kunst. Er verbrachte einen Monat, zwei Monate inmitten seiner Bücher und verlangte von ihnen nur Zeit zum Ruhen und zum Schlafen; dann plötzlich betastete er seine Geldbörse. Er mußte sich eine Arbeit suchen, irgendeine, um weiterleben zu können. Viele lange Tage saß er nun in einem x-beliebigen Büro mit lauter Schreiberseelen zusammen, klebte Briefmarken, schrieb Adressen, verrichtete jede Arbeit, verdiente sich ein paar Groschen, dankte dem Chef und kehrte zu seinen Büchern zurück, bis zur nächsten Notlage.

11. November

Der vertikale, wie Diamanten strahlende, makellose Stil.

14. November

Manchmal erscheint mir alles um mich herum so verschwommen, so zitternd, daß ich mir vorstelle, diese unsere Welt sei nur die Vortäuschung einer zukünftigen Welt, sozusagen ihre Projektion. Mich dünkt, wir sind noch weit entfernt von dem Wald, und wenn uns der Schatten seiner hohen Bäume auch schon umhüllt, so haben wir doch noch einen weiten Weg zurückzulegen, ehe wir denn unter ihrem Laub wandeln dürfen.

21. November

Wenn man auf nichts mehr zählen kann, muß man mit allem rechnen.

25. November

Gerade mitten in der Stadt schreibt man die schönsten Zeilen über das Land.

4. Dezember

Der Geist nimmt eine Idee nur auf, indem er ihr eine Gestalt verleiht; daher die Vergleiche!

5. Dezember

Das Gespräch der aufgereihten Sessel vor der Ankunft der Gäste an einem Empfangstag.

13. Dezember

Ohnmächtig werden ist soviel wie in der Luft ertrinken. Ertrinken aber ist ohnmächtig werden im Wasser.

1888

15. November

Mit einem Freund ist es wie mit einem Anzug. Man sollte sich von ihm trennen, ehe er abgenutzt ist. Andernfalls ist er derjenige, der sich von uns trennt.

Die Worte sind das Kleingeld des Gedankens. Es gibt Schwätzer, die uns mit Groschen abspeisen. Andere dagegen zahlen nur in Goldmünzen.

Ein niedergeschriebener Gedanke ist tot. Er hat gelebt. Er lebt nicht mehr. Er stand in Blüte. Die Schrift hat ihn erstarren lassen, das heißt ihn unwandelbar gemacht.

Manchmal verlischt das Gespräch wie eine Lampe. Man dreht den Docht höher. Vereinzelte Ideen flackern noch einmal auf, doch nun ist endgültig kein Öl mehr da. Das Wort erstirbt und die Gedanken schlafen ein.

23. November

Aus dir wird nichts. Du magst tun, was du willst. Aus dir wird nichts. Du verstehst zwar die größten Dichter, die tiefgründigsten Prosaschriftsteller, doch wenn Verstehen Nacheifern bedeutet, so kannst du dich so wenig mit ihnen messen wie ein winziger Zwerg mit einem Riesen.

Du arbeitest jeden Tag. Du nimmst das Leben ernst. Du glaubst fest an deine Kunst ... Doch aus dir wird nichts.

Du hast keine Geldsorgen mehr. Du brauchst das tägliche Brot nicht zu verdienen. Du bist nun frei. Deine Zeit gehört dir. Du brauchst nur zu wollen, doch es fehlt dir am Können.

Aus dir wird nichts; weine, verzweifle, stütze den Kopf in

deine Hände, hoffe, arbeite weiter, rolle deinen Felsen vor dir her, aus dir wird nichts!

18. Dezember

Wenn dem skeptischen »Warum« das gläubige »Weil« antwortet, ist jede Diskussion beendet.

29. Dezember

Viele Menschen haben sich umbringen wollen und sich zuletzt damit begnügt, ihre Photographie zu zerreißen.

1889

17. Januar

Das Beben des Wassers unter dem Eis.

Der Gelehrte verallgemeinert, der Künstler unterscheidet.

An den Anfang eines Buches setzen: Ich habe keine Typen gesehen, wohl aber Individuen ...

18. Januar

Die Amsel, dieser winzige Rabe.

Seele, das eben ist das Wort, über das gar so viel dummes Zeug geredet worden ist. Wenn man bedenkt, daß im 18. Jahrhundert vernünftige Leute im Namen von Descartes den Tieren eine Seele abgesprochen haben! Ungeachtet der Torheit, anderen Lebewesen etwas absprechen zu wollen, wovon der Mensch selbst nicht die leiseste Ahnung hat, könnte man ebensogut behaupten, die Nachtigall habe gar keine Stimme, sondern vielmehr eine hervorragende kleine Pfeife im Schnabel, die sie Pan oder irgendeinem anderen der Satyrn, den Trödlern des Waldes, abgekauft hat.

23. Januar

Eine ganze Kategorie von Gefühlen ist veraltet.

Die Naturmenschen, wie sie genannt werden, sprechen kaum von der Natur.

25. Januar

Den Dekadenten wirft man die Unklarheit ihrer Ausdrucksweise vor. Das ist eine unberechtigte Kritik. Was gibt es an einem Vers zu verstehen? Absolut nichts. Verse sind keine lateinische Übersetzung. Ich liebe Lamartine sehr, doch genügt mir die Musik seiner Verse. Man hat nicht viel davon, wenn man hinter den Worten etwas sucht. Auch würde man in der Tat sehr wenig finden. Aber es ist zu viel verlangt, daß Musik einen Sinn, gar mehrere Sinne haben soll. In diesem Punkt treffen sich Lamartine und die Dekadenten. Sie legen einzig und allein Wert auf die Form. Die Dekadenten lassen sie sich besonders angelegen sein. Das ist alles.

Bei Geld-, ja bei Gefängnisstrafe sollte es jedem Schriftsteller von heute untersagt sein, einen Vergleich aus der Mythologie heranzuziehen und von Harfe, Leier, Muse, Schwänen zu sprechen. Störche, das mag noch angehen.

2. Februar

Allem Anschein nach sind die Augen der Neugeborenen, diese Augen, die nichts sehen und die man kaum sieht, diese Augen ohne Weiß, tief und verschwommen, doch ein wenig aus dem Abgrund gemacht, aus dem sie kommen.

27. Februar

Ein einfacher Mensch, ein Mensch, der den Mut hat, eine leserliche Unterschrift zu haben.

29. März

Tränen, eine höchst törichte Übertreibung: Sie gehen einem auf die Nerven wie ein tropfender Wasserhahn.

6. April

Alles was ich gelesen, alles was ich gedacht habe, alle meine krampfhaften Paradoxa, mein Haß auf das Überlieferte, meine Verachtung für das Banale verhindern nicht, daß ich am ersten Frühlingstag jedesmal wieder gerührt bin, unter den Hecken zwischen Menschenkot und faulendem Papier Veilchen suche, mit den Kindern Murmeln spiele, den Eidechsen, den Schmetterlingen im gelben Gewand nachschaue, meiner Frau eine kleine blaue Blume mitbringe. Ewiger Antagonismus. Unaufhörliches Bemühen, der Torheit zu entrinnen, und unausweichlicher Rückfall. Welch ein Glück!

8. April

Ein verheirateter Mann verhält sich zum Jüngling wie ein gebundenes Buch zu einem broschierten.

10. April

Der Abscheu vor dem Bürger ist bürgerlich.

28. Mai

Die Freundschaft eines großen Schriftstellers wäre eine große Wohltat. Es ist jammerschade, daß diejenigen, deren Gunst man sich wünscht, immer schon gestorben sind.

29. Mai

Die Menschen! O je! Da muß ich pinkeln.

Auf jemanden bauen wie auf eine verfaulte Planke.

14. Juni

Haben wir ein Schicksal? Sind wir frei? Wie ärgerlich, das nicht zu wissen! Wieviel Ärger aber erst, wüßten wir es.

14. Juli

Die Frau spricht immer von ihrem Alter und nennt es nie.

31. Juli

Jeden Morgen eine Tasse Sonne trinken und eine Ähre Weizen essen.

»Faulpelz, du arbeitest nicht!« sagte Langibout zu Anatole. So muß ich auch zu mir selbst sagen: »Faulpelz, du arbeitest nicht!« Schön und gut! Du trinkst Sonne, du schaust, du beobachtest. Du genießt das Leben, du findest alles gut, was der liebe Gott geschaffen hat. Die Eidechsen interessieren dich, auch die Libellen, die, eine auf dem Hals der anderen hockend, von Halm zu Halm fliegen und sich wieder niederlassen, die eine ausgestreckt und steif, die andere abgeknickt und ihren Schwanz ins Wasser tauchend. Du sagst dir: Vor dem Schreiben muß man sehen. Bummeln heißt arbeiten. Man muß lernen, alles zu sehen, den Grashalm, die Gänse, die in ihren Pferchen schnattern, die untergehende Sonne, den Schweif der untergegangenen Sonne, der sich rosarot und purpurfarben wie ein Schleier über den ganzen Horizont legt und auf dem sich die Sichel des Mondes niederläßt. Beide Hände in den Taschen prägst du dir Bild auf Bild ein. Du wühlst in deinen Träumen. Sie ergießen sich nach allen Seiten, verlassen ihr Bassin, geben sich dem Abenteuer, dem Zufall hin. Du hast auch nicht so heitere Ideen. Du denkst an den Tod, voller Schrecken, wenn es donnert, ohne Angst, wenn es hell ist oder das matte Licht sich überall ausbreitet, durch jeden Spalt im Fensterladen dringt und den schweren Hafer niederbeugt, oder wenn du gern an einem anderen Ort sein möchtest, im Schatten, ruhig, fern der Welt und du dich selbst siehst, völlig regungslos, die Füße nebeneinander gelegt, ausgestreckt, gesammelt, fast lächelnd, einige Daumen breit unter der Erde, ganz nahe den Blumen, den Gräsern, dem Leben und dem Lärm. Das ist gut. Ich höre dir zu. Du jagst auch nicht mehr. Einen Vogel zu töten, erfüllt dich mit Abscheu. Haben sie nicht das Recht zu leben? Du angelst auch nicht. Die Fische sind für dich Lebewesen, die uns etwas angehen, wie andere Tiere, die Flügel haben, um im Wasser zu fliegen, die kämpfen, listig sind, kurz die existieren. Du wirst elegisch. Du verstehst wahrlich alles. Du gibst dich pantheistisch. Überall und nirgendwo siehst du Gott. Du hast heitere Ideen, über die du wohlwollend lächelst. Du genießt die Zeit. Du findest dich gut wie alles übrige auch, doch ich sage dir noch einmal: »Faulpelz, du arbeitest nicht!«

 [1889]

28. August

Es ist zum Verzweifeln: alles lesen und nichts behalten! Denn wir behalten nichts. Wir mögen uns noch so bemühen, alles entgleitet uns wieder. Hier und dort bleibt einiges hängen, zart und vergänglich wie jene Dampfwölkchen, die uns anzeigen, daß soeben ein Zug vorübergefahren ist.

30. August

Der Schlaf ist die Halle der Erinnerungen. Er begünstigt ihre Rückkehr. Er ist ihr Treffpunkt...

18. September

Diesem Dilemma entkomme ich wohl nie; ich hasse Sorgen, doch sie peitschen mich regelrecht auf, stacheln mein Talent an. Ruhe und Wohlbehagen dagegen lähmen mich. Also entweder ein Nichts sein oder immerwährend Ärger haben. Man muß wählen.

Ich will dann wohl lieber Ärger haben, das beteure ich. Doch wäre ich sehr ärgerlich, beim Wort genommen zu werden.

28. September

Du sagst, du seist nicht reif genug. Ja, willst du denn warten, bis du verfaulst?

30. September

Um einen einzigen Roman vollenden zu können, muß ich mir stets vornehmen, deren zwei zu schreiben.

6. Oktober

Eines schönen Tages wird man Sprechmaschinen in die Pendeluhren einbauen. Statt zu schlagen, werden diese sagen: »Es ist fünf Uhr, acht Uhr.« Wir werden ihnen antworten: »Du gehst nach«, oder: »Du gehst vor!« Wir werden uns mit der Zeit unterhalten. Sie wird stehenbleiben und mit uns schwatzen wie ein Hausmeister oder eine Dienstmagd beim Lieferanten.

9. Oktober

Um aufzufallen, schnitt er sich sorgfältig die Haare kreuz und quer, so daß hier und dort eine borstige und widerspenstige Strähne auf sein überspanntes Denken und seine kühnen Ansichten hinweisen konnte.

21. Oktober

Es gibt kaum etwas Schlechteres als die Novellen von Balzac. So etwas ist zu klein für ihn. Und außerdem, wenn er einen Einfall hatte, dann machte er stets einen ganzen Roman daraus.

Heute abend benutzen die Erinnerungen mein Gehirn als Tamburin.

4. November

Nein, ganz entschieden, Barrès hält sich zu sehr im Zaum. Eines Tages wird er noch krank werden. Vor lauter beherrschter Aufrichtigkeit wird er noch platzen. Er wird an unterdrückter Überzeugung sterben, an Zivilisation ersticken wie andere an Luftmangel. Kurze Eindrücke in kurzen Sätzen wiedergeben. Ist das denn neu, was er da sagt? Er vergoldet die klassischen Handbücher scheibchenweise. Wenn man sagt: »Es gibt nichts«, ein Mal, ein einziges Mal, genügt das nicht? Dann bleiben noch diese Wahrscheinlichkeiten, diese schönen und vielfältig täuschenden Wahrscheinlichkeiten, aus denen sich für unser erbärmliches Leben und unseren erbärmlichen nahen Tod ein recht handfestes Universum zusammensetzt. Barrès, mein Freund, gehen Sie aus sich heraus: Bei Ihnen riecht es muffig. Man erstickt bei Ihnen, lüften Sie!

5. November

Ach! Hätte ich doch einen Sekretär, der meine Träume aufzeichnet! Was für herrliche Dinge würde er niederschreiben! Tagsüber fache ich mein Denken nur an.

Zuweilen flackert es wie ein kümmerliches Feuer, das nicht angehen will. Doch schon im ersten Schlaf brennt es lichterloh. Mein Gehirn ist eine Nachtfabrik.

23. November

Ich finde in der *Revue bleue* einen Aufsatz über Barrès. Barrès ist in Mode und wird viel gelesen. Betrachtet man ihn als Literaten, könnte man über ihn nichts Treffenderes sagen als das, was Rivarol über Lauraguais gesagt hat: »Seine Gedanken gleichen Fensterscheiben, die im Korb eines Glasers übereinandergeschichtet liegen; jede für sich ist klar, alle zusammen sind trüb.«

11. Dezember

Ein Mann erfährt vom Tod seiner Geliebten in Gegenwart seiner Frau, und da er seinen Schmerz nicht zeigen kann, faßt er ihn zusammen in den schlichten Worten: »Ich bin Witwer!«

26. Dezember

Dieses stechende Gefühl, das in uns bewirkt, daß wir einen Satz wie eine Feuerwaffe anpacken.

1890

2. Januar

Man kann ein Dichter sein und die Haare kurz tragen. Man kann ein Dichter sein und seine Miete bezahlen. Obschon man ein Dichter ist, kann man mit seiner Frau schlafen.
Mitunter kann ein Dichter auch Französisch schreiben.

23. Januar

Vielleicht, verehrter Herr Tailhade, ist es doch möglich, Talent zu haben, ohne den einen Schriftsteller als Idioten und den anderen als Zahnarzt zu beschimpfen.

24. Januar

Durch Zerlegen, nicht durch Verknüpfen der Ideen sollte man wirken. Eine Verknüpfung ist fast immer banal. Das Zerlegen nimmt alles auseinander und deckt verborgene Zusammenhänge auf.

27. Januar

Verse, das ist Prosa mit Handschuhen und Hosenträgern; das ist Prosa, die sich aufspielt, sich brüstet wie ein Gast auf einer Abendgesellschaft.

28. Januar

Die Bürger – das sind die anderen.

1. Februar

Einen Roman schreiben, in dem man vorzeitig einen Zeitgenossen sterben ließe!

12. Februar

Geständnis eines Literaten. Die Etappen: Lamartine, Musset, Victor Hugo, Baudelaire, die Jungen.

14. Februar

Begierig, alles zu kennen, auf dem laufenden zu sein, bin ich heute schon so weit, daß ich besonders die kurzen, leicht zu lesenden, eindrucksvollen, aufschlußreichen Bücher bevorzuge, um sie so rasch wie möglich meiner Bibliothek einzuverleiben und zum nächsten zu greifen.

15. Februar

Man tritt in ein Buch wie in einen Eisenbahnwagen, rückwärtsschauend, zögernd, begierig, den Ort zu wechseln und auf andere Gedanken zu kommen. Wie wird die Reise sein? Wie wird das Buch sein?

Eine demnächst vielleicht zu schreibende Erzählung: Zwei Jungverheiratete leben auf dem Land. Sie langweilen sich. Kurzerhand schreiben sie an Mademoiselle Blanche, sie solle kommen. Und sie kommt! Die erste Zeit ist bezaubernd, dann ändert sich alles. Die kleine Alte erweist sich als unerträglich. Sie wird lästig. Wie sie wieder loswerden? In der Tat, sie hatten ihr unüberlegt geschrieben, sie könne ihr Leben bei ihnen beschließen; wie schön es doch ist, Gutes zu tun! Nun hat sie ihre kleine Stammkundschaft verloren. Sie können sie nicht wieder wegschicken. Überdies merkt sie nichts von alledem. Mit ihrer Offenherzigkeit geht sie allen auf die Nerven. So findet sie, das Baby sei schlecht erzogen, und nimmt sich vor, es zu bessern. Entrüstung des Vaters und der Mutter, vor allem der letzteren: »Ich will nicht, daß sie mein Kind anrührt!« Eines Tages verfrühte Freude. Sie erkrankt, doch sie erholt sich wieder. Der junge Mann sieht sein Familienleben getrübt, die Qual eines Lebens, das immer gleichbleibend sein wird und dazu unaufhörlich diese kleine Alte! Kaltblütig beschließt er ihren Tod. (Variante: sie faßt ihrerseits den Entschluß, sich umzubringen.) Die junge Frau ist an dem Verbrechen nicht beteiligt, doch sie ahnt es. Dieses Verbrechen sehr gut und grausig schildern.

Die junge Frau hat Angst.

»Wer sollte uns verdächtigen?«, meint der junge Mann.

In der Tat, keiner verdächtigt sie. Seelenruhig führen sie ihr glückliches Leben weiter, haben keinerlei Gewissensbisse. Da die Alte sehr ängstlich ist, setzt der Ehemann eine Schar Ratten in der Decke aus. Eines Tages quartiert er eine Eule in ihrem Zimmer ein. Sie bleibt. Sie fühlt sich dem Paar aus Dankbarkeit besonders verbunden.

Diese kurze Geschichte zu einer sehr tiefgründigen und äußerst kaltblütigen grausamen Studie verarbeiten.

16. Februar

Recht unangenehm, an einer Bank vorüberzugehen, auf der jemand sitzt. In der Tat fühlt sich derjenige, der auf einer Bank sitzt, sehr stark. Er kann die Passanten beobachten, nach Belieben lachen und sich seinen Teil denken. Er weiß, daß diejenigen, die vorübergehen, nichts dagegen tun können, schon gar nicht stehenbleiben, hinüberschauen und ihrerseits lachen.

17. Februar

Suchen Sie in allem und jedem das Lächerliche, und Sie werden es finden.

21. Februar

Ach! Schlimm genug für mich! Die Musik langweilt mich. Von Malerei verstehe ich nichts, und eine Skulptur begeistert mich ebensowenig wie eine Wachsfigur beim Friseur. Zudem ist letztere wenigstens noch lebendig; sie scheint zu leben. Langsam dreht sie sich auf ihrer Schraube und hebt und senkt wie ein Gerichtspräsident mit fast verbissener Regelmäßigkeit ihr falsches Toupet.

Dann fehlt Ihnen eben der Sinn dafür, wie man so zu sagen pflegt. Schon die Psychologie hat mir gesagt, daß ich nur fünf Sinne habe. Ein Sinn mehr oder weniger, was tut das schon. Hauptsache, ich bin bei Sinnen!

Manchmal bewirkt gerade die Kritik eines Kritikers, den wir nicht mögen, daß wir das besprochene Buch besonders schätzen.

Es ist das gute Recht eines jeden Kritikers, seine Artikel einen nach dem anderen wieder zu verwerfen, und seine Pflicht, keinerlei Überzeugung zu haben.

22. Februar

Sie hatte eine geradezu lächerliche Angst vor dem Lächerlichen.

Unerträglich ein Mann, der vom »göttlichen Vergil« spricht. Aber genau das ist unsere Tradition! Ehre deinen Vater und deine Mutter und Vergil!

27. Februar

Warum eigentlich einen Menschen, der Egoismus zeigt, mehr verachten als einen, der »Herz« hat?

2. März

...Ach! Diese Welt der Literaten! Eine merkwürdige Welt, eine Welt voller ironischer Schmerzen und Nöte, über die man grinst.

13. März

Ein Volk sollte den Krieg fürchten wie der einzelne den Tod.

14. März

Trotz unserer eigenen ununterbrochen anhaltenden Laster finden wir doch immer wieder einen kurzen Augenblick Zeit, um die anderen zu verachten.

17. März

Im Augenblick geht es mir sehr schlecht. Alle Bücher widern mich an. Ich tue nichts. Ich erkenne deutlicher denn je, daß ich zu nichts tauge. Ich fühle, daß ich nichts erreichen werde, und diese Zeilen, die ich niederschreibe, erscheinen mir kindisch, lächerlich und sogar, ja vor allem, vollkommen überflüssig. Wie da herauskommen? Mir bleibt nur ein Mittel: die Heuchelei. Ich schließe mich stundenlang ein, und alle glauben, ich arbeite. Vielleicht bedauern sie mich, einige werden mich auch bewundern, und ich langweile mich und gähne, lauter gelbe Flecken in den Augen, der Abglanz der Gelbsucht meiner Bibliothek. Ich habe eine Frau, ein starkes, sanftes und lebensfrohes Wesen, dazu ein kleines Kind, ein Baby wie aus dem Bilderbuch, und mir fehlt jede Kraft, mich an alledem zu freuen. Ich weiß sehr wohl, daß dieser Seelenzustand nicht andauern wird. Ich werde wieder Hoffnung, frischen Mut schöpfen, ganz neue Anstrengungen machen. Wenn diese Bekenntnisse mir nur helfen würden! Wenn ich später einmal ein berühmter Psychologe sein könnte, ein großer wie Bourget! Aber ich glaube nicht, daß es mir vergönnt ist, lange genug zu leben. Ich werde vorzeitig sterben, oder ich finde mich ab und ergebe mich einem Rausch von Träumerei. Besser wäre es, ich würde Steine klopfen, Felder pflügen. Also werde ich mein kurzes oder langes Leben immer wieder feststellen: Etwas anderes wäre besser. Wozu dieses Schwanken unserer Seele, dieses Hin und Her in unserem leidenschaftlichen Bemühen? Unsere Hoffnungen sind wie die Fluten des Meeres: Wenn sie sich zurückziehen, lassen sie unverhüllt einen Haufen widerlichen Unrats zurück, ekelerregende Muscheln, und dazu Krebse, mißmutige und stinkende vergessene Krebse, die sich mühsam schief und quer dahinschleppen und versuchen, das Meer noch einzuholen. Das Leben eines Schriftstellers, der nichts erreicht, ist doch recht unfruchtbar! Mein Gott, ja, ich bin intelligent, intelligenter als viele andere. Das liegt klar auf der Hand, kann ich doch *Die Versuchung des heiligen Antonius* lesen, ohne darüber einzuschlafen. Aber diese Intelligenz gleicht einem Gewässer, das nutzlos und unbekannt dahinfließt, an dem noch keine Mühle erbaut wurde. Ja, so ist es: Ich habe meine Mühle noch nicht gefunden. Werde ich sie jemals finden?

18. März

Ein Pedant ist ein Mensch, der geistig schlecht verdaut.

Wir bringen Lob unter, wie wir Geld anlegen, auf daß uns mit Zinsen zurückgezahlt werde.

1. April

Die Unterhaltung allein zu bestreiten, ist doch das beste Mittel zu übersehen, daß die anderen Dummköpfe sind.

4. April

...Ich komme mir herzlos und nichtswürdig vor, aber ich kann nichts dafür und muß wieder einmal feststellen, daß wir immer nur denen verzeihen, denen wir aus Berechnung verzeihen wollen. Und auf der schwarzen Liste menschlicher Niederträchtigkeiten räume ich Satan einen weiteren Punkt ein.

9. April

Fanny von Feydeau lesen, das einzige Werk von ihm, das lesenswert ist.

Mit sechsundzwanzig Jahren ist man so begierig auf alles Neue und hat solche Angst sich zu wiederholen, daß man sich seiner eigenen Aufzeichnungen nie und nimmer bedienen würde.

Immer wieder wird sich das Publikum auf Bücher wie *Fanny* von Feydeau stürzen, die in elf Tagen niedergeschrieben wurden, aber mit Leidenschaft und ohne Ausschweifungen, ohne irgendein Problem aufzuwerfen, ohne jede Beschreibung. Die Leser verschlingen sie, wie wir Wein in großen Zügen genießen. Sie sonnen sich darin und pfeifen auf den Rest, und – offen gestanden – dieser Rest ist auch nicht viel wert.

12. April

Was liegt schon daran, was ich tue? Fragt mich lieber, was ich denke.

17. April

Die beiden Dumas haben die Wirtschaftstheorie auf den Kopf gestellt. Hier war der Vater der Verschwender und der Sohn der Geizkragen.

21. April

Wenn man eine Indiskretion begeht, meint man, alles sei damit abgetan, daß man der betreffenden Person ans Herz legt, ... verschwiegener zu sein, als man selbst gewesen ist.

28. April

Ich erwecke den Eindruck, als lebte ich in den Tag hinein, planlos, und doch verfolge ich in meinem Verhalten eine gerade und ganz bestimmte Linie: meiner Frau und meinem Kind alles nur mögliche materielle Glück zu geben, mich für meine Person mit ganz wenig zu begnügen und zu erreichen, daß mein Name so etwas wie den Klang einer kupfernen Schelle annimmt.

29. April

Eine Idylle über die Liebe zweier Metalle schreiben! Zunächst sah man die beiden kalt und leblos in der Hand des Professors, sozusagen des Kupplers, liegen, dann unter der Wirkung des Feuers sich vermischen, gegenseitig durchdringen und in einer vollendeten Verschmelzung ganz ineinander aufgehen, wie es die feurigsten Liebenden nicht vermöchten. Das eine der beiden Metalle gab sofort nach, fing an einem Ende an zu schmelzen und löste sich in weiße prasselnde Tropfen auf.

30. April

Seelenwanderung mit Läuterung: Die Seele Bismarcks geht ein in das Herz einer Empfindsamen.

3. Mai

Mir muß wohl ein Roman wie ein Igel vorschweben, wage ich doch nicht, ihn anzupacken.

Ich muß zugeben, daß ich zuletzt in mir selbst die meisten Wunderlichkeiten entdeckt habe, die es wert waren, aufgezeichnet zu werden.

27. Mai

Vielleicht mangelt es den Goncourts an der Kunst, ihre Worte richtig hervorzuheben, die Besonderheiten ihrer Sprache so herauszustellen, daß der Neugierige verweilt. Geist haben sie – und zwar außergewöhnlichen –, doch das merkt man erst bei der zweiten und dritten Lektüre. Aber ein redlicher Mensch liest nicht zweimal dasselbe.

28. Mai

Ein trauriges Lachen – wie ein Clown im schwarzen Kostüm.

30. Mai

Unter einer Glasglocke eine Heilige Jungfrau aus Wachs mit einem vergoldeten Apfel auf dem Kopf, regungslos, als erwarte sie Wilhelm Tell.

Die Stille war so vollkommen, daß ich mich für taub hielt.

Der Realismus! Der Realismus! Man zeige mir eine schöne Realität, und ich will schon etwas daraus machen.

2. Juni

Ich habe so schöne Schlösser erbaut, daß ich mich mit den Ruinen zufriedengeben könnte.

10. Juni

Ein Sturm aus Stille.

In seinen *Bauern* macht Balzac den Bauern zum Schwätzer! Ich dagegen glaube, daß dem ganz und gar nicht so ist.

Balzac hat zu viel Genie: Er gibt den Bauern etwas davon ab.

28. Juni

Zwischen fünfzehn und dreißig ist man immer zwanzig Jahre alt.

1. Juli

Der wahre Autor eines Buches ist derjenige, der es verlegt.

7. Juli

Eine Notiz ist für mich so tot, daß ich mich ihrer nie bedienen kann.

18. Juli

Eine exotische Pflanze entfaltet sich wie ein Fächer aus Rasiermessern.

4. September

Angeschlagenes Porzellan hält länger als unversehrtes.

12. September

Mein Satz von morgen: Subjekt, Prädikat, Objekt.

24. September

Wir kennen das Jenseits nicht, weil dieses Nichtwissen für uns die Bedingung *sine qua non* unseres Lebens ist. Ebenso kann das Eis das Feuer nur unter der Bedingung erfahren, daß es schmilzt und vergeht.

29. November

Ohne ein Meisterwerk geschaffen zu haben, sollten wir die Zeit, die wir noch an die Literatur glauben, nicht verstreichen lassen. Sie ist kurz.

30. November

Die Psychologie. Wenn man dieses Wort benutzt, gibt man sich den Anschein, als pfeife man Hunden.

1. Dezember

Beim Lesen der *Sixtine* von Gourmont hat man das Gefühl, die Fingerspitzen in Samt zu tauchen, in dem Nadeln stecken. Der Samt gibt sanft nach, die Nadeln aber stechen.

10. Dezember

Sobald mir eine Frau ihre Zähne zeigt, und seien sie noch so schön, sehe ich sogleich ihren Totenschädel vor mir.

14. Dezember

Das Vaterland wäre sehr stark, würde man mit zwölf Jahren Soldat. Mit zwanzig ist es schon zu spät.

15. Dezember

Nachts auf den Springbrunnen wachsen Eisbären.

1891

4. Februar

Ja! Ich habe zu den Sternen gesprochen, und zwar in gewählter Sprache, vielleicht sogar in Versen, und habe lange geduldig auf Antwort gewartet.

Doch antworteten mir nur die abgemagerten Hunde aus der Umgebung mit ihrem monotonen Jaulen.

18. Februar

Der Stil von Huysmans ist wie eine harte Bürste, die obendrein noch kratzt, mit sehr groben, ja derben Borsten.

Wir durchleben seltsame körperliche Zustände, gleichsam als nicke uns der Tod schon mal freundschaftlich mit dem Kopf zu.

23. Februar

George Sand, die bretonische Kuh der Literatur.

24. Februar

Eine zittrige Unterschrift, die sich fürchtet, ihren Namen zu nennen.

3. März

Die Augiasställe mit dem Zahnstocher ausmisten.

7. März

Ich lese gar nichts mehr aus lauter Angst, etwas Gutes zu finden.

Mein Lächeln hat die Gelbsucht.

Das Gehirn kennt keine Scham.

8. März

Heute bei Daudet gewesen, von wo aus wir zu Rodin und dann zu Goncourt gehen wollten. Ich hatte zweifellos das große Pech, ihm zu mißfallen. Wie konnte ich nur so töricht sein, ihn nicht einfach zu seinen Büchern zu beglückwünschen, auch wenn ich sie gar nicht gelesen habe. Frostiger Gruß. Gerade so viel Höflichkeit wie eben notwendig, keine Andeutung von einer Einladung und nicht ein einziges Wort von seiner Frau für meine Frau und das Kind. Alter Freund! Da bist du wohl ganz schön durchgefallen! Ach! Das Leben tritt uns auf die Füße... Daudet erzählt uns vom Schicksal seines Sohnes Lucien, von dessen »Ich-pfeif-drauf-Masche« bezüglich seiner Kleidung... von einem Paar Pantoffelsocken, die er eigens für sich hat anfertigen lassen; und dann gehen wir wieder.

Bei Rodin, welche Offenbarung, welch ein einziges Entzücken! Dieses *Höllentor*, dieses kleine Objekt, so groß wie eine Hand, *Der ewige Abgott* benannt: Ein Mann, die Arme auf dem Rücken, besiegt, küßt eine Frau unterhalb ihrer Brüste, preßt seine Lippen auf ihre Haut, und die Frau blickt tieftraurig. Ich kann mich nur schwer losreißen. Eine alte Frau in Bronze, ein schaurig-schönes Stück, mit den welken Brüsten, dem faltigen Leib und dem immer noch edlen Kopf. Dann die ineinanderverschlungenen Körper, die vielfach verflochtenen Arme, und *Die Ursünde*, die Frau, die sich an Adam klammert und ihn zu sich hinzieht mit der Kraft ihres ganzen Wesens, und der Satyr, der eine Frau in seinen Armen ausweidet, eine Hand zwischen ihren Schenkeln; diese Gegenüberstellung von männlichen Waden und Frauenbeinen. Der Herr gebe mir Kraft, alle diese Dinge zu bewundern!

Im Hof Marmorblöcke, die auf Leben warten, befremdend durch ihre Form, so scheint es, durch ihr Verlangen nach Leben. Schon höchst sonderbar: Ich tue so, als wäre ich es, der Rodin entdeckt.

Rodin, der Typ eines Pfarrers, der Bildhauer des wollüstigen Schmerzes, wendet sich unbefangen an Daudet und fragt ihn, wie er diese verblüffenden Schöpfungen benennen soll. Dieser findet nichtssagende abgedroschene Begriffe, unter anderem aus der Mythologie. Auf einem Skizzenentwurf ein Victor Hugo nackt... übrigens völlig grotesk.

Bei Goncourt: von oben bis unten ein Museum. So viel ich mich auch umschaue, ich sehe nichts. Ich entdecke nichts. Hier ist Goncourt ganz bei sich zu Hause, der alte besessene Sammler, dem alles gleichgültig bleibt, was nicht sein Steckenpferd ist. Ich schaue mir Daumiers an. Er stützt die eine Hälfte des Buches ab, die ich leicht herunterhängen lasse: »Das reißt manchmal, verstehen Sie!« Und er fährt fort:

»Wenn Sie das langweilt, brauchen Sie es sich ja nicht anzuschauen.«

Das Haus macht keinen sehr soliden Eindruck. Die Türe zum »Dachboden« schließt nicht und schlägt dauernd. Inmitten dieser Ansammlung von Kunstgegenständen wähnt man sich in einem der am reichsten bestückten Pavillons auf der Weltausstellung.

»Sie rauchen nicht?«

»Nein.«

»Ach! Sie wollen ja nur angeben!«

9. März

Bei Rodin war mir, als platzten plötzlich meine Augen auf. Bislang hatte ich in der Bildhauerei nicht viel mehr gesehen als nur Kitsch.

So schreiben, wie Rodin bildhauert.

Wenn man mir eine Zeichnung zeigt, schaue ich sie mir nur solange an, bis ich mir zurechtgelegt habe, was ich darüber sagen will.

Eine mögliche Szene: Das Kind ist tot. Die Mutter und der Vater sind in Tränen aufgelöst. Da ergreift der Liebhaber die Hand der Frau, schlägt dem Ehemann auf die Schulter und meint:

»Nur Mut! Wir werden ein neues machen.«

20. März

Geben wir doch zu: Wenn ein von uns geliebtes Wesen erkrankt und dem Tod nahe ist, leiden wir im voraus unter den Gesten und Gebärden, die wir selbst zum Zeichen unseres Schmerzes werden machen müssen, doch wir denken nicht an das Wesen, das uns nahesteht.

Es ist eine schlechte Angewohnheit, unsere Tränen zurückzudrängen, wenn wir sie fließen lassen sollten. Manchmal steigen sie wieder empor, ohne daß wir wissen warum, und wir täuschen uns; wir weinen dann fehl.

23. März

Balzac ist wohl der einzige, der das Recht gehabt hätte, schlecht zu schreiben.

7. April

Der Stil, das heißt alle Stile vergessen.

15. April

Der Kritiker ist Botaniker. Ich bin Gärtner.

17. April

Der Mann ist so schön, daß er sich selbst lächerlich vorkommt.

21. April

Neue Formulierung: Das Kind weinte wie ein Mann.

Immerhin bereuen wir Fehler, die nicht wieder gutzumachen sind, Unrecht gegen Menschen, die schon gestorben sind.

24. April

Ein Mann schreibt einen Liebesbrief an eine Frau, die ihm nicht antwortet.

Er sucht nach den Gründen für ihr Schweigen.

Endlich findet er sie. »Ich hätte dem Brief eine Briefmarke beilegen sollen!«

26. April

Aus seinen Träumereien Gedanken spinnen.

1. Mai

Was ist unsere Phantasie schon im Vergleich zu der eines Kindes, das aus Spargeln eine Eisenbahn bauen möchte?

2. Mai

Übe mich in der Tugend, ohne Gähnen sagen zu können: »Sehr interessant.«

7. Mai

Die flüchtige Idee beim Schopfe fassen und ihr die Nase auf dem Papier plattdrücken.

Ich fühle sehr wohl, daß mir der Ausdruck zu schaffen machen wird. Eines schönen Tages werde ich kein einziges Wort mehr schreiben können.

Ich habe immer Angst davor gehabt, später nur ein Flaubert der guten Gesellschaft zu sein, so völlig harmlos.

28. Mai

Der Schädel von Barrès erinnert ein wenig an den Raben von Edgar Poe.

Niemals zufrieden sein: Darin eben besteht die ganze Kunst.

18. Juni

Sie können ganz beruhigt sein. Niemals werde ich vergessen, welchen Dienst ich Ihnen erwiesen habe.

30. Juli

Vielleicht ist der Krieg auch nur die Rache aller Tiere, die wir getötet haben.

3. August

Wenn man meinen Stil erkennt, so nur deshalb, weil ich immer dasselbe schreibe. Leider!

8. August

Mein verschrobener Kopf läßt alle Klischees platzen.

9. Oktober

Das wahre Glück wäre, sich an die Gegenwart zu erinnern.

13. Oktober

Vielleicht haben Leute mit einem sehr guten Gedächtnis keine großen Gedanken.

Prosa, das sollte ein Vers sein, der die Zeile nicht einhält.

28. Oktober

Man kann die Redeweise der Bauern auch ohne Rechtschreibungsfehler wiedergeben.

30. Oktober

Ich lache keineswegs über den Scherz, den Sie sich erlauben, sondern über jenen, den ich mir gleich leisten werde.

2. November

Erstaunlich, wie alle literarischen Größen gewinnen, wenn man ihre Karikatur sieht!

Gestern meinen ersten Sou mit Literatur verdient. In diesem Augenblick wiegt ein Sou gut fünfzigtausend Francs auf.

8. November

Wenn man jung ist, besitzt man eine gewisse Originalität, aber kein Talent.

25. November

Ich habe mir ausgerechnet, daß die Literatur gerade noch einen Buchfinken, einen Spatzen ernähren kann.

30. November

Barrès vergißt oft, daß das, was er herablassend eine »Erzählung« nennt, viel schwerer zu schreiben ist als eine philosophische Abhandlung.

2. Dezember

Diejenigen, die man für begabt hält und gleichwohl nicht liest.

4. Dezember

Er war so häßlich, daß er beim Grimassenschneiden schon nicht mehr so garstig aussah.

7. Dezember

Es gibt nur eine Möglichkeit, etwas weniger egoistisch zu sein als die anderen: seinen Egoismus zugeben.

12. Dezember

...Man spricht mit mir viel über meinen Roman, der demnächst herauskommen soll, nur um nicht mehr darüber reden zu müssen, wenn er erst einmal erschienen ist.

16. Dezember

Es ist recht unglücklich, daß unser Geschmack Fortschritte macht, während sich unser Talent nicht von der Stelle rührt.

21. Dezember

Das ist ein verbreiteter Irrtum, zwei Menschen, die sich duzen, für Freunde zu halten.

29. Dezember

Ein Pferd ohne Steigbügel auf einer Schlange besteigen.

1892

2\. Januar

Wenn man bedenkt, daß wir sterben müssen und es uns gleichwohl unmöglich ist, gar nicht geboren zu werden.

Ach! Könnten wir doch auf einen Stuhl steigen und unser Ohr fest an den Mond pressen! Was er uns nicht alles sagen würde!

5\. Januar

Er war ein vom Erfolg verbitterter Mensch.

Ich arbeite viel, damit später einmal, wenn ich mich auf mein Dorf zurückziehe, die Bauern mich voller Hochachtung grüßen, weil ich doch durch die Literatur reich geworden bin.

6\. Januar

Vallette sagte zu mir:
»Ich bin sehr glücklich und lebe wie ein Kleinbürger mit 1700 Francs in friedlicher Ehe. Rachilde und ich passen geistig gut zusammen. Wir sind einander ebenbürtig. Was sich in der Gesellschaft zuträgt, erfahre ich dienstags, und Dubus, dieser Merkur des *Mercure*, überbringt mir die Nachrichten von draußen. Rachilde ist eine Frau von außergewöhnlichem Geist. Nur versteht sie nicht, ihn zu lenken und sich ihr Leben einzurichten, das ist alles. Auch hat sie ihre ganz bestimmte Legende, die nichts zerstören kann. Das geht so weit, daß keiner ihrer Freunde in der Enquête von Huret sie auch nur erwähnt hat. Sie haben sie einfach übergangen, aus lauter Feigheit...

Ist sich Schwob eigentlich im klaren, daß seine Novelle *Die Pest* schon bei Edgar Poe steht? Handelt es sich hier um einen merkwürdigen Fall von verblassender Erinnerung, vermischt mit Vergessen?

Ich sehe in Ihnen zwei verschiedene Renards: den Renard, der unmittelbar aufzeichnet, und den Renard, der alle seine Typen verzerrt. Darüber werde ich einen Aufsatz schreiben, und wenn ich ihn verfaßt habe, dann ist es genug. Dann habe ich alles gesagt, was ich über Sie sagen wollte.«

In seinem Holzturm leben!

Bernot, der Weinhändler: »Auch mein Beruf hat eine künstlerische Seite: In den Physiognomien lesen können.«

15. Januar

In Paris gibt es Cafés, in denen Damen, die allein sind, einfach nicht bedient werden. Sie müssen schon zu der Notlüge greifen, sie erwarteten einen Herrn, und selbst die armen Dirnen geraten dort in Verlegenheit. Gestern im Café Weber hatte eine Schauspielerin vom Théâtre d'Art mit einer anderen Dame zusammen zwei Stunden auf ihrer Polsterbank herumgesessen und dann unser Auftreten genutzt, um wieder herauszukommen, indem sie Schwob einfach bat, so zu tun, als wolle er sie zu irgendeinem Wagen begleiten.

21. Januar

Schwob hat eine vorzügliche Art und Weise entwickelt zu beweisen, daß er sich für ein Gespräch interessiert: Er läßt stets zwei- oder dreimal das wiederholen, was man ihm sagt.

26. Januar

Heute einen Kopf so schwer wie Zement, ein Gehirn wie aus Gips. Habe nicht eine Zeile schreiben können. Ich scheide dunkles Zeug aus, sondere eine schwarze Masse ab wie ein Tintenfisch. Nichts ereignet sich: kein Brief, kein Besuch, keine Arbeit. Nicht einmal der Wechsel trifft ein, den ich erwarte. Und ständig dieses leise Prickeln auf der Haut, jedesmal wenn meine Kleidung zu eng aufliegt. Vor mir auf einem Balkon schüttelt eine häßliche kleine

Negerin ihre Teppiche aus. Warum stülpt sie ihre Haut nicht um, diese Haut, die an nasses Schuhleder erinnert und doch nicht glänzt. Wie eine Pumpe warte ich auf eine Eingebung. Die Natur nachbilden, gut und schön, ich möchte ja nur gar zu gern, doch soll sie den Anfang machen!

27. Januar

Der freie Mensch sollte sich ab und an auch die Freiheit gönnen, ein Sklave zu sein.

30. Januar

Einige Leute blicken uns an, als ob ihre Augen an einer langen Stange aufgespießt wären, weit weg von ihrem Hirn.

Mal glaube ich an nichts, dann wieder an alles.

Was wird uns retten? Der Glaube? Ich will keinen Glauben haben und lege auch keinen Wert darauf, gerettet zu werden.

Und immer wieder heißt es: »Schauen Sie sich doch das Leben an!« Was mich betrifft, ich habe mir die Menschen, die lebten, genau angeschaut.

Schließlich lege ich keinen Wert darauf, alles richtig gesehen zu haben. Aber habe ich womöglich durch ein Glas geschaut?

Wir sind alle nur arme Tröpfe (ich spreche hier für mich, wohlgemerkt), unfähig auch nur zwei Stunden hintereinander wirklich gut oder ganz böse zu sein.

4. Februar

Er packte seinen Kopf beim Nacken und schüttelte ihn kräftig über der weißen leeren Seite aus, so als sollten die noch nicht gereiften und nur schwer abzulösenden Worte darauf fallen.

6. Februar

Gegen sich selbst nicht zu streng sein, von den anderen aber höchste Perfektion verlangen.

18. Februar

Jedesmal wenn er sich in einem Spiegel sah, fühlte er sich versucht, diesen blank zu reiben.

29. Februar

... Unsere »Vorfahren« haben den Charakter gesehn, das beständige Wesen ... Wir dagegen sehen das unbeständige Wesen mit all seinen Schwächen und seinen Krisen, seinen Augenblicken der Güte und seinen Augenblicken der Bosheit. Welche Anmaßung, es richtig machen zu wollen, die alle großen Schriftsteller für sich in Anspruch genommen haben und die wir uns selbst Tag für Tag in steigendem Maße zu eigen machen! Doch kommen wir so der Wahrheit näher? Morgen oder übermorgen werden wir uns dann geirrt haben und so immer fort, bis dieses Universum es zuletzt müde ist, sinnlos zu sein.

7. März

Schwob bedient sich so wenig wie möglich der Feder. Sie sind alle schmutzig, als habe man sie in Wagenschmiere getaucht, »doch«, so meint er weiter, »eine Feder, die nicht geht, zwingt uns immerhin nachzudenken, ehe wir schreiben.«

9. März

Ach! Wie so mancher Kerzenstummel flackert zwischen unseren Ruhmeslichtern!

15. März

Ein Buch analysieren! Was würden wir von einem Gast denken, der einen reifen Pfirsich verzehrt und dabei einzeln die Stücke aus dem Mund nimmt, um sie zu untersuchen?

21. März

Ich hätte nicht übel Lust, eine Monographie des Maulwurfs zu schreiben.

30. März

Es ist doch eigenartig, daß ich nicht zwei Seiten von Thackeray lesen kann, ohne zu gähnen, obwohl ich angeblich seinen Humor habe.

1. April

Völlig auf lange Sätze verzichten, die man doch nur errät, statt sie genau zu lesen.

4. April

Ein »Lied« zweier Liebender schreiben, in dem sie nicht sagen dürfen: »Ich liebe Dich.«

5. April

Der Augenblick ist gekommen, das Geschrei der Literaten gegen die Literatur einfach zu überhören. Macht doch keine mehr, das ist so einfach!

Auf Spinnweben malen.

6. April

In einen Uhrmacherladen gegangen, wo zweihundert Pendeluhren gleichzeitig, aber nicht miteinander, ihr Ticktack, Ticktack sangen. Die Gedanken des braven Alten mußten sich wohl alle, von solchem Lärmen vertrieben, in die letzten Schlupfwinkel seines Gehirns geflüchtet und gleich Schnecken ihre Hörner eingezogen haben.

Wir müssen das Leben durch Sanftmut bezwingen.

7. April

Hunderttausend Seelen – wieviele Menschen mögen das sein?

26. April

Ein Buch mißfällt uns überall da, wo es uns gleicht.

30. April

Die Ironie ist das Schamgefühl der Menschheit.

2. Mai

Man könnte wohl ein Vermögen machen: Das Auge der Eule erforschen und ein eben solches nachbauen, mit dem man bei Nacht zu sehen vermöchte.

Bringen Sie uns Lösungen aus dem Jenseits? Nein? Dann lassen Sie uns in Ruhe. Glauben Sie etwa, welche finden zu können? »Ja.« Sie kennen wohl die Grenzen Ihrer Intelligenz noch nicht. Wissen Sie nicht, daß man den Tod nur beweinen kann?

13. Mai

In der Kunst niemals etwas so machen wie die anderen; in der Moral stets alles genau so wie die anderen auch.

14. Mai

Wenn man sich nur eine seltene Briefmarke auf den Rücken zu kleben brauchte, um sich alsbald im Ausland wiederzufinden!

18. Mai

Ein Buchbinder verwendete große Mühe darauf, die Widmungen in den Büchern auszulöschen. In seinen Augen waren sie Flecken.

19. Mai

Derjenige gilt als Künstler, dessen Geschmack noch schneller ist als sein Talent.

31. Mai

Er hatte kein Gedächtnis mehr, und jeden Morgen erwachte er ohne Erinnerungen, jung wie ein grünes Blatt.

11. Juni

Mit dem Talent verhält es sich so wie mit Geld; man muß nicht unbedingt welches haben, um darüber zu sprechen.

Er hat seinen Charakter verlassen und den Schlüssel mitgenommen.

Lächeln, wie garstige Blitze am drohend dunklen Himmel.

Das Silber des Mondes hat an Wert verloren.

5. Juli

Er las ein Buch. Er wollte berühmt werden wie der Verfasser und dafür von Morgengrauen bis tief in die Nacht arbeiten; und nachdem er sich dazu fest entschlossen hatte, stand er auf, ging spazieren, machte einen Rundgang, schöpfte tief Luft.

9. Juli

Mit ausgeglühten Worten schreiben.

11. Juli

So wie andere sich bemühen, ihre Stirn zu zeigen, teilt Barrès die seine in zwei Teile mittels einer Haarsträhne, die von links nach rechts verläuft.

Verständlich sein? Wir bringen es doch kaum fertig, die anderen zu verstehen!

12. Juli

Hatte sie erst einmal ihre guten Vorsätze gefaßt zu sparen, so fing sie gleich an, den Armen alles zu verweigern.

13. Juli

Einfach großartig. Wenn ich bedenke, daß sich für mich doch noch nie jemand umgebracht hat!

Mit zwanzig Jahren denkt man tief und schlecht.

Die Schnecken mit dem Giraffenhals.

Apfelbäume weiß bemützt wie Bahnhofsvorsteher.

Wenn unsere Kollegen nicht dabei sind und wir Musset lesen, sind wir gleich gerührt. Bei näherem Hinsehen jedoch scheinen diese Verse fürwahr eher schlecht gemacht und weit entfernt von jener modernen Perfektion zu sein. Die Form ist also doch sehr schädlich.

16. Juli

Irgend jemand hatte ihm gesagt, eine aufsteigende Schrift sei ein Omen für eine gute Zukunft, und nun unterschrieb er vom Keller bis zum Dachboden.

25. Juli

Auf dem linken Ohr ist er taub: Er hört nicht mehr auf der Seite des Herzens.

Auf meinem Federhalter wächst Gras.

Er schnitt sein Korn nicht mehr aus Angst, die Margeriten zu beschädigen.

3. August

Wenn es so etwas wie dichterische Eingebung gäbe, dürfte man nicht auf sie warten, und sollte sie sich einstellen, sie wie einen Hund verjagen.

Im Herzen der Widerschein eines schönen Traumes, dessen ich mich nicht mehr entsinne.

24. August

Um sich das Recht zum Faulenzen zu nehmen, genügte es ihm, daß sich eine Fliege auf seinem weißen Papier niederließ. Er schrieb dann nicht mehr, aus Angst, er könnte sie stören.

31. August

Prosa wie die des alten Chronisten ist Schmiere für die Zeitungsmaschinerie.

8. September

Auch ich möchte auf meiner Kinderflöte dem Herbst aufspielen, und dann werden alle Bäume anfangen, in den Fensterscheiben mit Schlangenbewegungen zu schwanken. Man könnte meinen, sie warteten darauf, daß ich ihnen das Fenster öffne. Zuerst fallen die Blätter ab, und ich entdecke Dinge, die den ganzen Sommer über verborgen geblieben sind. Ich kaufe mir fünfzig Pfund Holz und leiste mir einen Winter von achtundvierzig Stunden.

10. September

Die Angst vor der Langeweile ist die einzige Entschuldigung für die Arbeit.

28. September

Er hatte Angst vor der Arbeit und gleichwohl Sorge, nicht zu arbeiten.

Ideen, die in Tinte getaucht sind.

3. Oktober

Nun Ernest Renan tot ist, fragen sich einige junge Leute besorgt, was aus uns werden soll. Gut, wir kommen ohne Glauben aus. Ich aber möchte einen Menschen hören, der von Zweifeln geplagt wie an einer Nagelbettentzündung leidet und vor rasenden Schmerzen brüllt. Dann würde auch ich an moralische Qualen glauben.

Ich selbst habe Renan auch aufgesucht.

4. Oktober

In einer dicht gedrängten Menschenmenge dieses Gefühl, die Leute schauten einem in die Ohren.

5. Oktober

Freundschaft, eine Ehe zwischen zwei Wesen, die nicht miteinander schlafen können.

Der Tod der anderen hilft uns leben.

7. Oktober

»Voltaire hat immer in der gleichen Art geschrieben«, sagte Paul Arène.

Darauf ich: »Renan ist das beste Beispiel dafür, was man ohne Stil schaffen kann.«

Paul Arène ironisch: »Nein! Er beherrscht nicht die Kunst des Schreibens, sondern die des Schönschreibens.«

13. Oktober

Ich schreibe keine Verse, weil ich so großen Gefallen an kurzen Sätzen finde, daß mir ein Vers schon zu lang erscheint.

20. Oktober

Ein funkelnagelneuer Satz.

24. Oktober

Man wollte eine Straße nach diesem Sohn des Dorfes benennen, aber welche Straße? Offengestanden, es gab überhaupt keine Straße. Man dachte daran, das Dorf umzutaufen.

Wer als einziger im Leben sich bemühen würde, ein zuverlässiger Freund zu sein, wäre wahrlich ein einfältiger Narr.

Um die Wirklichkeit einzuholen, flüchtete er sich in einen Traum nach dem anderen.

27. Oktober

Als ich mein Dorf wiedersah, schienen seine Häuser so klein, daß mir war, ich könnte mit den Fingerspitzen meinen Namen in den Schnee auf den Dächern schreiben.

14. November

Eine Gans mit einem Schwanenhals.

Eine Frucht so schön, daß sie fast unecht aussieht.

18. November

Dann und wann mußte er seine aufbrausenden Gedanken abschäumen.

21. November

Diese Idee habe ich von Rachilde:
Gott darstellen wie überliefert, ihm alle Unendlichkeit beigeben, die ihm stets zugeschrieben wird, aber wohlbedacht einige Metaphern ändern und zu folgendem Schluß kommen:
»Das also ist Gott. Doch es gibt noch einen anderen über ihm, aber den kennen wir nicht.«

24. November

Nur noch mit einer Lippe lächeln.

1. Dezember

Das Fenster streckt die Bettvorleger wie eine Zunge heraus.

2. Dezember

Das Wilde ist so in Mode, daß es schon wieder fade wirkt.

Ich wollte wissen, ob ich sie noch liebte; doch mein Herz ist rein.

14. Dezember

Zola schreibt nicht einen Satz, meinte Claudel, sondern gleich eine ganze Seite.

23. Dezember

Und die Stunden, in denen man nur Musik schreiben möchte!

31. Dezember

Die grünen Monde des Winters.

1893

7. Januar

Docquois sagte zu mir:
»Was Sie da vollbringen, sind Blätter, die von einem Baum fallen! Und wer nichts davon versteht, fragt sich, wo dieser Baum wohl wachsen mag.«

Das Lächeln ist der Beginn der Grimasse.

11. Januar

Die Wollust der Lüge.

Wenn er jemanden lobt, ist ihm, als lasse er sich ein wenig herab.

Die Leute genau mustern, um sich den Blick zu schärfen.

16. Januar

Durch seinen Bart hindurch konnte man sehen, wie häßlich er ohne Bart gewesen wäre.

22. Januar

Um sich selbst höher achten zu können, vertrieb er sich die Zeit damit, den Makeln, den Krankheiten, den Sorgen der reichen Leute nachzuspüren.

Wenn er einen schönen Satz niedergeschrieben hat, fühlt er sich wie ein Fischer, dem soeben ein Fisch an die Angel gegangen ist.

»Zwiefaches Glück«, sagte er, »ich habe eine gute Nachricht erhalten und jemanden zum Weinen gebracht.«

Kindheitserinnerungen, wie mit einem Streichholz nachgezeichnet.

Ein eingeschlafener Schmerz, der schnarcht.

Sie sind äußerst besorgt, ob Sie wieder gelesen werden! Versuchen Sie doch zunächst einmal, überhaupt gelesen zu werden.

Der Zerstreute. Erst als er einen lauten Schmerzensschrei ausgestoßen hatte, merkte er, daß er brannte.

24. Januar

Über einen Freund schreiben heißt, sich mit ihm entzweien.

Der Mörder wusch sich die Hände und machte Seifenblasen.

Das Land des Traums, in dem man die Glücklichen bedauern würde.

Die Welt hat meine Augen verletzt, und ich werde erblinden.

27. Januar

Einem groben Menschen fällt es nicht schwerer, feinsinnige Gedanken zu haben, als einer derben Hand, eine zarte Schrift zu schreiben.

29. Januar

Heutzutage kann man nicht mehr reden, weil niemand mehr zuzuhören vermag. Es nützt auch nichts, gut zu reden: Man muß nur schnell reden, um jeder Antwort zuvorzukommen, und das schafft man nie. Gleichgültig was und wie man etwas sagt, stets wird einem das Wort abgeschnitten. Das Gespräch ist das reinste Heckenscherenspiel, bei dem jeder das Wort des anderen herunterzuschneiden sucht, kaum daß es anfängt zu sprießen.

1. Februar

Obschon er selbst bereits Schüler hat, könnte man Jules Renard nicht mit »verehrter Meister« anreden. Er ist noch zu jung. Er wurde am 22. Februar 1864 geboren, besuchte die verschiedensten Gymnasien, von denen er schon alles einschließlich der Namen wieder vergessen hat.

Seine Pläne? Er hat keine. In Sachen Literatur ist er Opportunist.

Seine Arbeitsweise? Jeden Morgen setzt er sich an den Schreibtisch und wartet, bis es über ihn kommt. Er behauptet, es komme über ihn.

Die einen sagen: »Er ist ein trockenes Gemüt«, andere dagegen: »Er ist ein empfindsamer Geist, der sich bemüht, grausam zu erscheinen«, und dann meinen einige auch: »Ich jedoch kenne ihn ganz genau: Er ist gut«, und wieder andere behaupten: »So ein Schuft! Ich hätte nie von ihm gedacht, daß er so sein kann!«

Morgens amüsiert ihn das Leben, abends langweilt es ihn.

So möchten es wohl alle halten.

Als Dichter fand er den Beifall von Charles Cros.

Die geistloseste aller Realitäten mit der verrücktesten Phantasie paaren!

13. Februar

Doch, ich schätze Maupassant sehr, weil mir scheint, er schreibe für mich und nicht für sich. Ganz selten geht er aus sich heraus. Er sagt weder: »So sieht es in meinem Herzen aus«, noch »Die Wahrheit entspringt einzig und allein meiner eigenen Quelle.« Seine Bücher unterhalten oder langweilen. Man klappt sie zu, ohne sich besorgt zu fragen: »Ist das nun große, mittelmäßige oder belanglose Kunst?« Die gar zu eifrigen Kunstfreunde, die sich allzu rasch erregen lassen, verachten seinen Namen, der »nichts bringt«.

Schon möglich, daß man ihn, nachdem man ihn ganz durchgelesen hat, nicht ein zweites Mal liest.

Doch wer noch einmal gelesen werden will, wird nie gelesen werden.

20. Februar

Um in Gesellschaft ein Gespräch in Gang zu halten, muß man eine Menge unnützer Dinge wissen. Man muß auf dem laufenden sein. Ich aber kann nicht laufen. Also bleib schön zu Hause.

Tristan Bernard behauptet, ich hätte viel von Dickens. Noch so einer, den ich wohl lesen muß, nur weil ich ihm gleiche. Wenn er nun ebenso langweilig ist wie die andern!

21. Februar

Im Anfang pflegte er die Leute stets zu duzen, da er sie für reichlich unbedeutend hielt, und wenn er sie genauer kennen und schätzen gelernt hatte, sagte er plötzlich ganz ernst »Sie« zu ihnen.

1. März

Jedes Ding hat sein Maß; sobald man dieses verläßt, überschreitet man die Grenze.

13. März

Maeterlinck gesehen, den Camille Mauclair mir auf der Straße zeigte. Ein belgischer Arbeiter, der sich einen zu kleinen Hut und zu weite Hosen gekauft hat. Der geniale Claudel entblößt für einen Augenblick sein Haupt. Wenn Maeterlinck jemandem vorgestellt wird, vergrößern sich plötzlich seine Augen und sein Körper beginnt zu schwanken, was wohl bedeuten soll: »Sieh mal an, großartig!«

17. März

Claudel spricht wie die Sprechmaschine von Schwob. Seine Lippen heben sich wie schwere Tapetenstoffe in heftigem Durchzug. Er spricht mit einer ganzen Tonpalette.

Los, überanstrengen wir uns, überanstrengen wir uns, auf daß wir schnell leben und früh sterben.

21. März

Ihm liegt nichts an seinem Geld, ihm liegt nur etwas an dem der anderen.

27. März

Haß ist standhafter als Freundschaft; könnte man seine Freunde hassen, man wäre ihnen nützlicher.

Wir müssen die Natur und die Menschen lieben, trotz allen Unrats.

28. März

... »Unter den Jungen sind Sie der schärfste Analytiker«, sagt Léon Daudet zu mir. Und Goncourt meint: »Weiter kann man es gar nicht treiben. Da schreiben Sie z. B. über die Liebe und sagen: ›Seht, so einfach geht das. Ich will es Euch zeigen.‹ Taine muß Ihnen wohl sehr liegen.«

»Überhaupt nicht«, erwiderte ich, »er ist mir ebenso gleichgültig wie Zola.«

»Kurzum, Sie sind selbstsicher. Sie haben eine unfehlbare Methode und sind bestrebt, das Universum zu entrinden.«

»Ich gehöre zu den Unruhigen«, sagte ich, »und bin ein Verwirrter, und wüßte ich schon, was ich morgen zu tun habe, ich würde sofort nach etwas anderem suchen.«

In der Kunst ist das Wesentliche der Geschmack, der uns davon abhält, etwas weniger Gutes zu schreiben als dieser oder jener.

30. März

Man müßte satirisches Theater schreiben mit der Klarheit eines Beaumarchais und der Überfülle eines Rabelais.

Es gibt Leute, die sich ihr Leben lang damit begnügen festzustellen: »Selbstverständlich! Richtig! Das ist ja entsetzlich, fabelhaft, toll, höchst seltsam!« Sich selbst bedeuten sie gar nichts, doch sind sie anderen eine große Stütze: Sie dienen ihnen als Hilfsverben.

Meinen Freund brauche ich nur, um diejenigen meiner Feinde zu ärgern, die dessen Freunde sind.

1. April

Alles verstehen heißt nichts ausgleichen wollen.

Éloi zur Sonne:
»Los! Erglühe! Leuchte doch ohne Unterlaß! Du gehst nur scheinbar auf! Du bewegst dich nicht von der Stelle; von uns beiden bin ich derjenige, der emporsteigt.«

5. April

Die Liste von Capus mit den zwanzig Büchern, die auf eine einsame Insel mitzunehmen wären:

1. *Candide*; 2. Molière, *Erzwungene Heirat*; ein Teil der Possen; 3. *Der Barbier von Sevilla; Figaros Hochzeit*; 4. *Robinson Crusoe*; 5. *Gulliver*; 6. *Universalgeschichte* von Bossuet; 7. *Die Räuber* von Schiller; 8. *Falstaff*; 9. *Madame Bovary*; 10. *Eugénie Grandet, Ein Junggesellenhaushalt* von Balzac; 11. Musset; 12. *Légende des Siècles* von Victor Hugo; 13. *Précis d'histoire contemporaine* von Michelet; 14. Ein Werk von Dumas; 15. Ein Band Labiche und ein Band Augier; 16. Übersetzung von *L'Ecclésiaste* von Renan; 17. Ein Werk von Jules Verne; 18. *Über den Ursprung der Arten* von Charles Darwin; 19. Ein noch nicht gelesenes Buch als Überraschung; 20. Die Fabeln von La Fontaine.

24. April

Ein Frösteln läßt die kleinsten Blätter seiner Seele erzittern.

Der Zufall will nicht mit mir spielen.

25. April

Ich habe zwei Monate verloren, Februar und März. Womöglich hätte ich ein Meisterwerk geschaffen, eben jenes Meisterwerk, das ich nun nie schaffen werde.

Außerdem langweilen Sie mich mit Ihrem Unbewußten, das sich seiner immer bewußter wird.

26. April

Die falschen Naiven! Ein altes Spiel, ich kenne es, aber ein schönes Spiel.

Je mehr man liest, um so weniger ahmt man nach.

28. April

Ja, ich weiß. Alle Großen wurden zunächst einmal verkannt, aber ich bin kein großer Mann, und ebenso gern möchte ich sofort und auf der Stelle bekannt sein.

Man sollte nur am Abend arbeiten, wenn man die Erregung des ganzen Tages für sich allein hat.

1. Mai

Er gibt sich alt. Schon jetzt bemüht er sich, Voltaire zu gleichen.

3. Mai

Ganz stolz, der Welt endlich den Rücken gekehrt zu haben, läuft Rotfuchs davon. Er verläßt seine Familie. Er gelangt in den tiefen Wald, bleibt zögernd stehen, leicht erschrocken über diese finstere Masse, die ihm den Himmel, die Zukunft verbirgt.

»Wenn ich jetzt auch unglücklich bin«, sagt er, »so habe ich wenigstens mein Unglück ganz allein mir zu verdanken.«

Mit sanftem Blick, sanfter Stimme, sanfter Haut, sich die Finger reibend und seinen Ring polierend, verglich Veber, ein Jüngling von siebzehn Jahren, ganz ruhig die wirkliche und die unwirkliche Welt, und uns dünkte, er käme geradewegs von Platon, dem er unter den Arkaden des Odéon beim Durchblättern von Büchern begegnet sein mochte, und der Meister habe ihm unter den Kastanien des Luxembourg seine letzten Theorien entwickelt.

4. Mai

Die Natur bewegt mich tief, weil ich nicht befürchten muß, dumm dreinzuschauen, wenn ich sie betrachte.

Rasch zur Feder greifen, um dem Verfasser eines Buches zu schreiben, das mich entzückt hat, und ebenso schnell die Feder wieder sinken lassen schon beim ersten Buchstaben von »Lieber Meister«, weil man sich doch nicht traut, es wieder verwirft und bei sich denkt: »Wozu auch?«

5. Mai

Und er war bereits bemüht, ein Symbol zu werden.

12. Mai

Sprich dann und wann die Wahrheit, damit man dir glaubt, wenn du einmal lügen solltest.

Vielleicht ist die Welt nur geschaffen worden, um das Böse zu verwirklichen. Wenn wir uns ganz dieser Bewegung überließen, anstatt sie zu verhindern, könnten wir am Ende ein recht gutes Ergebnis erzielen.

19. Mai

Junge Leute von etwa zwanzig Jahren haben zu mir gesagt: »Sie sind stärker als La Fontaine.«

Wenn ich das erzähle, füge ich stets hinzu: »Sie sind noch jung und unbefangen, doch ungewöhnlich intelligent für Ihr Alter.«

Sein Leben damit zubringen, sich selbst zu beurteilen, ist höchst unterhaltsam und im Grunde genommen nicht einmal boshaft.

20. Mai

Stets ist die außergewöhnlichste Frau, der man je begegnet ist, diejenige, die man gerade verlassen hat.

Man sollte reisen, um sein Leben auszuweiten. Die größten Künstler findet man unter Handlungsreisenden.

27. Mai

Der Kopf von Bernard Lazare zittert unaufhörlich wie der Rücken eines fröstelnden Tieres.

»Was das Genie von Claudel genannt wird«, sagt er, »ist nichts als Sprachstörung. Kraftvoll stößt er Laute aus, von denen einige stimmen, andere aber unverständlich bleiben. Er erfüllt unsere Ohren mit lautem Getöse, das nur ab und an Sinn ergibt. Ein Mann mit Genie jedoch muß zu formulieren verstehen. Andernfalls gebe ich einem Mann mit Talent den Vorzug.«

Als Übertreibung verstanden, ist das gar nicht übertrieben.

Wir müßten wiedergeboren werden zu einem neuen Leben für die Malerei, zu einem anderen für die Musik usw. In drei- oder vierhundert Jahren könnten wir uns auf diese Weise vervollkommnen.

31. Mai

Wieviele Leute mögen beim Verlassen der *Weber* gesagt haben: »Nun wollen wir aber gleich Abendessen gehen!« Die Not der anderen soll uns schon nahegehen. Das ist richtig so, das tut uns gut. Man fühlt sich besser, größer, ist bestürzt; aber von da bis zu zwei Sous geben ...

Aus Schüchternheit magst du die Unglücklichen nicht. Du läßt dich nicht zu ihnen herab, sondern du hebst sie zu dir empor. Dann sagst du: »Wir sind doch Brüder«. Aber der Unglückliche könnte dir antworten:

»Was haben meine eigene Not und die paar kleinen Widrigkeiten in deinem Leben schon miteinander zu tun? Du langweilst dich ein wenig. Deine Frau geht dir heute auf die Nerven. Der Direktor deiner Zeitung ist an dir vorübergegangen, ohne dir zuzulächeln, du meinst zu leiden. Doch wahrlich, was gibt es zwischen dir und mir schon an Gemeinsamem?«

14. Juni

Sie ließ sich von mir erklären, was eine Sternschnuppe ist, und verstand alles so gut, daß sie am Abend, als es dunkel war, ihren Korb ergriff und auf die Felder hinausging, um herabgefallene Sterne zu suchen.

15. Juni

Sie sagte: »Ich respektiere die Ideen der anderen.« Gleichwohl schob sie ihre eigenen Ideen unermüdlich zwischen die der anderen wie die Steine eines Damespiels.

Sie würde sogar ein Geheimnis preisgeben, das sie gar nicht hat.

20. Juni

Und unaufhörlich rieselt der Bach murmelnd gegen die Steine an, die ihn daran hindern wollen zu fließen.

29. Juni

Der Greis, der in einem Schrank die kostbaren Spielsachen wiederfindet, mit denen er früher nicht spielen durfte. Mit zärtlichen Blicken, einem traurigen Lächeln betrachtet er sie alle, und sie sind ihm so nachdrücklich verboten worden, daß er sie nicht einmal jetzt in seinem hohen Alter zu berühren wagt.

13. Juli

Zu sprechen vermag allein Victor Hugo: alle anderen stammeln. Einige mögen ihm gleichen durch ihren Bart, durch eine breite Stirn, das unverwüstliche harte und borstige Haar, an dem sämtliche Scheren zerbrechen zum Schrecken aller Bartscherer, und auch durch das Bemühen, eine Rolle als Großvater oder Politiker zu spielen. Doch wenn ich ein Buch von Victor Hugo aufschlage, und zwar an irgendeiner beliebigen Stelle, denn es fällt schwer, eine Auswahl zu treffen, dann werde ich still, ja, ich verstumme. Nun ist er ein Berg, ein Meer, alles was man will, nur nicht etwas, womit sich die anderen vergleichen könnten.

17. Juli

Den kleinen Knirps, den Sie fragen: »Wieviel kostet dieser Strauß?«, und der Ihnen antwortet: »5 Centimes« anstatt »1 Sou«, hat bereits literarische Eitelkeit gepackt.

26. Juli

Seine Seele: eine Luftblase in einer Fleischkugel.

25. August

Er stürzte sich in den Abgrund und ließ, um sich zu verewigen, einen Pantoffel am Abgrund zurück.

Doch niemand hat den Pantoffel je gefunden.

5. September

Immerhin habe ich eines Tages das Glück an mir vorübergehen sehen, weit in der Ferne, hinten am Horizont, im Eiltempo.

Wie beschreiben, was an Zartheit geschieht, wenn eine wunderschöne Fliege sich auf einer Blume niederläßt? Die Worte lasten schwer und stürzen über das Bild her wie Raubvögel.

Ich langweile mich nirgendwo, denn in meinen Augen heißt sich langweilen sich selbst beleidigen.

Den Bauch von Regen gebläht, kriechen die Wolken über den Horizont wie schwarze Spinnen über das Holz.

Bitterlich lachen, sich halbtot weinen.

Eine vom Meer abgeschnittene Sonne – übrig bleibt nur ein Kardinalshäubchen und zuletzt nur noch ein Schnipsel von einem rosaroten Fingernagel.

Der Stil, das ist das passende Wort, alles andere ist unwichtig.

Sonnenuntergang! Ja haben Sie denn noch nie ein bengalisches Feuer gesehen!

6. September

Als man diesem Mann, einem Regierungsbeamten, mitteilte: »Ihre Frau ist gestorben«, fragte er:

»Ist das auch amtlich?«

Mich dünkt, zwischen uns liegt ein Haufen Nadeln. Jeden Augenblick sticht man sich. Das ist nicht schmerzhaft, doch gleichwohl kommt Blut.

Wir sollten nur dicke und ganz fette Illusionen haben, dann fällt es nicht so schwer, sie zu nähren.

Die Heuschrecke aus Bronze. Ich setzte sie auf ein weißes Blatt Papier, das ich beschreiben wollte. Zuletzt konnte ich ohne sie nicht mehr arbeiten. Für mich lebte sie.

Eines Tages störte sie mich. Sie saß mir vor der Nase und verdeckte eine begonnene Zeile. Ich stach sie etwas hart mit der Feder.

Und wenn ich nun behauptete, sie sei weggeflogen, würden Sie mir dann glauben?

11. September

Wirklich, meine lieben Freunde Barrès, Paul Adam, Bernard Lazare usw., warum nehmt ihr das Urteil der Volksmenge in der Politik an, wenn ihr es in der Kunst nicht gelten laßt?

14. September

Er schaffte es, eine Gesellschaftsordnung zu errichten aus Steinen, die nicht rechtwinklig waren.

15. September

Feilen, feilen Sie Ihre Feder. Der Stil erschlafft. Der Satz entgleitet, spielt verrückt. Sie werden stürzen.

Allein schon der Geruch von Tinte bringt meine Träume zum Erlöschen.

Die schlechten Bücher sollte man durchblättern, die guten unter die Lupe nehmen.

19. September

Die Kritiker, die immerzu nur über andere reden und von denen selbst nie gesprochen wird, verdienen in der Tat Nachsicht.

Sie schreiben für alle diejenigen, die keinen Larousse besitzen.

Ihm war eine schlechte Theorie lieber als eine gute Tat.

25. September

Als Mann alle seine Pflichten auf sich nehmen, sich als Schriftsteller alle Rechte vorbehalten, auch das, über seine Pflichten zu spotten.

30. September

Hart gegen sich, hart gegen die anderen, manchmal entfloh er auch. Er nahm an der Beerdigung eines Unbekannten teil, um weinen zu dürfen.

Er hatte auf den Grund seiner Badewanne welke Blätter, abgebrochene Zweige malen lassen, um in sich das Gefühl zu erwecken, »er bade in der klaren Welle eines Baches«.

Ein und dasselbe Thema abhandeln, bis es ein Vermögen einbringt.

4. Oktober

Sie sind einzig und allein bemüht, aufrichtig zu erscheinen. Aber finden Sie dieses unablässige Suchen nach Aufrichtigkeit nicht auch etwas unecht und leicht verlogen?

Wenn ich in Ihren Augen noch nicht genügend Talent besitze, so gehen Sie einfach davon aus, ich sei schon gestorben, und sogleich werden Ihre Achtung und mein Talent sich die Waage halten.

Vor allem sollte man das, was man tut, freiwillig und mit Freude tun. Das Ergebnis spielt keine Rolle. Es ist nicht vorauszusehen und läßt sich schlecht abschätzen. Doch der Autor selbst ist befriedigt.

7. Oktober

Ein Pferd sollte verkauft werden. Sein Preis stieg auf 200 000 Francs. Als diese phantastische Zahl laut ausgerufen wurde, hob das Pferd, wie von Stolz erfüllt, den Kopf.

10. Oktober

Gestern abend waren Schwob und ich hell verzweifelt, und ich glaubte einen Augenblick lang, wir würden zuletzt wie zwei Fledermäuse zum Fenster hinausfliegen.

Wir bringen weder einen Roman noch etwas Journalistisches zustande. Der Erfolg, den wir verdienen, ward uns bereits zuteil. Werden wir ihn ewig und immer wieder aufs neue haben? Die Lobreden, die uns einmal erfreuten, lassen uns jetzt kalt. Wenn man zu uns sagen würde: »Hier haben Sie Geld; ziehen Sie sich für drei Jahre an irgendeinen einsamen Ort zurück, um ein Meisterwerk zu schreiben, und Sie brauchen nur zu wollen, dann schaffen Sie das auch«, so würden wir eben nicht wollen. Was dann? Sollen wir bis zu unserem achtzigsten Lebensjahr auf der Stelle treten?

Unsere Worte versetzten uns doch in düstere Unruhe.

Schwob erhob sich und meinte, er wolle jetzt gehen.

Dann sagte er noch, Güte sei das seltenste Glück auf dieser Welt.

14. Oktober

Ein hübsches Wort von Courteline: »Verbittern Sie sich nicht völlig, Renard.«

Wozu sagen: »Er hat« oder »er hat kein Talent«? Man mag sagen, was man will, es läßt sich nicht beweisen.

Doch wie gut man sich gleich versteht und wie interessant und lebhaft das Gespräch wird, sobald es sich nicht mehr allein um Kunst dreht, sondern um Geld, das diese einbringt.

Der eine erzählt, Zola verdiene 400 000 Francs im Jahr und eine Zeitung habe ihm 10 000 Francs pro Wochenartikel geboten. Daudet soll wütend sein, und Vandérem, von Capus gesteuert, soll im Begriff sein, so viel zu verdienen, wie er will.

Wie klar und spannend das alles ist!

15. Oktober

Wenn wir heute in geordneten Verhältnissen leben, sind wir allen ein Ärgernis. Und die Leute, die eine Maitresse haben, grüßen uns nicht.

6. November

Er kannte seine Ahnenreihe, seine Vorfahren in- und auswendig, doch bei seinem Vater war er sich nicht sicher. Dort angekommen, pflegte er zu sagen:

»Ach, hier verbürge ich mich für nichts!«

7. November

Man sollte stets einen klaren Kopf haben, so klar wie die Luft bei kaltem Wetter.

Die Sonne, die Königin der Chrysanthemen.

8. November

Schicksal, packe mich nicht zu hart an! Gehe sanft mit mir um. Schon ganz kleine Lektionen sind mir eine Lehre, ich verstehe sehr zart angedeutete Vorwürfe. Ereifere dich nie, bitte. Hebe dir deine besten Schläge auf, um sie härteren Schädeln als dem meinen zu versetzen.

13. November

Kurz und gut, auch wenn er es fertigbrächte zu arbeiten, am Ende würde der Berg seiner Faulheit doch nur eine Maus gebären.

14. November

»Ich weiß sehr wohl, daß ich lächerlich wirke, wenn ich dies sage ...«

»Dann sagen Sie es doch nicht.«

21. November

Schlecht ernährt, drohen alle meine Pläne Hungers zu sterben.

22. November

Das Duell der beiden Zerstreuten.

Da sie sich schon lange nicht mehr gesehen und auch schon wieder vergessen hatten, warum sie sich schlagen wollten, liefen beide aufeinander zu, kaum daß sie sich erblickten, erkundigten sich nach dem Befinden des anderen und schüttelten sich die Hände; ihre Zeugen ließen sie einfach stehen, entfernten sich lebhaft plaudernd langsamen und lässigen Schrittes und verschwanden im Wald.

Eines Tages heiratete er eine Idee, arm aber gut, die ihn für sein ganzes Leben glücklich machte. Doch an ihrer goldenen Hochzeit hatten sie, wie schon an ihrer Silberhochzeit, keinen roten Heller.

Ich überlege nicht: Ich schaue und lasse die Dinge meine Augen berühren.

23. November

Worte einer alten Frau auf der Schwelle ihrer Haustür in der Abenddämmerung.

»Aber meine Liebe, Sie können doch gar nichts mehr sehen.«

»Doch, doch! Ich stricke nach dem Klang meiner Finger.«

1. Dezember

Die neue Generation ist da; gleich Tintenfischen ergießt sie ihre schwarze Tinte über das Blau des Meeres.

Bei Daudet. Ein gütiges Lächeln. Ich betrachte die einzelnen Gesichter. Rosny ist nicht mehr der überzeugende Kopf von einst. Die Männer des Tages sind Barrès, Schwob, Léon Daudet und ich. Erst gestern sagte Léon Daudet: »Renard ist der vollkommenste Künstler, den ich kenne«, und Daudet fügte hinzu:

»Vergleiche besagen zwar nichts. Gleichwohl muß ich Sie mit La Bruyère vergleichen. Ja, Sie sind ein moderner La Bruyère. Ach! An dem Tag, da Ihnen das Messer ins Herz gestoßen wird, werden Sie ein schönes Buch schreiben. Barrès ist verführerisch, doch welch ein Jammer, daß er jeden Augenblick stirbt wie jene Fische, die das Maul an der Wasseroberfläche öffnen, während ihr Bauch in den schillerndsten Farben glänzt! Was mich angeht, mir war nie darum zu tun, Kunst zu schaffen.«

Bei Mendès. Der Meister im Meßgewand; er sieht wirklich beeindruckend aus. Besserer Plauderer als Daudet. Nicht geistreich, wohl aber beredt. Er versteht es, sich stets zu entwinden. Mit einem kurzen Wort in scharfem Ton verweist er die Leute und die Probleme in ihre Schranken. Er beängstigt die Männer, fasziniert die Frauen. Hat etwas vom Juden, der seine Kinder mehr liebt als seine Frau; Fortpflanzung des Geschlechts. Spricht voller Bewunderung von Gautier: schreibt schlecht und sieht richtig, bedient sich des treffenden Verbs und Beiworts, doch einer oftmals ungeschickten Syntax. Von Maupassant meint er, dieser habe etwas von der Kraft Gautiers, von Banville: ein geistvoller Mann, der recht schlechte, seicht dahinfließende Verse schreibe; von Coppée: ein mittelmäßiger Dichter, der alles in allem sich vielleicht besser auf sein Handwerk verstehe als Hugo. Baudelaire, der von einer Reise an Land ging, übernachtete bei Mendès und zählte auf, was er im Leben verdient hatte: einige fünfzehntausend Francs.

Bei diesen Worten stellte Mendès fest, das Werk von Gautier bringe seiner Witwe eine Rente von 5000 bis 6000 Francs ein, und er geriet ins Schwärmen und bewunderte ein Land, in dem ein Mann, der in der letzten Zeit eher abseits gestanden hatte, sich so teuer zu verkaufen vermochte und von Unbekannten aus der Menge geschätzt wurde.

Er findet, allem Anschein zum Trotz gäbe es heute einen engeren Zusammenhang als früher: Das war jedoch reine Täuschung; man war fauler, es war schwieriger, sich einen Namen zu machen, und man verdiente weniger Geld.

»Was mich betrifft«, sagt er, »so möchte ich um nichts in der Welt einen Jüngeren am Aufsteigen hindern. Ach! Die

Jungen! Symbolisten, die Reportagen schreiben, Moréas, ein gewisser du Bartas, der kein Talent hat, Henri de Régnier, ein guter Mann, und das ist auch schon alles ... Saint-Pol-Roux, nichts, Pierre Quillard, ein netter Kerl, mehr nicht ...

Nun erhebt er sich und geht an seine Arbeit, d.h. die Druckfahnen, die *Echo de Paris* ihm schickt, wieder überarbeiten. Er legt sein Meßgewand ab und schreibt, nur mit dem Hemd bekleidet, ohne Hosen beim Schein einer Lampe und zweier Kerzen.

7. Dezember

Jedesmal, wenn ich etwas zu lange mit einem anderen gesprochen habe, fühle ich mich wie ein Mann, der sich betrunken hat, zutiefst beschämt ist und nun nicht weiß, wohin er sich verkriechen soll.

14. Dezember

»Wenn du mich ausziehst Mama«, sagte Fantec, »drehst du dabei jedesmal alle meine Kleider um, so als würdest du einen kleinen Hasen abziehen.«

15. Dezember

Auf die grauen Gegenstände legt meine traurige Seele ihren Schatten.

18. Dezember

Um glücklich wie ein König zu sein, braucht man nur ein schlichtes, einfaches Leben zu führen.

Der Vogel verschwand in dem Strauch wie ein buntes Bonbon in einem bärtigen Mund.

19. Dezember

Einakter. Am Ende seines Lebens legt er ihr ein Geständnis ab. Eines Tages sei ihm eine junge Frau um den Hals gefallen, die unbedingt Kinder haben wollte. Und er habe sie genommen »auf deinem Bett, meine liebe Frau«. Er hat es ihr nie gesagt. Seitdem hat er seiner Frau Ansehen, Glück, Reichtum geschenkt, doch ständig kam von irgendwoher diese kleine Wolke und wollte nicht weichen. Zuletzt gesteht er ihr alles.

»Du bist mir nicht böse?«

»Nein«, sagte sie, »denn ich habe auch ...«

Und sie erfindet einen Ehebruch. Nun ist es an ihm, Schmerz zu empfinden.

»Ich habe gelogen«, sagte sie. »Es ist nicht wahr. Aber ich wollte dir zeigen, wie weh du mir im ersten Augenblick getan hast. Ich habe mich ein wenig gerächt, ganz schnell. Nun ist es vorbei: Laß uns darüber lachen!«

Doch sie waren so alt, daß sie nur noch zu lächeln vermochten.

Auf dem Rücken liegend suchten wir uns zwei Wolken aus und wetteten, welche von den beiden wohl die andere überholen würde.

22. Dezember

Der Lohn der großen Männer besteht darin, daß man lange nach ihrem Tode nicht ganz sicher ist, ob sie tot sind.

Ich pfeife darauf, viel zu wissen; ich möchte die Dinge wissen, die mir lieb und wichtig sind.

Der eine wie der andere hatten sich so daran gewöhnt zu verlieren, daß sie eines Tages, als sie zusammen spielten, auch alle beide zugleich verloren.

26. Dezember

Am Ende einer langen Diskussion kamen wir überein, daß es nichts Außergewöhnlicheres gibt als eine allgemeingültige Idee.

Christus ist letztlich nur noch ein weitverbreitetes literarisches Thema.

1894

1. Januar

Ironie ist vor allem ein Spiel des Geistes. Humor wäre dann wohl eher ein Spiel des Herzens, ein Spiel voller Empfindsamkeit.

3. Januar

Jeden Augenblick verfehlt das Leben sein Thema. Alles was es schafft, muß neu gemacht, alles was es hervorbringt, neu geschrieben werden.

Die eisige Farbe der Kälte.

Traurig anzuschauen, wie ein geliebtes Wesen sich im Nebel verliert.

Die Blätter rascheln wie ein gestärkter Unterrock.

Sie können ganz beruhigt sein! Wir, die wir den Tod fürchten, werden unsere ganze Eitelkeit aufbieten, in Schönheit zu sterben.

Ein Glückskind, diese Sonne, daß sie sich jetzt schon zur Ruhe begeben kann!

Sein Kopf ist vor Kälte erstarrt. Die Gedanken bleiben in seinem Halstuch hängen.

Sein Leben leben und auch darüber richten: Welcher Mensch vermöchte beides?

4. Januar

Es gibt keine Freunde, wohl aber Augenblicke der Freundschaft.

9. Januar

Kaum hat ein Traum begonnen, erkenne ich schon, daß er aussichtslos ist, und gleichwohl macht es mir auf traurige Weise Freude, ihn zu Ende zu träumen.

10. Januar

Visitenkarten pflegte er zurückzuschicken mit dem Vermerk: »Gesehen und genehmigt.«

11. Januar

Er war ein durch und durch methodischer Mensch: Das Mittagessen kaute er auf der rechten, das Abendessen auf der linken Seite.

Als das Pferd scheute und sich aufbäumte, bekam die Lokomotive es mit der Angst zu tun und entgleiste.

Warum versteifen Sie sich darauf, in Paris leben zu wollen, verehrtes Fräulein? In einem Provinzbordell würden Sie sich doch blendend ausnehmen!

12. Januar

Die Leute sind wirklich erstaunlich: Sie erwarten einfach, daß man sich für sie interessiert!

In aller Eile zu Papier gebrachte Aufzeichnungen: das Gehirn abschmieren.

»Fantec, du bist jetzt zu groß, um mit deiner Mutter zu schlafen.«

»Aber ich bin doch noch gar nicht so groß wie du, Papa!«

Oh! Seine Hochzeitsreise ganz allein machen!

17. Januar

Frostig, mit einem rätselhaften und beharrlichen Lächeln auf den Lippen stehen wir auf. In sentimentaler Weise lieben wir nur die Frauen unserer Träume, unseres Schlafes, nur jene, die in unserem Herzen eine kleine blaue Blume erblühen lassen, auf daß sie nach unserem Erwachen noch eine Stunde, einen Vormittag lang blühe.

23. Januar

Mein Platz an der Sonne: Dieser Strahl gehört mir.

25. Januar

Und dann gibt es auch noch den Tod. Denkt Ihr denn niemals an den Tod und daran, daß wir alle verwesen müssen?

... Das Leben kann auf Logik verzichten, die Literatur nicht.

27. Januar

Jeden Tag fünfundzwanzig Aphorismen schreiben und nach jedem einzelnen feststellen: »Das besagt alles«.

Er verbringt seine Zeit damit, nach Leuten zu suchen, die gleiche Ansichten haben wie er.

Seine Füße hinterließen Abdrücke wie kleine Geigen.

Nicht die Renten fehlen uns, wohl aber das Taschengeld.

Wir sind irgendwie befreundet, schön und gut, aber fangen Sie doch einmal an, über mich irgend etwas Unangenehmes zu sagen, zu schreiben; Sie werden schon sehen, was ich Ihnen antworte und welch tiefen gegenseitigen Haß jeder von uns beiden ausbrüten würde.

Mommsen hat gesagt: »Die Franzosen sind sehr ehrliche Leute«, so berichtet Schwob. »Als ich dem Kutscher einen Sou Trinkgeld zustecken wollte, gab er mir meinen Sou schimpfend und fluchend zurück.«

2. Februar

Heutzutage fertigen die Schriftsteller Kopien ihrer Briefe an, auf daß die Nachwelt ohne zu große Mühe ihren Briefwechsel zusammentragen kann.

Der Himmel ist voll blutroter Augen. Der Himmel, der schönste Pfauenschweif der Welt.

4. Februar

Er brauchte nur zwei Freunde und einen Feind, genau das, was zum Duell benötigt wird.

22. Februar

Ich liebe dich wie jenen Satz, den ich im Traum geprägt habe und nun nicht wiederfinden kann.

Heute bin ich dreißig Jahre alt, und rund um mich herum fühle ich ganze Ströme von Melancholie versiegen.

Wenn du einen Brief schreibst, bedenke stets, daß er unter dem Siegel der Verschwiegenheit jedermann gezeigt wird.

Dreißig Jahre: Und jetzt bin ich ganz sicher, daß ich dem Tod nicht entrinnen werde.

27. Februar

Alles was nicht Theater ist, langweilt mich, aber was Theater ist, langweilt mich auch.

1. März

Die kalte Unordnung eines Gustave Doré.

2. März

Es gibt bedeutungsloses Geschwätz und hochtrabendes Geschwätz, das am Ende noch weniger bedeutet.

»Es kann nur zwei junge Revuen geben«, sagte Pierre Louÿs. »Eine *Rive droite* und eine *Rive gauche*, auf der einen Seite Verlaine, auf der anderen Mallarmé.«

Bosdeveix sagt: »Man ist bemüht, aus Christus einen Menschen zu machen, aus Napoleon aber einen Gott.«

6. März

Ich wäre Anarchist, wenn ich mich unglücklich fühlte. Aber ich habe über nichts zu klagen.

Wie also könnte ich Anarchist sein und gleichzeitig glücklich?

Ihr müßt zuhören können. Wehe dem, der ein goldenes Wort aus dem Mund seines Nächsten fallen läßt und nicht aufliest.

Das Leben ist so eingerichtet, daß jeden Augenblick der Schwächste der Stärkste werden und der Dümmste der Klügste sein kann.

10. März

Da sich jeder echte Vergleich auf die Dauer abnützen muß, sollte man nie einen anstellen.

15. März

Unser Leben war ein See voller Freundschaft, durch den sich eine Liebesströmung zog.

16. März

Heute hat die Sonne gar nicht geschienen. Sie hat nur ein wenig am Schnee geleckt und ist, recht geschwächt, wieder untergegangen.

17. März

Will man gut essen, darf man nicht allzu hungrig sein, denn sobald man sich zu Tisch setzt, hat man keinen Hunger mehr. Ebensowenig sollte man gar zu leidenschaftlich erregt sein, wenn man schreiben will.

20. März

Das ist ein so schlechter Geschmack, daß es schon fast wieder Geschmack ist.

Wahrsagerei! Ist der Zeigefinger kürzer als der Ringfinger, ziehen Sie den Ruhm dem Geld vor; doch wenn Sie kräftig am Zeigefinger lutschen, so daß dieser sich längt, stehen die Chancen, reich zu werden, gleichwohl nicht schlecht. Ein spitzer schmaler Finger zeugt von Phantasie; also lutschen Sie unverdrossen am Finger. Ein breiter Daumen ist ein Zeichen für Vernunft: Zerquetschen Sie sich also den Daumen, und keiner wird je wagen, Ihnen zu widersprechen, usw.

Graphologie. Setzen Sie den Punkt genau auf das I, und Ihr Geist wird messerscharf werden. Unterschreiben Sie wie mit einem Säbelhieb, und Sie werden keine Angst verspüren.

Der Ruhm von gestern zählt nicht mehr; der von heute schmeckt schon schal, und mich verlangt nur noch nach dem von morgen.

22. März

Wer wird die seltsamen Dinge beschreiben, die ich sehe, wer sie malen!

25. März

Er schreibt aus der Vogelperspektive.

Talent hast du zur Genüge, nun arbeite mal ein wenig an deiner Moral.

28. März

Denken heißt, in einem tiefen Wald Lichtungen suchen.

29. März

Es ist nicht schwer, ab und an köstlich und erlesen zu sein; aber sein ganzes Leben lang! ...

Das von Barrès am häufigsten benutzte Wort ist »Emotion«; doch was er selbst am wenigsten zeigt, ist eben »Emotion«!

31. März

Die Leute, die unbedingt bestimmte Regeln befolgen wollen, belustigen mich; denn das Leben besteht nur aus Ausnahmen.

2. April

Mir graut vor Originalität.

Glückliche Menschen haben kein Talent.

4. April

In Gesellschaft die eigene Langeweile mit jener der anderen multiplizieren.

5. April

Die vielen Leute, die man vom Sehen kennt, aber nie dem Namen nach.

6. April

Die Wahrheit spricht aus dem gezähnten Mund der weißen Margeriten.

9. April

Wir können einander nicht mehr ertragen, doch schreiben wir uns noch gern. Unsere Freundschaft ist eine literarische geworden. Sie bedient sich wohlgeformter Sätze, zahlreicher Anspielungen und Auslassungen usw., und jeder von uns übertreibt: »... mein lieber Freund, Dein dankbarer, bis in den Tod getreuer Freund.« Wohlan! Nun er gestorben ist, brauche ich ihm nicht länger treu zu sein. Ich liebe ihn nicht mehr.

10. April

Der Mensch ist ein Tier, das zum Himmel aufschaut und doch nur die Spinnweben an der Decke sieht.

13. April

Eine Zeitung ist nicht sehr viel literarischer als ein Stammtisch.

14. April

Gott ist derjenige, den ein jeder mit Namen kennt!

Ein paar Photographien und eine gute Lupe, das reicht mir sattsam zum Reisen.

18. April

Das Leben ernst nehmen wie eine Posse.

19. April

Etwas über Soll und Haben der Freundschaft schreiben.

Mißtraue deiner Phantasie. Ich mag nur die Kuchen, die ein wenig nach Brot schmecken.

21. April

Frei heraus sein, das heißt den anderen auf die Füße treten, und zwar absichtlich... Wie vielen Backpfeifen, Beschimpfungen usw. setzt man sich da aus!

24. April

Mit einer Nadel stieß sie zweimal heftig gegen den Spiegel, damit sich dort ihre Augen in Sterne verwandelten.

25. April

Wir sollten den intelligenten nicht mit dem begabten Menschen verwechseln.

Er war stets sentimental: wie mit Eichenwurzeln verwachsen wuchs in ihm die kleine blaue Blume. Die heftigsten Stürme sind über sie hinweggebraust, ohne sie herauszureißen. Sie hat nur ihre Blüten leicht geschlossen, um sofort wieder zu erblühen, sobald das Wetter sich beruhigt hatte.

27. April

Es wäre ein Leichtes, die kleinen lächerlichen Eigenschaften von Barrès aufzuzählen. Kein Schriftsteller meines Alters macht mich so wütend oder nötigt mir so häufig ein

Lächeln ab. Beachten Sie doch nur seine Manie, sich bei jeder Gelegenheit aufzuregen. Und trotz allem geht der geheimnisvolle Charme, der entwaffnende Zauber jener Menschen von ihm aus, die man liebt und denen man sich gern entziehen möchte, wenigstens zum Schein. Würde ich ihn nicht kennen, könnte ich eingestehen, daß er in gewisser Weise eine hypnotische Macht auf mich ausübt.

Die Streber, die Schlauen, deren Neugier wie eine Gasflamme hin- und herzüngelt. In der Straße schnüffeln sie überall herum. Ohrfeigengesichter!

Wir bringen unser Leben damit zu, über eben dieses Geheimnis zu sprechen: unser Leben.

Das Grübeln über den Tod gleicht einer Gondel, aus der wir von oben auf die kleine Welt hinabschauen können.

7. Mai

Die Liebe zur Fahne, zum Vaterland, dies eben ist es, was dort ganz verloren in den hinteren Reihen den kleinen Soldaten, der seinen Fuß nachzieht und dessen Gesicht vor lauter Wagenschmiere glänzt, doch noch glauben läßt, alle schauten nur auf ihn, so als wäre er ein Oberst zu Pferd.

Eine hübsche Idee von Saint-Pol-Roux: die Bäume tauschten die Vögel aus wie Worte.

Man sollte seine Prosa gut abkühlen lassen genau wie eine Creme, ehe man davon kostet.

9. Mai

Wenn die Amsel die Winzer den Weinberg betreten sieht, wundert sie sich vor allem darüber, daß diese nicht, wie sie selbst, vor der Vogelscheuche Angst haben.

Zu Fantec: »Versuche du, das Leben besser zu verstehen als ich, weniger kleinlich, und bleibe mit deinem Geist in den Kronen der Bäume.

Träume von großen Dingen: Das wird es dir ermöglichen, zumindest ganz kleine zu verwirklichen.«

11. Mai

»Stimmt es, Papa«, fragte Fantec, »daß der liebe Gott alles hört?«

»Ja, Fantec.«

»Dann kann der bestimmt nicht taub sein.«

Meine Seele, die sämtliche Abhänge herunterrutschen mußte, ist zerrissen und geflickt wie ein alter Hosenboden.

16. Mai

Es genügt nicht, selbst glücklich zu sein; die anderen müssen dazu noch unglücklich sein.

17. Mai

Was ich schreibe, sind im Grunde Briefe an mich selbst, die ich euch nur zu lesen gebe.

Stille ringsum: Meine Landschaft liegt auf dem Grund des Meeres.

25. Mai

Bescheiden sagte er: »In mir steckt etwas von Rousseau und von Voltaire. Fragt sich nur, welcher von beiden der Überlegene sein wird.«

»Aber ja, Fantec, die Bäume leben.«
»Aber sie leben nicht so gründlich wie ich«, erwiderte er.

26. Mai

Wenn Ihr wüßtet, wie wohl ich mich fühle, wenn ich ganz allein bin, wie gut stets mein Verhältnis zu mir selber ist!

Gestern auf dem Bürgersteig Madame Bonnetain getroffen, die aus dem Sudan zurückgekommen ist. Der Wind umspielte ihre hübsche Gestalt, ihre Nasenflügel bebten, und sie führte ein gelbes, exotisch herausgeputztes kleines Mädchen an der Hand, das sie adoptiert und von drüben mitgebracht hatte. Das weiße kleine Mädchen hingegen, ihr leibliches Kind, ging ganz allein hinter den beiden her, hinter ihrer Mutter und ihrer Wahlschwester, nach der alle Vorübergehenden sich umschauten.

Der Franzose steckt voller Spott über das, was er insgeheim doch gern sein möchte: Abgeordneter, und was er gern besitzen möchte: das Band der Ehrenlegion.

29. Mai

»Ich habe mir gerade die Hände gewaschen«, sagte Fantec, »sie sind so weiß, daß man glauben könnte, ich sei gerade erst gekauft worden.«

Was kümmert es die Leute, daß ich sie verachte, wenn ich ihnen doch Gutes tue!

Die Vorstellung, daß ich nun dreißig bin, betrübt mich zutiefst. Ein ganzes Leben liegt wie tot hinter mir. Und vor mir ein undurchsichtiges Etwas, wo ich nichts erkennen kann. Und ich fühle mich alt, traurig wie ein alter Mann. Meine Frau schaut mich an, ganz verwundert, mich so trübsinnig zu sehen. Fantec sagt zu mir: »Wirst Du nun alt, Papa?« Und von draußen schreibt mir niemand, keiner schickt mir ein Zeichen von Anteilnahme, interessiert sich für mein beklagenswertes Los.

Und ans Ende ihrer Zweige hängen die Bäume den kalten eucharistischen Mond.

30. Mai

Was ich schreibe, ist nur eine ständige Richtigstellung dessen, was ich im Leben erfahre.

4. Juni

Für uns ist es eine doppelte Freude, etwas Gutes zu lesen, das von einem Meister geschrieben worden ist: die Freude darüber, etwas Gutes zu lesen, und die Freude festzustellen, daß dieser Meister kein Dummkopf ist.

5. Juni

Monographie der Faulheit. – Einen Tagesablauf beschreiben und aufzeigen, daß das Gehirn eine üppige Blume ist, die den ganzen Morgen gepflegt werden muß, auf daß sie am Abend erblüht. Und da man in Paris vorwiegend abends ausgeht, erlangt das Gehirn dort niemals seine volle Reife. Nur auf dem Land kann es sich ganz entfalten. Morgens Zeitungen, Bücher durchwühlen, die Ideen der anderen aufspüren, flüchtige Notizen machen, feststellen, woher der Wind weht, seinen Geist so weit treiben, daß es ihn zuletzt verlangt zu schlafen. Kurzum, diese Methode des Einübens, des Aufheizens weiter treiben mit leichten Worten in einer Sprache, die weder Wissenschaft noch Kauderwelsch ist.

8. Juni

»Für mich«, so meint Léon Daudet, »stehen Shakespeare und Dante ganz oben an; Victor Hugo und Goethe gehören auf dieselbe Ebene, aber an die zweite Stelle.«

13. Juni

Die Zeder mit den roten Schenkeln.

18. Juni

Die Telegrafendrähte warfen Linien auf den Mond wie Notenpapier, und das genau in dem Augenblick, da es mich, bewegt und gerührt wie ich war, zu singen verlangte, irgendein Lied, das von Herzen gekommen wäre.

20. Juni

Ein Hahn mit farbenprächtigen leuchtenden Federn wie ein Indianerhäuptling.

22. Juni

Mit den Zehenspitzen, die über den Beichtstuhl hinausragten, klopfte ich auf den Boden, weil mir die Knie weh taten.

»Im Ernst, Monsieur«, sagte ich. »Sie sind intelligent. Wir können uns also als Männer von Welt verständigen.«

Doch der alte Geistliche meinte beharrlich:

»Das ist noch nicht alles: Sind Sie Christ, ja oder nein; wenn ja, so antworten Sie mir als Christ, und wenn nein, dann eben als Journalist.«

30. Juni

Ich selbst, ich bin aufrichtig, das heißt, ich spreche dauernd von einer Aufrichtigkeit, die ich trotz aller Anstrengung nicht zu erlangen vermag.

Man müßte sein Studium mit dem Verstand und dem Wissen von dreißig Jahren noch einmal neu beginnen können.

1. Juli

Wenn ich frühmorgens mein Fenster öffne, so ist mir, als wüsche meine Liebste mir die Augen mit kühlem Wasser aus.

Kleine weiße Wolken steigen von der Erde auf, als würde die Wolle auf ihrem Rücken geschoren.

Mit schelmischer oder gewichtiger Stimme schmettern die Hähne ihre Befehle in die Luft wie junge oder alte Indianerhäuptlinge.

In der Ferne ein Zug.

Und die Stimme einer Turteltaube. Das klingt, als kratze die Hausfrau mit einem Holzlöffel in einem Tiegel die Reste angebrannter Sahne aus, oder besser noch, als ginge jemand aus und ein, nur um die Türangeln zu prüfen.

Und dort gackert ein Huhn, als ob es endlich davon ablassen wollte, auf einem Amboß kräftig ein frisch gelegtes Ei zu zerhacken.

Und eben surrt eine Fliege an mir vorbei, und es klingt wie ein kurzer Ton in einem Eisendraht.

Und die drei langen Schläge einer Glocke, denen drei kurze folgen, und danach lebhaftes und leichtes Glockengeläut.

Und die Stimmen der Enten erinnern an die Steine, die im Winter über das Eis der Kanäle scheppern.

Die Menschen jedoch haben keinen Laut von sich gegeben.

Das erste, was sie nun sagen werden: »Mach doch das Fenster zu und leg dich wieder hin!«

3. Juli

Um sein Ziel zu erreichen, muß man Wasser in seinen Wein schütten, so lange bis kein Wein mehr drin ist.

Kaum versucht man sich zu vervollkommnen, da sieht man die anderen auch schon kleiner werden, so als versänken sie im Sand.

4. Juli

Jeden Augenblick knarrte seine Seele. Sie paßte ihm nicht wie angegossen.

7. Juli

Möge die Hand, die schreibt, nie das Auge kennen, das liest!

10. Juli

Eure leuchtenden Bilder? Ich brauche mir doch nur die Augen zu reiben, und es entstehen viel, viel schönere.

Ich will ein Buch schreiben, das meine Freunde in Erstaunen versetzen soll. Ich werde mich nicht für bedeutender halten als die anderen, wie Goncourt. Ich werde nichts Schlechtes über mich sagen, nur um entschuldigt zu werden, wie Rousseau. Ich werde einzig und allein versuchen, mich zu verstehen, Klarheit in mir zu schaffen für die anderen und für mich selbst. Ich bin dreißig Jahre alt. Wie habe ich bis heute gelebt? Und was werde ich jetzt tun? Werde ich versuchen, mich nützlich zu machen?

Ich glaube, wer mich einmal richtig gesehen hat, vergißt mich nicht. Ich entwickle eine Eitelkeit, die mich verblüfft, wenn ich sie mir so recht betrachte, nachdem der Anfall vorüber ist. Würde Paris mir anbieten, mich, wie einst Petrarca, in einer offiziellen Veranstaltung mit einem Lorbeerkranz zu krönen, ich wäre nicht einmal erstaunt und wüßte mich dieser Gunstbezeigung würdig zu erweisen.

Ich möchte gern viel Geld verdienen, aus reiner Freude daran, das auch sagen zu können und das Gold und die gefalteten Geldscheine wie Taschentücher auf den Tisch zu blättern: »Bitte sehr, bedient euch!« Mal verlange ich Gerechtigkeit und gebe den Armen zwei Groschen und nicht wie sonst nur einen, dann wieder will auch ich für meine Armen kämpfen.

Meine Ängste! Was würde ich in einem Duell tun? Die Briefe beantworten. Zuerst möchte ich mir die Leute vom Hals schaffen, dann wäre ich mir selbst gram, wenn ich ihnen weh tun würde. Und wozu sich Feinde machen? Am Ende wird er schon merken, wie gut ich mich darauf verstehe, Briefe abzufassen.

11. Juli

Was macht der Vogel im Sturm? Er klammert sich nicht etwa an einem Ast fest: Er fliegt mit dem Sturm.

12. Juli

Sein Elfenbeinturm, irgendein kleines Hinterzimmer.

17. Juli

Ich führe das Beispiel von Pascal an, der seine Kopfschmerzen mit Geometrieaufgaben bekämpfte.

»Ich dagegen«, meint Tristan Bernard, »ich kämpfe gegen die Geometrie mit vorgetäuschten Kopfschmerzen.«

18. Juli

Vielleicht ist für den Blinden nur dann Sommer, wenn die Fliegen surren.

22. Juli

Jules Renard, diese Taschenbuchausgabe von Maupassant.

... Man soll die Toten nicht heimlich in Ehren halten. Man muß ihre Bilder wie Freunde behandeln und alle Erinnerungen an sie lieben. Man muß sie um ihretwillen und um unseretwillen lieben, auch wenn man den anderen mißfallen sollte.

23. Juli

Mein Gehirn ist wie eine frische Nuß, und ich warte auf den Hammerschlag, der es öffnen soll.

26. Juli

Wenn es mich große Mühe gekostet hat, eine Seite zu schreiben, halte ich sie für gelungen.

»Woraus macht man die schönsten Ohrringe?«
»Aus Kirschen.«

Wenn man sich von jemandem trennt, sollte man stets sagen können: »Schade, daß ich ihn nicht besser gekannt habe.«

31. Juli

Arromanches. Die große Glocke lag auf dem Boden, so als habe man die Zeit eingesargt.

13. August

Glücklich, wer schon vollkommen geboren wurde! Man mag sich noch so anstrengen, man erreicht es nie.

14. August

Der Mond dehnt die Schatten der Häuser bis aufs Meer hinaus. Der Schaum der Wellen bricht sich an den gezackten Rändern der Schatten. Darüber hinweg streicht der Lichtfächer eines sich drehenden Leuchtturms.

11. September

Es wäre für mich eine echte Freude, lange Szenen aufzuschreiben und sie dann aus reinem Vergnügen auf drei Zeilen zu kürzen.

15. September

»Ich bin ein Ehrenmann, Monsieur!«
»Das ist nicht gut, es ist ein schlechter Beruf!«

1. Oktober

Für sein Dorf das tun, was Sainte-Beuve für Chateaubriand und seine Zeit getan hat. In Aufzeichnungen, kurzen Theaterstücken oder stummen Bildern alles erzählen, alles bis hin zu den allabendlichen Schrecken. Bis auf den Grund alles um- und umwühlen; die Pflanze der Wahrheit mitsamt ihren Wurzeln freilegen.

Erinnerung, bringe mir mein Land, lege es mir auf den Tisch. Die Schwierigkeit besteht nur darin, daß man, um sich eines Landes wirklich zu erinnern, es sehen und die Füße in seinen Schlamm und Morast stecken muß.

19. Oktober

»Klassisch« nenne ich die Leute, die aus der Literatur noch keinen Beruf gemacht haben.

3. November

Ich bin eine Standuhr, deren Pendel unermüdlich zwischen Hochmut und Demut hin- und herschwingt; doch ich stehe fest auf meinen Füßen, verliere nicht mein Gleichgewicht und falle nicht um.

12. November

Inschrift für *Rotfuchs:* Der Vater und die Mutter schulden dem Kind alles. Das Kind schuldet ihnen nichts. J. R.

15. November

Will man es zu etwas bringen, muß man unflätige Dinge schreiben oder Meisterwerke schaffen. Sind Sie zu dem einen eher fähig als zu dem anderen?

17. November

Der Tod muß wohl von mir sprechen; mir klingt ein Totengeläut in den Ohren.

22. November

Die kleine Blume, die noch keiner je gesehen hat und die auf jenem Felsen dort oben mitten in einem Grasbüschel nur darauf wartet, daß jemand ihren Duft einatmet.

26. November

Lautrec: ein ganz kleiner Schmied mit Kneifer. Ein kleiner Sack mit zwei Fächern, wo er seine armen Beine reinsteckt. Dicke Lippen und Hände wie jene, die er zeichnet, mit gespreizten knochigen Fingern und halbrunden Daumen. Er spricht häufig von kleinen Menschen, so als wollte er sagen: »So klein bin ich nun auch wieder nicht!«

Er hat viel übrig für Zimmermann und Péan, vor allem für Péan, der so aussieht, als suche er in seinen Taschen nach Münzen, wenn er in den Bäuchen wühlt.

Er hat ein Zimmer in einem sogenannten »Haus«, steht sich gut mit diesen Damen, die köstliche Gefühle haben, wie sie ehrbaren Frauen unbekannt sind, und die hervorragende Modelle abgeben. Ihm gehört aber auch ein Kloster, und so pendelt er zwischen dem Kloster und dem »Haus« hin und her.

Zuerst verwirrt sein Anblick durch seinen kleinen Körperwuchs, dann wirkt er äußerst lebendig, sehr liebenswert; er murmelt stets etwas vor sich hin, wodurch seine Sätze unterbrochen werden und seine Lippen sich leicht heben wie Türabdichtungen im Wind.

Er ist so groß wie sein Name...

5. Dezember

Die Verführung durch den Federhalter. Sich selbst überlassen, geht die Idee, wohin sie will; durch den Federhalter ist sie nicht mehr frei. Sie zieht ihn in ihre Richtung, er sie in die seine. Sie ist wie eine Blinde, die von ihrem Stecken falsch geführt wird, und was ich gerade niedergeschrieben habe, ist schon nicht mehr das, was ich eigentlich schreiben wollte.

9. Dezember

Gestern mit Tristan Bernard bei Lautrec gewesen. Von einer Straße, wo es in Strömen goß, in ein völlig überheiztes Atelier geraten. Lautrec, in Hemdsärmeln, mit rutschender Hose und einem Hut wie ein Mehlhändler, macht uns auf. Zuerst entdecke ich im Hintergrund auf einem Sofa zwei nackte Frauen; die eine zeigt ihren Bauch, die andere ihr Hinterteil... Bernard geht auf sie zu und gibt ihnen die Hand mit den Worten: »Guten Tag, meine Damen!« Ich aber, verlegen wie ich bin, traue mich nicht, diese beiden Modelle unverhohlen anzuschauen. Ich suche einen Platz für meinen Hut, meinen Mantel und meinen tropfenden Regenschirm.

»Lassen Sie sich durch uns nicht bei Ihrer Arbeit stören«, sagt Bernard.

»Wir sind fertig«, antwortet Lautrec. »Ziehen Sie sich wieder an, meine Damen.«

Dann geht er eine Zehnfrancs-Münze holen und legt sie auf den Tisch. Sie ziehen sich an, hinter Bildern leicht verborgen, und ich schiele von Zeit zu Zeit dorthin, ohne daß es mir gelänge die Damen ganz deutlich zu sehen; auch ist mir so, als ob mich ein verächtlicher Blick aus ihren Augen träfe. Schließlich gehen sie weg. Ich habe glanzlose Popos, fallende Kleidungsstücke, rotes Haar und gelblichen Flaum gesehen.

Lautrec zeigt uns seine Studien des »Hauses«, seine Jugendarbeiten: Er hat von Anfang an kühn und garstigderb gemalt. Er scheint mir vor allem kunstbesessen zu sein. Ich bin nicht sicher, ob das, was er malt, gut ist, aber ich weiß, daß er das Seltene liebt, daß er ein Künstler ist. Dieser kleine Mann, der seinen Spazierstock liebevoll »meinen kleinen Knüppel« nennt, der mit Sicherheit unter seinem kleinen Körperwuchs leidet, verdient es, durch seine Sensibilität ein Mann von Talent zu sein.

18. Dezember

Was soll die neue Literatur der Menschlichkeit? Sollten wir heute besser sein als gestern? Da hat man nun ein ganz winziges Romanthema entdeckt: Menschlichkeit. Bislang hatte man sich wenig darum bekümmert. Man kann durchaus sagen, das Thema Menschlichkeit existierte überhaupt nicht, und keiner hatte es je abgehandelt. Wovon haben unsere Väter nur gesprochen, frage ich mich.

31. Dezember

Wenn wir nun versuchten, mit wenig Geld auszukommen, statt viel Geld zum Leben verdienen zu wollen?

1895

1. Januar

Prüfung: Nicht genug gearbeitet, mich zu sehr zurückgehalten. Zwar bin ich eher überschwenglich und neige dazu, mich nervlich stark zu verausgaben, doch sobald ich bei der Schriftstellerei bin und zur Feder greife, werde ich zögernd und bin übertrieben gewissenhaft. Dann sehe ich nicht nur das schöne Buch vor mir, sondern auch die schlechte Seite, die das schöne Buch verderben könnte und mich am Schreiben hindert. Mir immer wieder sagen, daß die Schriftstellerei ein Sport ist, daß es dabei nur auf die Methode ankommt, heute Training genannt. Nicht die geringste Gefahr, die Grenzen zu überschreiten.

Nicht genug ausgegangen: Man muß die Leute sehen, um sie dort einzuordnen, wo sie hingehören. Zu sehr den Journalismus, die kleinen Widerwärtigkeiten, die Nasenstüber des Lebens mißachtet. Nicht genügend griechische Literatur, nicht genug Latein gelesen. Nicht genug gefochten oder radgefahren; solches bis zum Überdruß treiben. Dann kommt einem geistige Arbeit vor wie ein Heil in einem Kloster, wo man auch sterben könnte.

Werde immer egoistischer: nichts zu machen. Wenigstens den äußeren Schein wahren und versuchen, nur darin sein Glück finden zu wollen, daß man andere glücklich macht. Hatte zu viel Angst, Bücher oder Taten zu bewundern. Welche Manie, geistreiche Worte zu Leuten zu sagen, die man eigentlich in den Arm nehmen möchte! Meine Freunde allzu scheinheilig gebeten, *Poil de Carotte (Rotfuchs)* zu loben. Das Fertige für sich wirken lassen. Das *Gute*, das man erwartete, kommt nicht, doch das nicht erwartete Gute kommt. Es gibt eine Gerechtigkeit, doch irgendeiner treibt seine Scherze mit ihr. Ein jovialer Richter, der sich über uns lustig macht und uns ertappt, der sich aber, genau betrachtet, nie täuscht.

Zu viel gegessen, zu viel geschlafen, zu viel Angst vor Gewittern gehabt. Zu viel Geld ausgegeben. Es geht nicht darum, viel Geld zu verdienen, sondern wenig auszugeben.

Zu sehr die Meinung der anderen in ernsten Fragen mißachtet, zu sehr auf die anderen in Nichtigkeiten gehört. Soll ich mit diesem Überzieher ausgehen, meinen Zylinderhut aufsetzen? Es wird regnen, aber meinen Schirm nehme ich nicht mit, weil ich einen wunderschönen Stock besitze und gern möchte, daß die Leute ihn sehen.

Habe mich zu sehr gefreut, wenn ich mich voller Mitleid des Unglücks der anderen annahm. Habe mich sehr selbstsicher gegeben. Vor den großen Herren mich allzu klein gemacht, und bei denen, die jünger waren als ich, den gütigen großen Mann gespielt, der, ohne es zu wollen, begabt und genial ist.

Allzu häufig in die Kioske geschaut, nur um mich zu vergewissern, ob ich auch nachgedruckt werde, zu viele Zeitungen gelesen, nur um darin meinen Namen erwähnt zu finden. Zu viele Bücher verschickt, mit Widmungen versehen und den Kritikern in einem Anfall von plötzlicher Rührung verziehen, daß sie es vielleicht doch gut mit mir meinten, indem sie weder so noch so über mich schrieben.

Meine Kinder zu sehr in der Pose des guten Vaters verwöhnt, meiner Familie gegenüber zu viel Gleichgültigkeit gezeigt. Mich allzu sehr durch das Los der Armen rühren lassen, denen ich doch nichts gebe, denn man kann ja nie wissen.

Den anderen Leuten immer genau das geraten, was sie, wie ich wohl wußte, von mir hören wollten, nur um ihnen gefällig zu sein. Zu viele Dinge wegen der anderen geliebt, nicht um meiner selbst willen. Zu viel von mir selbst geredet, ach! viel zu viel! Zu viel von Pascal, Montaigne,

Shakespeare gesprochen und nicht genug Shakespeare, Montaigne und Pascal gelesen.

Zu häufig zu meinen Freunden gesagt: »Wenn ich vor Euch sterbe, bitte ich Euch, mich in Chitry-les-Mines zu beerdigen und auf mein Grab eine kleine Büste zu setzen mit den Titeln meiner Werke, ganz schlicht, nur das. Und dann unvermittelt: »Im übrigen werde ich Euch doch allesamt überleben und Euch begraben!«

Mich zu sehr angeschwärzt, wenn ich wußte, die anderen würden protestieren, zu sehr geschmeichelt, damit man mir schmeichelte.

Ich bin nun einmal ein Schuft, ich weiß. Ich bin gar nicht stolz darauf. Ich weiß es und werde doch so weitermachen.

Im Theater den Kopf zu eifrig nach rechts und links gedreht wie ein Dompfaff, um eiligst mit meinem jungen Ruhm zu schäkern. Immer allzu schnell meine Meinung und meine Eindrücke zurückgenommen. Zu viele Artikel von Coppée gelesen, um mir zu beweisen, daß ich schlauer bin als er.

Und ich schlage mir an die Brust, sage am Ende zu mir selbst: »Herein!« und bereite mir einen guten Empfang, alles bereits verziehen. Allzu laut die kleinen Zeitschriften gelobt, in die ich nie hineinschaue, und allzu sehr die Zeitungen verachtet, von denen ich täglich vier oder fünf lese. Zu viel von meiner eigenen Generation gesprochen und allzu oft mein richtiges Alter verschwiegen. Zu häufig von Barrès gesprochen und nicht häufig genug seinen Namen »geschrieben«.

Zu viel Chartreuselikör getrunken.

Zu oft gesagt: »Das Gute, das ich denke...«, anstatt: »Das Böse, das ich denke...«

18. Januar

Ein gutes Wort geht über ein schlechtes Buch.

19. Januar

Wie kommt es nur, daß alle verschwiegenen guten Taten gleichwohl bekannt sind?

1. Februar

Wie eintönig wäre der Schnee, hätte Gott nicht den Raben geschaffen.

Bei solchem kalten Wetter gehe ich gern aus, weil dann auf der Straße nur so viele Menschen wie unbedingt notwendig anzutreffen sind.

4. Februar

Gestern abend einen Namen für unser Haus in Chaumot gesucht. Wir wählten »La Gloriette«, was so viel bedeutet wie »Lusthäuschen« und obendrein die Verkleinerungsform von »Gloire«, Ruhm, ist und somit einen Schriftsteller anspornt, verpflichtet.

D*as Gras.*
Ich will versuchen, ein Dorf in meinem Buch einzufangen, es ganz und gar einzufangen, vom Bürgermeister bis zum Schwein. Und wie schön der Titel ist, werden alle jene verstehen, die einen Bauern einmal haben sagen hören: »Das Gras wächst«, oder: »Das Wetter ist gut für das Gras«, oder: »Hier wächst kein Gras mehr.«

Man braucht nur das unbedingt Notwendige, und man soll nicht davon abweichen, weder nach innen noch nach außen; nach außen ist es eine Dummheit, nach innen reiner Hochmut.

12. Februar

Es gibt gute Schriftsteller und große. Wir wollen zu den guten gehören.

13. Februar

Ja doch, die Erzählung, die ich schreibe, existiert wirklich, ist in höchst vollkommener Weise irgendwo in der Luft niedergeschrieben. Für mich geht es nur darum, sie aufzufinden – und abzuschreiben.

Von dem Übel des Schreibens kann man nur um den Preis erlöst werden, schwer, ja tödlich zu erkranken und zu sterben.

Achilles und Don Quijote sind gottlob bekannt genug, so daß wir es uns ersparen können, Homer und Cervantes zu lesen.

16. Februar

Man muß ehrlich und bescheiden sein, aber laut und deutlich sagen, daß man es ist.

19. Februar

Vor dreißig, fünfunddreißig Jahren sind wir noch nichts, und ich stelle fest, daß ich das Datum immer weiter hinausschieben muß.

Toulouse-Lautrec. Je häufiger ich ihn sehe, desto größer wird er. Am Ende ist sein Körperwuchs kaum unter dem Durchschnitt.

23. Februar

Irgendein unbedeutendes menschliches Wesen interessiert mich mehr als das allgemein Menschliche.

2. März

Gestern abend: Bankett von Edmond de Goncourt. – Eigentlich könnte man sich per Telegramm entschuldigen. Ersparnis: 12 Francs. Obendrein wird das Telegramm beim Nachtisch verlesen. So entgeht man der Menge ...

Das Holz im Kamin regt sich, als würde die Hitze schlafende Tiere hin- und herbewegen.

7. März

Im Bellevue liest uns Claudel seine wörtliche Übersetzung des *Agamemnon* von Aischylos vor. Erst läßt er sich ganz bescheiden bitten, dann beginnt er zu lesen mit einer Stimme, die wie eine Sprechmaschine klingt; seine Lippen öffnen sich wie Blitze bei einem Wärmegewitter. Der Kopf ist aschfahl; er sieht aus, als habe er gebrannt. Er bewundert oder verachtet in fast spitzbübischer Art. Er sagt: »Auf der Welt gibt es nichts Schöneres als das chinesische Theater. Wenn man das gesehen hat, kann man nichts anderes mehr sehen.«

Dann liest er uns eine Überarbeitung von *Goldhaupt* vor, ein Werk, das ihn sein ganzes Leben beschäftigen wird.

»Sie haben recht«, sage ich zu ihm. »Wir sollten jedes Jahr im Frühjahr einen Monat lang unser Werk überarbeiten.« ...

10. März

Mein Land ist jenes, über das die schönsten Wolken hinwegziehen.

13. März

Wir haben fünf Stunden lang geplaudert, und ich habe nichts von alledem behalten. Mal verachteten wir das Geld, mal die Arbeit, die nichts einbringt. Ich meinte: »Ich liebe die Einsamkeit«, und Claudel antwortete mir: »Sie wissen ja gar nicht, was das ist: Einsamkeit. Ich aber habe sie erfahren in einer Wüste Amerikas, 80 km von Boston entfernt, wo mein Freund, der Geiger, eine Melodie komponiert hat, in der die ganze Wüste eingefangen ist.«

Das Beste waren wohl einige Sätze von La Bruyère, die Claudel uns vorlas. Sie erweckten in uns den Eindruck, als würden wir La Bruyère nie lesen. Danach spricht Claudel davon, alles Kreative, jede dichterische Regung in sich abtöten zu wollen. Schon jetzt widmet er nur noch eine Stunde pro Tag dem Schreiben, und während er von einer

Überzeugung zur anderen springt, zieht ein ganzes Gewitter über sein Gesicht.

»In der Metapher«, sagt er, »verschwindet der erste Begriff des Vergleichs. Im Bild bleiben beide Begriffe erhalten und werden nur einander zugeordnet.«

Und er spricht von den Indianern, die mit dem Mund das Geräusch eines Insekts nachahmen können, das im Holz nagt, und die viele Monate damit zubringen, drei oder vier Verse zu dichten, um einen Fluß zu besingen, und die das Kaninchen, das bei uns schon so viel Verwirrung stiftet, für einen großen Zauberer halten.

Claudel, der Verfasser von *Goldhaupt* und *Die Stadt*, der bei uns für ein Genie gehalten wird und dazu noch Vizekonsul in New York, Boston, China usw. ist, bleibt aus Pflicht in seinem Büro, verfaßt Berichte und schreibt sogar solche, um die er gar nicht gebeten worden ist.

»Dafür werde ich doch bezahlt«, sagt er schlicht. »Ich versuche, mir mein Geld redlich zu verdienen.«

Heute abend im Zirkus führte ein Dompteur gleichzeitig Hühner, Füchse und Hunde vor. Die Füchse gingen freundschaftlich auf die Hühner zu: Das bedeutete Fortschritt. Die Hühner fühlten sich nicht allzu sicher: Macht der Gewohnheit. Dank der friedlichen Hunde ging alles glatt: Das sollte dann die Zivilisation sein.

Ein Klassiker ist ein Schriftsteller, der die Tradition pflegt.

15. März

Das leichte Erzittern, jener Vorbote eines schönen Satzes, der sich gleich einstellen wird.

19. März

... Vergleich zwischen der Musik und der Literatur. Diese Musiker möchten uns immer einreden, ihre Gefühle seien tiefer als die unseren. Wir empfinden alles, was sie auch fühlen. Und darüber hinaus ... Darüber hinaus, was? Ein kleines sinnliches Vergnügen, der Rausch, den ein Schluck Alkohol zu bewirken vermöchte. Ich kann mir kaum vorstellen, daß dieser kleine, schon recht verbrauchte alte Geiger hier einen größeren Kunstgenuß erlebt als Victor Hugo oder Lamartine, die beide für Musik nichts übrig hatten.

Der Roman? Wer von uns würde es auch nur wagen, einen Roman zu schreiben und die ihres Sinnes völlig entleerten Worte »Ich liebe dich« und »Liebe« zu verwenden. Wir können nur noch ein Buch schreiben, das heißt die Seiten eines Heftes füllen und ein Tintenfaß leeren, um unserer intellektuellen Gesundheit willen.

Shakespeare! Du sagst immerzu Shakespeare! In dir steckt einer, finde ihn doch.

2. April

Wie begegnen wir einander doch! Mit vorgestreckten Hörnern gehen wir aufeinander zu wie die beiden Ziegen von La Fontaine auf ihrer schmalen Planke.

9. April

Dr. Gallmann, ein eleganter Wiener mit Goldbrille, bittet mich, ihm in zwei Zeilen mitzuteilen, was ich aus der Vergangenheit gern wieder aufleben sehen möchte.

Er meint, man kenne von jeder ausländischen Literatur stets nur ihre Beziehungen zur Politik.

»Jeder Literatur«, erwidere ich ihm, »dient stets ihre Politik als Gefährt.«

Der Ausspruch gefällt ihm, und ich habe das Gefühl, irgendwo wird er ihn verwenden. Ich schreibe ihm also:

»Ich wünsche mir nichts aus der Vergangenheit zurück. Ich zähle nicht mehr auf die Zukunft. Ich bin ein glücklicher Mensch, denn auf das Glück habe ich verzichtet.«

13. April

Schreiben ist nur eine Form des Sprechens, bei der man nicht unterbrochen wird.

30. Mai

Vorsicht ist nur ein Euphemismus für Angst.

4. Juni

Mit den Sitten verhält es sich wie mit dem Geld: Nur das Kleingeld wechselt von Stadt zu Stadt. Was wertbeständig und wichtig ist, bleibt unverändert.

29. Juni

Ich weiß, warum ich den Sonntag hasse: Weil Leute, die mit nichts beschäftigt sind, es sich erlauben können, genau so müßig zu sein wie ich.

Ein leicht dahinschwebender Mond, als sei er aus einem Stück weißer Wolke herausgeschnitten.

Das Gewitter: Boulespieler hinter dem Berg. Nach jedem Donner wird der Regen doppelt so stark wie die Tränen nach einer heftigen Beschimpfung.

Auf einer langen Reise die Bahnhöfe durchstreichen wie als Soldat beim Regiment die Tage.

6. Juli

Der Dichter Titulopanpé hatte Verse über die Schmetterlinge verfaßt und war damit überhaupt nicht zufrieden. Der Flug seiner Schmetterlinge dünkte ihn zu schwerfällig. Er zerriß seine Verse und warf die Papierfetzen auf den See hinaus. Doch sie fielen nicht ins Wasser. Von einem sanften Lüftchen getragen, flogen sie leicht und schillernd auf und davon. Und der Dichter Titulopanpé schaute ihnen nach, gerührt und froh, Verse geschrieben zu haben, die doch besser waren, als er gemeint hatte.

26. Juli

Ich befasse mich lieber mit mir selbst als mit anderen aus lauter Angst, sie könnten sagen: »In was mischt er sich da eigentlich ein?«

29. Juli

Unsere ganze Kritik besteht darin, den anderen Leuten vorzuwerfen, sie besäßen nicht die Eigenschaften, die wir selbst zu haben glauben.

27. August

Wenn die anderen mich ermüden, so liegt das daran, daß ich mich selbst satt habe.

28. August

Sehr oft bin ich unzufrieden mit dem, was ich geschrieben habe, niemals aber mit dem, was ich schreibe, denn wäre ich damit unzufrieden, ich würde es nicht schreiben.

Der begrabene Berg. – Sterne strahlen am Himmel. Die Augen des Wolfs funkeln im Wald. Der Schatten des Bergs legt sich in das Wasser wie ein großer Katafalk und ringsum leuchten die Spiegelbilder der Sterne – wie Kerzen.

13. September

Glücklich sein, das ist nicht das Ziel, aber man muß es doch wenigstens einmal gewesen sein.

19. September

T*iergeschichten.* – Buffon hat die Tiere beschrieben, um dem Menschen Freude zu bereiten. Ich aber möchte den Tieren gefallen. Ich wünschte mir, sie würden lächeln, könnten sie meine kleinen Tiergeschichten lesen.

22. September

Als Künstler schreibe ich gern nur kleinere Sachen, aber ich wage mich nicht an fest umrissene ausführliche Bücher, Biographien, Kritiken. Romane widern mich an, Verse ermüden mich.

Ich habe Pegasus vor meinen Pflug gespannt. Er mag noch so stampfen, er muß notgedrungen langsam gehen und meinen Acker pflügen. Er spuckte Feuer und tänzelte wild umher, zeigte mir seine Kruppe, war im Begriff davonzufliegen.

»Alles gut und schön«, sagte ich zu ihm, »aber erst komm' einmal näher.«

Da wollte er sich gen Himmel emporschwingen, doch die Pflugschar drang immer tiefer in den Boden ein, und so hielt ihn die Erde zurück.

Es gibt kein Paradies, doch sollten wir uns bemühen zu verdienen, daß es eines geben könnte.

Unmöglich, auf dem Grund meines Herzens zu lesen; dort verlischt die Kerze mangels frischer Luft.

28. September

Um tagaus-tagein mit den gleichen Personen zu leben, muß man sich ihnen gegenüber so verhalten, als sähe man sie nur alle drei Monate.

29. September

Der Grünspecht: »Darf man eintreten?« Er schaut auf der anderen Seite des Baumes nach, ob er den Stamm auch wirklich durchbohrt hat. Der Chirurg der Bäume.

30. September

Die Briefe von Schwob noch einmal gelesen. Unsere Briefe sind eben doch das Beste von uns.

Nur Geduld! Das Wasser meines kleinen Baches wird das Meer schon erreichen.

Ich möchte, daß mein Ohr eine Muschel ist, die alle Geräusche der Natur in sich aufbewahrt.

Und wenn ein Blatt, das ganz geschützt zu sein scheint, plötzlich anfängt zu tänzeln und zu taumeln (Ja doch! Es verfällt einem Taumel!), und alle seine Nachbarn bleiben ruhig, ist das dann etwa kein Geheimnis?

Sei bescheiden! Diese Art von Ehrgeiz mißfällt am wenigsten.

3. Oktober

Wer die Literatur liebt, hat weder Sinn für Geld noch Bilder, Nippsachen und alles übrige. Im Grunde hat Balzac die Literatur nicht geliebt.

Balzac ist wahr im Großen, nicht aber im Detail.

8. Oktober

Viel schreiben, nur das Beste veröffentlichen.

19. Oktober

Wenn Sie erröten, sehen Sie schön und melancholisch aus wie ein Holzfeuer.

21. Oktober

Der Rabe: Er kommt vom Begräbnis zurück. Die Elster trägt Halbtrauer.

27. Oktober

Überall sein und in einem stillen Winkel.

Zwischen einer echten und einer falschen Perle besteht überhaupt kein Unterschied. Es fällt nur schwer, untröstlich dreinzuschauen, wenn man die falsche Perle zertritt oder verliert.

Die Natur ist nicht endgültig, sie läßt sich immer noch verbessern!

1. November

Léon Blum, ein junger bartloser Mann, der mit einer mädchenhaften Stimme zwei geschlagene Stunden lang

Pascal, La Bruyère, Saint-Évremond usw. auswendig vortragen kann.

5. November

Es gibt keine Synthese: Es gibt nur Unzusammenhängendes.

16. November

Arbeiten wie ein Einäugiger und die Götter gewähren lassen.

18. November

In unserer Bewunderung für die Alten, meint Lemaître, klingt Erstaunen darüber an, daß diese manchmal das zu schreiben vermochten, was wir, die wir doch tüchtiger und wissender sind, kaum besser zu schreiben verstünden.

25. November

Wirklich frei ist nur derjenige, der eine Einladung zum Essen abzulehnen vermag, ohne erst irgendeinen Vorwand suchen zu müssen.

27. November

Die Schriftstellerei, ein sonderbarer Beruf: Je weniger man schreibt, um so besser muß es sein.

29. November

Lies alle Biographien der großen Toten, und du wirst das Leben lieben.

2. Dezember

Die Bescheidenheit steht den Großen gut zu Gesicht. Aber nichts darstellen und gleichwohl bescheiden sein, das ist sehr schwer.

Was bedeutet schon das Glück, wenn man die Freude nicht kennt!

6. Dezember

Ohne die Geistlichen wäre eine Beerdigung gar zu traurig.

Ich würde wohl gern auf Beerdigungen gehen, überließe man mir nur als Arbeitsplatz die Kanzel, um von dort aus über die Köpfe hinweg Notizen zu machen.

Ich habe das Glück gekannt, doch hat mich das nicht am glücklichsten gemacht.

Er ist unerträglich. Er ist ganz versessen darauf, anderen einen Dienst zu erweisen.

13. Dezember

Wenn Sie das Leben kennen, geben Sie mir doch bitte seine Anschrift.

16. Dezember

Ich habe zu viel von meinem Leben in meine Bücher gesteckt. Ich bin nur noch ein abgenagter Knochen.

19. Dezember

Und immer obliegt uns das Unverantwortliche.

Der Brief, den wir nie erhalten haben und von dem vielleicht das Glück unseres ganzen Lebens abhing.

Bedenke gut diesen Satz, den du jetzt schreiben wirst: Augen einer anderen Welt werden ihn womöglich lesen. Er darf dort keine trübe Wolke hinterlassen.

1896

1. Januar

Ich nehme mir vor, das Neue Jahr soll außergewöhnlich werden, und beginne es gleich damit, daß ich zu spät aufstehe, zu gut esse und bis drei Uhr in einem Sessel schlafe.

2. Januar

Sarah Bernhardt... Ihr Gesetz ist es, nie an morgen zu denken. Morgen, das ist irgend etwas, vielleicht sogar der Tod. Sie nutzt jede Minute aus. Sie erinnert sich weder daran, welches von allen Ländern, die sie gesehen hat, sie vorzieht, noch welcher ihrer Erfolge sie am tiefsten bewegt hat. Sie hat daran gedacht, *Nora oder ein Puppenheim* zu spielen, doch sie findet, Ibsen sei zu gewollt. Nein! Sie sucht Klarheit im Ideal. Sie liebt Sardou zu sehr, um Ibsen zu mögen...

6. Januar

Gerade bist du meiner Seele auf die Füße getreten.

8. Januar

»Mich dürstet nach Wahrheit.«
»Hüte dich vor Trunkenheit.«

18. Januar

Ihr Hinterteil wackelt hin und her wie eine Droschke, die in die Schienen geraten ist.

Das Erröten, die Morgenröte der Tränen, die gleich fließen werden.

Ich habe einmal einen Vogel gekannt, der jedesmal zu Boden fiel, wenn er sich anschickte, auf einem Zweig einzuschlafen.

Antwort auf eine schwere Beleidigung:
»Ach! Das sagen Sie doch nur, um mich zu necken.«

Notizen machen, Tonleiterübungen in der Literatur.

Die Freundschaft zehrt stärker als die Liebe.

Warum bittest du die Autoren um Theaterkarten, wenn du ihnen nachher doch nicht sagen kannst, daß du dich in ihren Stücken gelangweilt hast?

24. Januar

Ein Einäugiger ist ein Krüppel, dem nur ein halber Hund zusteht.

25. Januar

Erstes Geständnis: Shakespeare verstehe ich nicht immer. Zweites Geständnis: Shakespeare mag ich nicht immer. Drittes Geständnis: Shakespeare langweilt mich immer.

31. Januar

Ein schmieriger und schlüpfriger Stil wie das Pflaster von Paris bei Nebelwetter.

1. Februar

Mallarmé. Bei seinen Versen klingt etwas wie Musik an, so wie das freie Versmaß ein wenig an Zeichnungen erinnert.

3. Februar

Revue Blanche. Muhlfeld, Baragnon, Thadée und Alexandre Natanson haben gestern abend zugeben müssen, daß Maupassant Talent habe und sowohl ihm als auch Loti und Bourget übel mitgespielt worden sei. Zuletzt ist es gar nicht so schwierig, einem Jüngeren Bewunderung zu entlocken. Allerdings muß man das Schloß kennen; dann braucht man den Schlüssel nur einmal richtig herumzudrehen.

Hier und dort bleibt der Schnee noch liegen, so wie manchmal Seife in den Ohren zurückbleibt.

Oh! In der Freundschaft geht es immer schief, hat man sich erst seine Geldgeheimnisse anvertraut.

»Wann werden Sie Ihre Tochter in die Gesellschaft einführen?« fragte Monsieur Legrand.

»Ach!« antwortete Madame Morneau, »die guten Pferde werden im Stall abgeholt; überflüssig, sie auf den Markt zu führen.«

10. Februar

S*alomé* von Oscar Wilde. Das ist schon recht eindrucksvoll, aber hie und da sollten doch einige Köpfe des Jochanaan wegfallen. Zu viel, zu viel! Und das sinnlos wiederholte Schreien und dieses Übermaß an Kitsch!

Es gibt wohl Freunde. Wahre Freunde gibt es nicht.

Versöhnung zweier Freunde. Plötzlich wird das Herz, das so vertrocknet, hart und ledern war, wieder weich und weitet sich, als falle es in reines sauberes Wasser.

13. Februar

Hin zur Klarheit, auf welchem Weg auch immer.

20. Februar

Unter den Pflanzen ist die Mimose das, was der Kanarienvogel unter den Vögeln ist.

29. Februar

Er lebt von nichts: Ein kleiner Schmerz erfüllt sein ganzes Leben.

2. März

...Ich wäre schön dumm, würde ich dem Leben nicht alles entlocken, was es uns im Augenblick zu bieten vermag! Ja doch, wenn ich jemanden auf dem Boulevard treffe, erkundige ich mich nicht erst nach seinem Befinden, er selbst ist mir gleichgültig, doch ich zitiere einen Vers, den ich gerade gelesen oder gehört habe, einen Gedanken von mir oder einem anderen; und das macht aus dieser Begegnung, bei der wir sonst nur Banalitäten ausgetauscht hätten, irgend etwas Wertvolles, Seltenes, kurz, etwas Gewichtiges, das mein Leben bereichert, wo sonst einfach nichts hätte sein können. Ich habe ein Fenster geöffnet und tief Luft geholt.

12. März

Um wieviel scharfsinniger sind doch Eifersüchteleien und Zwistigkeiten unter Freunden als Liebesgezänk!

16. März

Er läuft immer auf Zehenspitzen, so als fühle er sich von seinem Ideal selbst emporgetragen.

18. März

Warum sollten die Menschen, die über mich urteilen, sich denn nicht irren? Irre ich mich nicht auch, wenn ich sie beurteile? Bin ich nicht zunächst einmal der Feind jener, die ich später lieben werde? Verachte ich nicht sehr bald diejenigen, die ich zu rasch geliebt habe?

Den Bildern aus der Zeit von Homer mißtrauen, und wären sie noch so schön.

20. März

Der leise Anflug von Klarheit über das Geheimnis, das uns umhüllt, kommt ganz allein aus uns selbst: Es ist eine trügerische Klarheit. Noch nie hat uns das Geheimnis etwas von seiner eigenen Klarheit preisgegeben.

Alle zehn Jahre sollte man das Gymnasium von neuem besuchen.

1. April

Wenn er mit einem Paar zusammen etwas trinkt, so zahlt stets er, um für den Geliebten gehalten zu werden.

8. April

Man soll nicht lachen, solange man nur am Rande der Ereignisse steht, sondern zuerst ganz tief eindringen. Aus der Mitte der Begebenheiten heraus soll man dann lachen. Deutlicher gesagt, ich lache nicht über jedwede Politik, denn manch eine, die ich nicht kenne, mag auch gut sein, doch ich lache über Politiker, die ich kenne, und über die Politik, die sie vor meinen Augen machen. Das Lachen sollte nicht frivol sein, sondern aufrichtig, innerlich, von echter Lebensweisheit getragen! Tränen darf nur lachen, wer vorher geweint hat. Das Lächerliche existiert nur dann und wann, doch nichts ist durch und durch oder gar für immer lächerlich.

Nur über die schönen Dinge, die liebenswert sind, soll man lachen. Das Banale bringt nicht zum Lachen. Bevor wir über große Männer lachen, sollten wir sie von ganzem Herzen lieben.

Das Lachen ist unangreifbar, weil es aus sich heraus lacht, doch es erstirbt von selbst inmitten von ernsten und nachdenklichen Gesichtern.

Renan hat gesagt: »Wer lacht und spottet, wird niemals regieren.« Richtig, denn sie pfeifen alle drauf.

11. April

Eine platonische Liebe, in der sich die Seelen duzen.

Lebe nicht! Finde dich damit ab, immer nur leben zu wollen.

17. April

Der Bettler schaut sich das schöne Schloß an und meint:
»Wäre dieses Schloß doch mein!«
Da erfährt er, daß es für ein Stück Brot zu haben ist.
Doch eben dieses Stück Brot hat er nicht.

Das Wort ist die Entschuldigung des Gedankens.

21. April

Hätte ich Talent, ich würde nachgeahmt. Würde ich nachgeahmt, ich wäre bald in Mode. Wäre ich in Mode, ich käme bald wieder aus der Mode. Also ist es besser, ich habe kein Talent.

24. April

Zu Catulle Mendès. »Manchmal ist mir, als wollten Sie mir auf die Schulter klopfen und sagen: ›Jules Renard, Sie sollten eine Reise zum Mond machen. Das würde Sie auf andere Gedanken bringen.‹ Und ich antworte dann niedergeschlagen: ›Das ist eine gute Idee; aber wie?‹ Nein! Wir können uns immer nur um uns selbst drehen, unser eigenes kleines enges Sein betrachten, wo es zuweilen so dunkel ist.«

Mai

Den Rosen ist das Blut zu Kopf gestiegen.

Das Pech stürzt sich nur auf die Dummheit.

Wichtig ist es, Traurigkeit und Überdruß nicht zu verwechseln.

26. Mai

Das Leben ist kurz, doch wie lang ist der Weg von der Geburt bis zum Tode.

An einem dicken Nagel hängen lauter kleine leichte Dinge.

Bei meiner Rückkehr aufs Land frühmorgens begrüßte mich Lerchengesang, der wie Flammen am Ende langer Kerzen in die Lüfte emporschoß.

Bedenke doch: Was wäre ein Dorf, würde man die Kirche dem Erdboden gleichmachen.

Eins steht fest. Ich kann nichts Geistvolles aus Inspiration schaffen. Um zu einem Ergebnis zu kommen, muß ich hart arbeiten, mich dranhalten und beharrlich sein. Für die kleinste Schwäche muß ich bezahlen. Die ursprüngliche Eingebung, die Improvisation, den Schwung muß ich mir versagen.

Und diese langen Tage, an denen man ein ganzes Buch schreiben könnte.

Juni

Egoistisch? Ja, mein Leben interessiert mich mehr als das von Julius Cäsar, und es grenzt an so viele andere Leben wie eine Wiese inmitten von Wiesen!

6. Juni

Ganze Wolkendenkmäler brauen sich dort zusammen.

Ich verabscheue das Wort »austüfteln«.

9. Juni

Der Wind fährt mit unsichtbarer Hand durch die Blätter.

16. Juni

Ich behaupte, eine Beschreibung, die länger ist als zehn Worte, sei nicht mehr deutlich.

Sie ist so sonderbar, daß sie eine Lilie für eine dumme Blume zu halten wagt.

Juli

Die Ratten töten, die meine Kirschen fressen, wozu? Ich kaufe mir lieber ein halbes Pfund Kirschen als ein halbes Pfund Rattengift.

9. Juli

Ich möchte gern die lebende Literatur einen kleinen Schritt weiterbringen, hin zum Leben in der Literatur.

Ein rötlicher Stil. Wenn es in den verschiedenen Dichtungen Farben gibt, so bilde ich mir ein, die meine sei rötlich.

Wolken! Wolken! Wo eilt ihr hin? Hier ist doch so gut sein!

So wartet doch! Ich habe meine Angel in mich selbst hineingeworfen. Der Schwimmer bewegt sich.

Ich weiß nicht genau, wo ich geboren bin, und das quält mich ein wenig. Ich sehe immer so aus, als suchte ich meine Wurzel.

14. Juli

Ich bin einzig und allein dafür geschaffen, zu lauschen und zu schauen, wie die Erde lebt.

Der Himmel ist so rot wie eine Ziegelbrennerei.

Zwei weißgekleidete junge Mädchen mit roten Sonnenschirmen. Wie wohlig ließe sich zwischen diesen beiden Mohnblüten ruhen!

Tu etwas Mond an das, was du schreibst.

Alle Erlen streben, recken sich zum Mond hin.

Ein Strohhut für Mondschein.

Das Gewitter. Unter schweren dunklen Wolken – Rosny würde sagen Schichtwolken –, Landschaften wie Kohlezeichnungen.

Ich möchte gern zu jenen großen Männern gehören, die wenig zu sagen hatten und das auch in wenigen Worten gesagt haben.

Wahnsinnig bin ich nicht. Nur habe ich das lebhafte Gefühl, es lohne sich, geboren zu sein, und der Rest sei sinnlos.

Die Abwesenden haben immer unrecht zurückzukommen.

Ein Nadelstich schon würde Ihr Gerede über das Duell völlig verändern.

Eine Katze, die sich nicht an ihren Schwanz gewöhnen kann. Wenn sie ihn plötzlich erblickt, stürzt sie sich darauf und dreht sich um sich selbst wie eine trunkene Sonne.

Die beste Gesundheit ist die, bei der man seine Gesundheit gar nicht spürt.

Der Künstler muß alles gesehen haben und alles vergessen. Er vermag alles zu verstehen, doch wirkt er nicht allzu intelligent.

18. Juli

Anders als in der Bergpredigt: Wenn es dich nach Gerechtigkeit dürstet, wird es dich immer dürsten.

Unfähig einen »langen Atem« zu haben, lese ich hier und dort etwas, schreibe dann und wann. Aber ich glaube doch, dies ist das Los eines wahren Künstlers.

Das Lächerliche meines Tuns fällt mir erst viel später auf. Ich beobachte nicht zur selben Zeit, wie ich lebe. Erst im

Nachhinein komme ich auf jede Einzelheit meines Lebens zurück.

Der Ruhm zählt nur noch zu den Kolonialwaren.

Als literarisches Werk ein *Pater* oder ein *Ave* schreiben.

August

Zwei Hähne, die sich auf Leben und Tod bekämpfen, weil sie gemeinsam gekräht haben.

Düstere dunkle Wolken, zu denen das Herz aufsteigt und erstickt.

Die Margerite: ein runder Mund, der rundherum Zähne hat.

Schreibe jeden Tag deine Seite; doch wenn du fühlst, daß sie schlecht wird, hör auf. Sei's drum! Es ist eben ein verlorener Tag; doch immer noch besser, nichts zu machen als etwas Schlechtes zu machen.

14. August

Bewahren wir uns in unserer Seele inmitten der vielfältigen Freuden stets einen traurigen Winkel. Er ist unsere Zuflucht im Falle einer plötzlichen Gefahr.

La Fontaine. Wer war bescheidener in seinem Auftreten nach außen hin und freier in Wirklichkeit als er?

September

Mein Gehirn, ein Waffeleisen voller Worte.

Nichts fällt so schwer, als einer Mutter, die man nicht liebt und die einem leid tut, fest ins Gesicht zu schauen.

Und ob ein Dichter das Leben beobachten muß!

16. Oktober

Ein guter Klassiker ist ohne etwas Mittelmäßigkeit nicht möglich.

17. Oktober

Der größte Mensch ist doch nur ein vom Leben betrogenes Kind.

19. Oktober

Hat man mir nicht immer wieder gesagt, ich sollte mich in die Haut der anderen versetzen, und dabei fällt es mir doch viel leichter, es mir in der meinen bequem zu machen.

20. Oktober

Ein so aktiver Mensch, als ob er aus mehreren bestünde.

21. Oktober

Trübselige Stunden, in denen man in einem eiskalten Tunnel zu arbeiten meint.

»Gib dich damit zufrieden«, sagte er zu seiner Frau, »daß ich dir tatsächlich treu bin; doch gestehe mir wenigstens den Anschein eines Ehemanns zu, der seine Frau betrügt.«

Manchmal ist mir, als berührte ich das Leben mit dem Finger.

22. Oktober

Zum Auftakt sich vor einen Spiegel stellen, seine Seele hervorkramen und sein Selbstporträt anfertigen. Das Ganze *Meine Psyche* überschreiben und daraus ein Buch machen zu vier Francs das Stück für den *Mercure de France*.

Meine Psyche. – Wohlan denn! Nein! Ich liebe meine Frau nicht. Ich liebe meine Kinder nicht. Ich liebe nur mich selbst. Mitunter frage ich mich: »Was werde ich wohl bei ihrem Tod empfinden?« Und ich empfinde nichts, wenigstens im voraus nichts, gar nichts.

27. Oktober

»Mein Meisterwerk«, sagte er, »wird man erst später kennen: meinen Briefwechsel.«

Meine Psyche. Die Arbeit. – Wenn ich laufe, laufe ich wie eine Uhr, doch bleibe ich oft stehen.

28. Oktober

Verknüpfe durch wohlgelenkte Träume die Arbeit des Abends mit der Arbeit des Morgens.

Meine Psyche. – Ich fühle, daß ich mehr und mehr künstlerisch und immer weniger intelligent werde. Bestimmte Dinge, die ich einmal verstanden habe, verstehe ich nicht mehr, und jeden Augenblick bewegen mich neue.

3. November

Verse, Verse, und nicht eine Zeile Poesie.

7. November

Unsere Bewunderer. Da gibt es den Kritiker aus der Provinz, der uns entdeckt hat und plötzlich ganz begeistert ist. Er schreibt einen ersten Artikel in seinem Lokalblatt. Wir danken ihm gebührend. »Ach! Wenn Paris doch einige Kritiker aufzuweisen hätte wie Sie, ließe der Ruhm nicht so lange auf sich warten!« usw. usw. Und schon setzt er sich in den Kopf, uns bekannt zu machen, die Ungerechtigkeit der Menschen wieder auszugleichen. Er bittet um 1. Ihre Photographie, 2. Ihren Lebenslauf, 3. Ihre gesammelten Werke, 4. etwas noch nicht Veröffentlichtes. Das Ganze soll in einer großen internationalen Zeitschrift erscheinen, die er gut kennt.

Und dann ist er höchst erstaunt, daß er keine Antwort erhält.

9. November

Wenn alle meine Bewunderer meine Bücher kauften, hätte ich weniger.

11. November

Zuerst schreibe ich dem Verfasser, der mir sein Buch geschickt hat, einen Lobesbrief, dann lese ich sein Buch und versuche, meinen Brief zu rechtfertigen.

»Er schuldet mir noch fünfzehn Francs.«
»Wissen Sie nicht, daß er gestorben ist?«
»Ach! Dann schenke ich sie ihm eben.«

12. November

Auch uns kommt es manchmal in den Sinn, wir sollten unseren *Faust* schreiben, doch wir halten uns zurück. Ein Mann aus dem Norden hält sich nicht zurück, und macht einen Bürger zu einem trunkenen Gefangenen der Freiheit.

Der französische Esprit liebt die großen Dinge, doch will er stets wissen, wohin das führt. Er stellt die Meisterwerke richtig.

Um den Preis all meiner Ängste vermittle ich den anderen den Eindruck vollkommener Sicherheit.

16. November

Verlaine. Seine Briefe gelesen, die in der *Revue Blanche* Nr. 83 abgedruckt sind: eine völlige Zerrüttung des Stils, das rasche Abfallen der Blätter von einem modernden Baum.

17. November

Es ist mir schon mitunter vorgekommen, daß ich im Leben getanzt habe, aber immer ganz allein.

Der heitere Autor. Ich habe gut gearbeitet, und ich bin zufrieden mit meiner Arbeit. Ich lege meine Feder nieder, weil die Dunkelheit hereinbricht. Träume in der Dämmerung. Meine Frau und meine Kinder sind im Nebenzimmer, voller Lebenslust. Ich bin gesund, erfolgreich, habe genügend Geld, nicht zuviel.

Mein Gott, wie unglücklich bin ich doch!

18. November

Es ist schmerzhaft, ein Buch zu schreiben; man befreit sich dabei von ihm.

21. November

Wenn Sie von mir sprechen, lassen Sie bitte La Fontaine aus dem Spiel, dann stimmen die Maßstäbe wieder.

22. November

Eine schöne Intelligenz mit Hinterstübchen.

27. November

Ich lebe nicht, und lebe doch noch zu sehr. Man sollte stets seinem eigenen Leben beiwohnen wie aus der Mitte eines Traums heraus. Alles wäre dann höchst amüsant.

28. November

Man kann nicht einmal von sich selbst abschreiben.

Ich verließ Madame Sarah Bernhardt in einem Geisteszustand, in dem ich gut und gern ein schönes episches Gedicht geschrieben hätte, wäre nur Zeit dazu gewesen.

Viel Geld verdienen, bescheiden leben.

1. Dezember

Es geht nicht darum, etwas Neues zu schaffen. Es geht darum, eine kleine Broschüre von fünf oder sechs Seiten zu schreiben, um darin anzukündigen, daß man etwas Neues schaffen will.

Ich kann einfach keine Kritik mehr schreiben. Ich würde in jedem Augenblick Autoren kränken, die mich, ohne daß ich es weiß, bewundern.

8. Dezember

Wenn du auf deinem Bogen mehrere Sehnen gespannt hast, werden sie durcheinander geraten, und du kannst nicht mehr zielen.

10. Dezember

Unerhörter Erfolg für Rostand, der mit vollendeter Sicherheit meint, das verdanke er alles nur den Augen von Sarah Bernhardt. Ein Erfolg, als wäre sein Sonett fünf Akte lang, und der Beifall für Rostand vermischt sich mit dem Jubel um Sarah Bernhardt. Das nimmt kein Ende und ist unvergeßlich. Sie ist wahrlich die einzige, die den Thron verdient, und wir alle sind ihre getreuen und ergebenen Untertanen.

13. Dezember

Ich kann meine Bücher nicht noch einmal lesen, weil ich fühle, daß ich dann noch mehr von ihnen aussondern würde.

Der Baum entfaltet seine Äste. Er hat gleichsam Flügel von oben bis unten.

Der Vogel springt von einer Stange zur anderen wie ein Pendel.

16. Dezember

Ich brauche meine Moralität so notwendig wie mein Skelett.

Ich habe Rousseau gelesen und bin dabei schläfrig geworden; ich will in mir alles unterdrücken, was mich bei ihm ermüdet hat.

17. Dezember

Ein so trüber Morgen, daß die Vögel wieder schlafen gegangen sind.

19. Dezember

Ein schwerer tiefer Schlaf, gleichsam Proben des Todes.

25. Dezember

Es kann keinen Jean-Jacques Rousseau mehr geben. Sobald man Talent hat, ist man bekannt, und damit auch wehrlos.

27. Dezember

Wenn du deinen Tag verloren hast, sprich es klar aus, und er wird nicht mehr verloren sein.

28. Dezember

Die Leute, die sich blasiert geben, haben noch nie etwas empfunden: Sensibilität nützt sich nicht ab.

Das Paradies ist nicht auf Erden, doch findet man wohl Bruchstücke davon. Auf Erden gibt es ein zerbrochenes Paradies.

30. Dezember

Die Freundschaft, ein Liebesvogel mit abgeschnittenem Schwanz.

Er stürzte so unglücklich, daß das Glücksrad über ihn hinwegrollte.

Er hat seine Manuskripte verbrannt, doch was wir verbrennen, liegt uns am Herzen.

Die Maler können immer behaupten, ihre Bilder seien schlecht beleuchtet.

Herbst. Und ich schwöre Euch, wenn es ein richtiger Herbsttag ist und die Stunde kommt, da die Dunkelheit lastend und schwer hereinbricht, dann fehlt nichts mehr an unserer Traurigkeit.

Und wir träumen beide. Ich träume verschwommen, sie aber träumt von einer Astrachanjacke.

Ohne mir eine endgültige Antwort zu geben, können Sie doch ruhig schon mal ja sagen.

Ein Affe: ein armer Verwandter.

Der Regen hat kaum die Lippen der Rosen benetzt. Die Blätter des Sauerampfers trinken das meiste. Ihren vorgeschobenen Lippen entgeht kein Tropfen.

Sich die Hände reiben wie eine Fliege.

Die Lampe hat meine Augen bis unter meine Lider erhellt, und ich werde die ganze Nacht wie erleuchtet schlafen.

Die Wolken ziehen aneinander vorbei, suchen ihren Platz und treten in Schlachtordnung an.

Der wahre Himmel ist der, den Ihr auf dem Grund des Wassers erblickt.

Der liebe Gott belohnt, ganz wie er will, auch wenn wir es nicht zu verdienen meinen. Das ist allein seine Sache.

1897

1. Januar

Schon seit Morgengrauen beschäftigt mich heute am Neujahrstag immerzu der Gedanke, ich sollte jenes Buch schreiben, dessen Titel mir so gut gefällt: *Die Gewohnheiten, die Neigungen, die Ideen eines Dreißigjährigen.* Ich bin fest davon überzeugt, es wird ein schönes gutes Buch werden und mich berühmt machen.

Zwar bin ich keine dreißig mehr, sondern schon fast dreiunddreißig, doch halte ich an meinem Titel fest; auch glaube ich nicht, daß ich seit drei Jahren bemerkenswerte Fortschritte gemacht haben könnte.

Unter keinen Umständen will ich lügen.

Folgende Fragen werde ich mir stellen: Was mag ich gern? Was bin ich? Was will ich? Ehrlich und offen werde ich antworten, denn ich möchte mir vor allem über mich selbst klar werden. Ich halte mich weder für unwürdig noch für naiv. Kurz und gut, ich will mich unter die Lupe nehmen.

Ich möchte einzig und allein mir selbst die Wahrheit sagen. Ich bin überzeugt, daß sie mir noch keiner jemals gesagt hat. Ich nehme auch die Größten nicht aus.

Ist es gut, die Wahrheit zu sagen? Das ist mir gleichgültig. Wird sie interessant, spannend, ermutigend sein? Das soll meine geringste Sorge sein. Wird sie auch anderen von Nutzen sein oder nur mir selbst? Auch das ist mir einerlei. Man glaube nicht etwa, es kränke mich, wenn ich als Egoist dastehen sollte! Möge man mir doch gleich vorwerfen, daß ich atme. Hätte ich Julius Cäsar gekannt, vielleicht hätte ich dessen Leben erzählt und nicht das meine? Nein, ich glaube doch nicht, oder ich hätte aus ihm eine ebenso kleine Persönlichkeit gemacht, wie ich selbst eine bin. Ich will mir nichts vormachen. Ich nehme mich ganz fest in die Hand und werde mich erst dann wieder loslassen, wenn ich mich kenne.

Bilde ich mir etwa ein, ich sei einzigartig, ein Original? Ich bin neugierig zu erfahren, wie ein Mensch ist, der den anderen gleicht.

Wünscht mir kein gutes Jahr. Wünscht mir lieber, daß ich das zu Ende bringe, was ich heute beginne, und es wird für mich das beste Jahr meines Lebens gewesen sein. Ich glaube, ihr gleicht mir, sprecht aber anders und wißt nicht wie ich, was ihr eigentlich sagt...

3. Januar

Für die Kinder Jagdgeschichten aufschreiben, die ein Hase erzählt.

8. Januar

Das Lachen des Plautus hat etwas Gezwungenes, Nervöses, Unfreies, so wie häufig das Lachen von Molière irgendwie gekünstelt, gewollt, wie ein Schubladenlachen klingt, das unseren Mündern falsche Töne, häßliches, schallendes Gelächter entlockt.

9. Januar

Sie wähnen sich in ihrem Elfenbeinturm, weil sie die Kragen ihrer Überzieher hochgeschlagen haben.

Was für ein schöner Tag! Auf der Durchreise in Paris sollte der Frühling inkognito bleiben; doch ein jeder hat ihn wohl schon erkannt.

13. Januar

Gäbe es keine Duelle, könnte man seelenruhig fechten.

15. Januar

Wir sind eine zweifache Wendeltreppe: Wenn die eine Hälfte von uns hinaufsteigt, geht die andere hinunter.

Sparen, nein. Nichts ausgeben, ja.

21. Januar

... Von weitem rührt mich das Los des alten Boussard; aus der Nähe stößt er mich ab wie der Arme den Reichen, und ich möchte ihm am liebsten aus dem Weg gehen. Zum Glück gibt es in Chaumot keine Aussätzigen! Nie und nimmer vermöchte ich ihre Wunden zu küssen wie der heilige Franz von Assisi.

Es ist wirklich zu beklagen, daß Renan mit all seiner Intelligenz nicht heiliggesprochen worden ist.

22. Januar

Für mich sind Sie der Distelfink, den man nicht einsperrt, und die Blume, die man nicht pflückt.

Ich bin wie ein Haus, das sich nun einmal nicht fortbewegen kann und deshalb seine Fenster weit aufreißt, um Unbekanntes in sich aufzunehmen; aber nichts dringt ein, und obendrein verliert es seine Intimität.

23. Januar

Wenn ich über die Briefe nachdenke, die ich schreibe, frage ich mich, welchen Grad an Aufrichtigkeit wir wohl in der Korrespondenz großer Männer erwarten dürfen.

Ich möchte ein Heiliger sein, doch ohne Gebet.

25. Januar

Der dunkle Winkel, in dem unsere abseitigen Gefühle zusammengeballt schlummern.

26. Januar

Weitblick des Geistes, Enge des Herzens.

28. Januar

Valéry, ein erstaunlicher Plauderer. Vom Café de la Paix bis zum *Mercure de France* beweist er seine überraschende

Geistesfülle, ein wahres Vermögen. Er führt alles auf die Mathematik zurück. Am liebsten möchte er eine Logarithmentafel für Literaten aufstellen. Deshalb interessiert er sich so für Mallarmé. Er sucht bei ihm eine Syntax der Präzision. Für jeden einzelnen Satz würde er gern das schaffen, was bisher nur für die Wörter verwirklicht worden ist: eine Entstehungsgeschichte. Er verachtet die Intelligenz. Er meint, die Kraft habe das Recht, die Intelligenz zu verhaften und ins Gefängnis zu werfen. Zu viel Intelligenz flößt Widerwillen ein.

7. Februar

Ein Offizier. Nur weil ihm eine Kompanie Soldaten untersteht, bildet er sich ein, Menschen führen zu können.

Die Freude darüber, gearbeitet zu haben, ist nicht gut: Sie hindert uns daran weiterzuarbeiten.

10. Februar

Die Seele trunken von Worten, die Seele, ein Dudelsack voll fröhlicher Weisen.

22. Februar

Der Ausspruch einer Engländerin: »Ich möchte wohl leben und bedauern, aber nicht leben und bereuen.«

24. Februar

Sobald ein Schauspieler spricht, hört er auf zu denken.

»Victor Hugo hat *Ruy Blas* in neunzehn Tagen geschrieben«, sagt Bernard.

»Schön und gut; aber er hätte nie auch nur ein Kapitel der *Caractères* von La Bruyère geschrieben. Das eben ist der Unterschied zwischen einer schönen, ja selbst erhabenen Sache und etwas Vollendetem. Das Vollendete bleibt doch stets ein wenig mittelmäßig.«

25. Februar

Manchmal denke ich bei mir, ich sollte mir vornehmen, eine Geschichte Frankreichs in zwanzig Bänden zu schreiben, einfach nur um Einheit in mein Leben zu bringen.

24. März

Gestern meinen Ruhm auf dem Land gesucht. Die Kastanien haben Knospen angesetzt, die beim Zuckerbäcker gekauft sein könnten. Die Blätter sind frisch wie kleine Zungen, andere sehen ältlich aus, runzlig wie die Stirn von Neugeborenen; doch die Zweige der höchsten Bäume sind noch haarfein und dünn. Die Blüten der Birnbäume bereiten sich alle auf eine Hochzeit vor.

Von Meudon aus gesehen, nimmt sich Paris wie ein riesiger Steinbruch aus.

26. März

Ein literarischer Pasteur sein!

29. März

Ach ja! Wie gut sie doch ist! Und um uns glauben zu machen, sie trage ihr Herz auf den Lippen, legt sie Rot auf.

2. April

Unsere großen Staatsmänner haben jeder ein kleines eisernes Bett, doch sie schlafen nie darin.

3. April

Noch ein paar Jahre, und ich werde voller Illusionen stecken.

6. April

Ich setze mich den Gefahren des Erfolgs aus. Doch hoffe ich sehr, als Sieger daraus hervorzugehen, mit anderen Worten: voller Ekel.

8. April

Sie hätten wohl alle gern Genie, doch sie verdienen lieber 500 Francs im Monat.

Sein Herz ist ein von Dolchen strotzender Kaktus.

Deutsch ist die Sprache, in der ich mit Vorliebe schweige.

Die Sonne strahlt so hell, daß man sie gar nicht sehen kann.

Der kleine Rostand schaut sich eine viereckige Pendeluhr an.
»Das ist wohl das Haus der Zeit?«

Vorsicht ist nur eine Eigenschaft: Man sollte keine Tugend aus ihr machen.

9. April

Im Wald sondern sich die Tannen ab wie Priester.

5. Mai

Es ist gut, die Gesellschaft zu verachten und sich ihrer zu bedienen; aber um wieviel besser ist es, sie ganz einfach nur zu verachten.

13. Mai

Die Traurigkeit von drei Glockenschlägen am hellichten Tag.

Der Traum, der Luxus des Denkens.

14. Mai

Das Glück liegt in der Bitterkeit.

Wenn du an Jules Lemaître schreibst, vermerke doch auf dem Umschlag »von der Académie française«. Damit machst du Lemaître und der Postvorsteherin deines Dorfes eine Freude.

20. Mai

Gewiß doch! Wenn etwas Schönes in schöner Prosa ausgedrückt worden ist, so fehlt nur noch, daß es in schöne Verse gegossen wird.

22. Mai

Vielleicht sind die Bäume die einzigen, die das Geheimnis des Wassers von Grund aus kennen.

Wachtel. Welch hübscher Name! Eine kleine Explosion, ein Seufzer steigt aus dem Getreide auf.

25. Mai

Vorhin sagte der Fluß gar nichts, oder vielmehr ich hörte ihn überhaupt nicht. Nun ich aufmerksam lausche, schnurrt er wie eine Katze, die gekrault wird.

Es beweist wahren Edelmut des Herzens, wenn die Bewunderung die Freundschaft überdauert.

28. Mai

Wenn Sie mir sagen, ich sei egoistisch, so meint das eigentlich nur, daß ich ganz bei mir selbst bin.

8. Juni

Es ist angenehm, jemanden an den Bahnhof zu begleiten, der in ein Land reist, in das man selbst gern fahren möchte. In sehr kurzer Zeit ziehen heitere und traurige Gesichter an einem vorüber. Man empfindet Sympathie für sie, weil sie gleich wieder weit weg sein werden.

Langsamen Schrittes über die alte Straße zurückgekehrt, ganz allein. Selbst ein Fahrrad wäre mir lästig gewesen. Ich fühlte, es war ein bedeutsamer Augenblick, ich meine: durch und durch bewußt. Ich spürte mit Erleichterung, daß es kein Gewitter geben würde. Mein Kopf war schon wieder fast leicht. Zuerst hielt ich mir die Trägheiten des Tages und meine kleinen Verzagtheiten vor. Während ich diesen alten Weg zwischen den Heckenrosen, diesen Dorfrosen, hinanstieg, machte ich mich frei von den mich bedrückenden Themen und Gedanken, ich reinigte mich. Die frische Luft drang tief in meine Seele ein. Ich schaute den Lerchen nach. Und schon befand ich mich auf der Allee im Wald von Narteau, das Herz schwoll mir vor Freude. Ich war den Tränen nahe. Es hätte nur einer Kleinigkeit oder irgendeiner Erscheinung bedurft, sie auszulösen.

Eine Amsel flog davon, schwarz wie ein schlechter Gedanke. Ich suchte die unsichtbaren Turteltauben. Plötzlich verließen sie den Baum, in dem ich sie wohl gehört hatte, ohne sie sehen zu können.

Der Klang einer Glocke und der Gesang von Vögeln, deren Namen ich nicht kenne, der aber alle begeistert, die nichts von Musik verstehen.

Wie wohl das tut! Ich frische in der Luft alle Ideen auf, die ich heute morgen aus meinen Büchern geschöpft habe, in denen man zu ersticken droht.

Hier und da längs der Allee stehen kleine Dörfer aus Reisigbündeln, eng aneinander gedrängt. Dort hinten wird ein grüner Schatten immer dichter, und man verspürt ein wenig Angst.

Hier hat jemand ein Feuer angezündet; verträumt bleibe ich stehen wie ein Indianer, der eine Fährte entdeckt hat.

Und dort ist ein alter Schloßgraben, der Graben der Weißen Frau. Oh! Wenn sie mir jetzt erschiene, welche Erregung, welch eine Verehrung, alles ohne Ironie. Und auf ein Zeichen würde ich ihr gehorsam folgen bis ans Ende ihres Geheimnisses!

9. Juni

Sie möchten immer, daß alles gut endet. Sie würden sogar Jeanne d'Arc mit Karl VII. verheiraten.

Der Vogel läßt sich nicht etwa auf einem Rosenstrauch nieder, weil dort eine Rose blüht, sondern weil da Blattläuse sind.

12. Juni

Die Traurigkeit dieser unbewohnten Mühle! Das Schild, das man früher von der Straße aus zu lesen versuchte und das keiner mehr liest! Die verschlossenen Türen, das Gras, das im Hof wächst, keine Tauben mehr auf dem Dach. Doch wenn es Nacht geworden ist, hört man unten im Fluß ein Geräusch: Das ist das Mühlrad; bei Mondschein setzt es sich von allein wieder in Bewegung.

Die Pfoten fest unter den Bauch gesteckt wie in einen Muff, wärmt sich die Katze auf der Mauer in einem Mondstrahl.

13. Juni

Ich bin ein Realist, den die Realität stört.

Ach! Durch welche geistige Spannung soll man dem Tod entgehen?

Mach dir ruhig Notizen! Mach nur! Im Winter wirst du sie wiederkäuen.

Träumerei. Ich fühle die Erde nicht mehr. Dieser Glokkenton scheint vom Mond herunterzukommen.

Der Mond betrachtet uns durch sein Monokel.

Nichts macht uns so alt wie der Tod des Vaters. Wirklich? Jetzt bin ich Vater Renard, und Fantec, der Enkel, ist Sohn geworden.

Am Himmel eine kleine Wolke wie eine verirrte Gans.

Die Sterne sind wie kleine Augen, die sich nicht an das Dunkel gewöhnen können.

Alle meine Tage sind erfüllt, und meine Seele bleibt beständig leer.

Von einem Autor, der keine Kunstkniffe anwendet, heißt es: »Er versteht nichts vom Theater«, und von einem, der das Theater kennt: »Ach! der versteht sich auf Kniffe.«

15. Juni

... Nimm dich in acht! In eben diesem Augenblick bemühst du dich, Sätze zu bilden. Und schon bist du nicht mehr aufrichtig. Sobald du in einen Spiegel schaust, trübt ihn dein Atem.

16. Juni

Seine Seele setzt Bauch an.

19. Juni

Halb zwei. Der Tod meines Vaters.
Von ihm kann man sagen: »Er war nur ein Mensch, ein einfacher Dorfbürgermeister«, und wiederum über seinen Tod sprechen wie über den von Sokrates. Ich werfe mir nicht vor, ihn nicht genug geliebt zu haben. Ich werfe mir vor, ihn nicht verstanden zu haben.

28. Juni

Alle diese Leute schienen leicht beunruhigt, aus Anstand an dieser Zeremonie ohne Priester teilzunehmen. Zweifelsohne war es die erste zivile Beerdigung in Chitry.

7. Juli

Meine Faulheit findet Nahrung und Entschuldigung im Gedanken an seinen Tod. Ich möchte immer nur das Bild anschauen, das meine Augen so verletzte. Ich kann nicht mehr lesen. Was soll der allerschönste Satz noch nach einer schönen Tat?

Das wird die große Schleuse meines Gedächtnisses sein.

Ich habe eine rückwärtsgerichtete Phantasie, ich denke mir nur noch Vergangenes aus.

10. Juli

Die Angst vor dem Tod läßt uns die Arbeit lieben, die das ganze Leben ausmacht.

16. Juli

Die Stimme der Greise ist eine Stimme ohne Knochen, ohne Gräten.

24. Juli

Mein Vater hatte wohl ein Herz, aber sein Herz war keine Heimstatt.

26. Juli

Eine Zeitlang hatte sein Tod mich entwurzelt.

Allein in Paris komme ich mir vor wie ein Witwer, der den Vorzug genießt, an die Auferstehung zu glauben.

Es bereitet mir keinerlei Freude, Eindrücke zu sammeln; daher rührt wohl auch meine ständige Angst vor dem Leben. Allein sie aufzuschreiben, macht mir Freude.

30. Juli

Ein gebildeter Mensch, der lieber einen Faustschlag einsteckt als eine Ohrfeige.

Man müßte mich wiederlesen können, bevor man mich zum ersten Mal liest: Dann wären meine Bücher viel beliebter.

Meine Worte werden Reichtum schaffen; ich nicht.

Die Schweine sind gut dran. Sie haben nur ihr Futter im Kopf und reden mit dem Schwanz.

Die Elster flatterte herum, verkleidet als barmherzige Schwester.

Diese hören sich nicht sprechen; jene aber sehen sich nicht schreiben.

1. August

Wenn draußen schönes Wetter ist und mein Barometer fällt, vergeht mir die Freude am schönen Wetter.

Der Tod meines Vaters ist für mich so, als hätte ich ein gutes Buch geschrieben.

4. August

Die Wolken sind die Gedanken, die Traumgebilde, die Alpträume des Himmels.

5. August

Ich bin ein Mann aus dem Zentrum Frankreichs, vor den Nebeln des Nordens und den Schlaganfällen des Südens geschützt. Meine Grille ist die Heuschrecke, und meine Heuschrecke ist kein Symbol. Sie ist auch nicht aus Gold. Ich fange sie in den Wiesen auf Grashalmen. Ich reiße ihr die großen Schenkel aus und angle damit.

6. August

Ich habe nur ein Augenblicksgedächtnis.

6. September

Gott versteht alles. Er wird sich weigern, mir die Himmelspforte zu öffnen, wenn ich mir auch nur einen Fehler im Französischen erlaube.

Die seltenen Augenblicke, in denen man rundum glücklich ist.

9. September

Um es wirklich gut zu machen, bemühst du dich noch zu sehr, es gut zu machen.

30. September

Ich sehe nur allzu wahr, und die Augen tun mir weh davon.

Die Kartoffeln werden herausgerissen, nun scheint die kahle Erde nur noch auf Schnee zu warten, auf daß es Winter werde.

Ich erreiche den idealen trockenen Stil. Ich brauche einen Baum nicht mehr zu beschreiben: Es genügt mir, seinen Namen anzumerken.

Das Alter ist schon da, wenn man anfängt zu sagen: »Ich habe mich noch nie so jung gefühlt.«

Die Trauer ist so langweilig. Jeden Augenblick muß man sich wieder daran erinnern, daß man traurig ist.

Wenn Faulheit unglücklich macht, taugt sie ebensoviel wie die Arbeit.

Das Holzfeuer! Welch ein Fest, welch ein Leben! Und dann diese Agonie, dieser Tod, dieses unerwartete Insichzusammenfallen der Holzscheite.

Meine Seele ist ein alter Nachttopf, in dem ein Auge schläft.

Erstaunlich dieser Drang der Leute, die in Paris Erfolg gehabt haben, anderen den Rat zu geben, sie sollten lieber in der Provinz bleiben.

1. Oktober

Der Mann denkt, und die Frau lenkt.

Mit Achtsamkeit kann man alle möglichen Unachtsamkeiten begehen.

9. Oktober

Das Ziel ist es, glücklich zu sein. Man nähert sich ihm nur langsam. Es bedarf täglicher Anstrengungen. Wenn man dann glücklich ist, bleibt noch viel zu tun: die anderen trösten.

19. Oktober

Er hat all meine Trauer mit sich ins Grab genommen. Mir bleibt keine mehr übrig.

23. Oktober

Ich verspreche niemals irgend etwas, habe ich doch die schlechte Angewohnheit, meine Versprechen zu halten.

29. Oktober

Der Blitz hat in eine Fabrik für Blitzableiter eingeschlagen!

Während unsere neuen Bewunderer unsere Werke lesen, vergessen uns die von früher.

November

Unsere Intelligenz ist wie eine Kerze mitten im Wind.

Die Turmuhr ist wie der Ewige Jude. Hört nur ihren hinkenden, zögernden und müden Schritt, der niemals innehält!

Der Tau, der schöne weiße Bart der Erde.

14. November

Was ich schreibe, lese ich wie meinen größten Todfeind.

16. November

Nicht so laut, bitte! Wenn Sie die Wahrheit sagen, schreien Sie immer so.

Die Rollen von alten Frauen wollen sie wohl spielen – nicht aber die von reifen Frauen.

17. November

Die Bewunderung kommt ohne Freundschaft aus. Sie genügt sich selbst.

22. November

Sehr wenig Frauenrollen in meinen Stücken, um Blumen zu sparen.

Ganz stolz, in mir die Unruhe von Rousseau zu verspüren,

doch mit dem großen Unterschied, der zwischen Ameisen und einem leberfressenden Geier besteht.

26. November

Ihm fehlt jene Gelassenheit des Künstlers, die ihn gleichwohl alle Unruhe des Menschen nachempfinden läßt.

29. November

Das Glück, der schnellste aller Eindrücke.

Ich vergesse nichts, und meine Eindrücke fallen mir immer wieder ein. Ich bin ein Sentimentaler, der wiederkäut.

8. Dezember

Es ist aus. Ich habe nichts mehr zu sagen. Ein großes Unglück! Eine Katastrophe des Schweigens. Ich bringe nicht mehr die leiseste Phantasie auf: Nicht einen Strohhalm würde sie in Bewegung setzen.

Einer Frau fällt es so leicht, geliebt zu werden! Sie braucht weder sehr jung noch besonders hübsch zu sein. Es genügt, wenn sie auf eine gewisse Weise die Hand ausstreckt, und schon legt der Mann sein Herz darauf.

Man sagt immer, man werde in Deutschland viel gelesen, um sich darüber hinwegzutrösten, daß dem in Frankreich nicht so ist.

9. Dezember

Unsere Toten kehren zum eigenen Herd zurück und erwachen zu neuem Leben in den Flammen, in die wir voller Melancholie schauen.

Meine Kinder, statt jeder Erbschaft hinterlasse ich Euch schriftlich meine Seele.

14. Dezember

Man kann Ihr Alter an Ihren Zähnen erkennen, und Ihre Zähne gehören ins goldene Zeitalter.

Ich möchte nichts ohne Emotionen schreiben, und meine Emotion ist träge, also schreibe ich sehr wenig.

18. Dezember

Seit Pontius Pilatus habe ich mir die Hände nicht gewaschen.

Der schöne Kopf eines alten Finanziers mit Silberbart.

23. Dezember

Man stirbt nicht. Der Tod ist wiederum auch Keim des Lebens.

Bestimmte Träume kommen mir nur im Stehen, als ob mein Unterbewußtsein mein Bewußtsein vertriebe und sich an seine Stelle setzte. Diese mich unvermittelt überfallenden Bilder kenne ich nicht. Und da ich nicht leugnen kann, daß sie tatsächlich in mir vorhanden sind, muß ich annehmen, daß sie von einem anderen Ich stammen, ich also doppelt bin.

28. Dezember

Cyrano. Blumen, nichts als Blumen, doch alle Blumen für unseren großen Poeten und Dramatiker!

... Mit einer Wendung seines Kothurns hat Rostand auf dem Theater alles wieder zurechtgerückt, die einzige, souveräne und großartige Kunst neu eingesetzt. Wir werden wieder von Liebe sprechen, uns persönlich hingeben, grundlos weinen und uns begeistern können, einfach nur weil wir Lyriker sind ...

Nun gibt es ein Meisterwerk mehr auf der Welt. Freuen wir uns! Ruhen wir uns aus! Bummeln wir herum. Laßt uns von Theater zu Theater ziehen und uns die letzten Platteiten anschauen: Wir sind ganz ruhig! Wann immer es uns beliebt, kehren wir zu unserem Meisterwerk zurück. Wir können uns darauf stützen, Schutz bei ihm finden vor den anderen und vor uns selbst.

Dieses Fieber, ein echter Beweis für Gesundheit! Wie glücklich ich bin! Wie gut es mir geht! Die Freundschaft zu Rostand tröstet mich darüber hinweg, zu spät geboren zu sein und nicht in der vertrauten Umgebung von Victor Hugo gelebt zu haben.

Ich versichere Ihnen, daß ich mich in aller Klarheit und Nüchternheit diesem Genie Edmond Rostand unterlegen fühle.

30. Dezember

Ich sage:
»Ich werde meine Feder zerbrechen.«
»Tun Sie das lieber nicht!«
»Ach! Ich habe eine ganze Schachtel voll.«

Ein Satz, der kurz vibriert wie ein zu stark gespannter Eisendraht.

Fraktur sprechen.

Schwarz auf schwarz, wie ein Rabe in dunkler Nacht.

1898

1. Januar

Wo stehe ich? Bald vierunddreißig Jahre alt, ein kleiner Name, sagen wir ruhig, ein Name, den nichts daran hindert – die anderen glauben das zwar, ich aber weiß es leider –, ein großer Name zu werden. Ich könnte viel Geld verdienen, aber ich verdiene keins. Nicht ein einziges Buch seit einem Jahr! Ohne *Le Plaisir de rompre* wäre es ein bedeutungsloses Jahr gewesen. Sicher, eine Entschuldigung ist der Tod meines Vaters, aber meine Faulheit hat auch nur diese eine. In der Moral keinerlei Fortschritt, weit gefehlt. Ich habe meinen Egoismus weiterentwickelt. Ich habe Marinette klar gemacht, daß ihr Glück von meiner Freiheit abhängt. Liebe ich überhaupt meine Kinder? Ich weiß es nicht so genau. Sie rühren mich, wenn ich sie anschaue, aber ich suche ihre Nähe nicht. Sie rühren mich um meinetwillen. Eine ganz allgemeine Güte, an der ich nur ungern jemand teilhaben ließe. Nicht sinnlich genug, um hinter den Frauen herzulaufen, fühle ich gleichwohl ständig, daß die erste beste mit mir machen könnte, was sie will.

Freunde und keinen Freund. Rostand habe ich so gut wie verloren, und sein Erfolg wird uns einander nicht wieder näherbringen. Ich tue nichts für sie. Vielleicht sind gerade sie der beste Beweis, daß ich doch jemand bin. Sie können mich nur aus Achtung lieben.

Immer noch sarkastisch. Drei Schritte auf der Straße, und ich werde unerträglich. Zum Glück gehe ich nicht oft aus.

Meine Seele ist so alt, wie der Körper meines Vaters war. Worauf warte ich noch, um mich zu töten? Ich glaube gar, ich werde geizig und lasse mir zu viele Fiaker bezahlen. Ganz bestimmt sogar.

Meine besten Worte sind jene, auf die ich selbst gar nicht gefaßt war.

2. Januar

Um uns für unsere Faulheit zu bestrafen, gibt es außer unserem Mißerfolg immer noch die Erfolge der anderen.

4. Januar

Der Baum. Sein Schatten wirft einen Pfauenschwanz auf den Boden, der seine Sonnenaugen öffnet und schließt, je nachdem wie der Wind ihre Lider, die Blätter, bewegt.

5. Januar

An Herrn Francis Jammes. »Manchmal ist es recht unangenehm, sich für ein übersandtes Buch zu bedanken, aber es ist ein seltenes Vergnügen, dem Dichter von *Un Jour* zu schreiben: Monsieur, ich habe mir Ihre Verse gekauft, sie gelesen, und ich bin sehr glücklich darüber. Kennten Sie sie nicht, ich würde Ihnen alle Köstlichkeiten daraus zitieren, die mich entzückt haben. Ich bin Ihnen zu Dank verpflichtet für eine Stunde echter Freude.«

12. Januar

Ach! Und wenn ich eine gute Tat tue, fühle ich, daß sie keinerlei Verbindung zu meiner Seele hat.

»Das ist grau, was Sie da machen.«
»Oh, Monsieur, perlgrau.«

14. Januar

Flaubert war so gütig, daß er alle Anfänger ernst nahm. »Wir wollen einen Ihrer Sätze auf eine Schiefertafel schreiben«, sagte er zu Le Roux, »nimmt er sich gut aus, ist er gut. Beleidigt er das Auge, taugt er nichts.«

Das ist eine mögliche Theorie. Flaubert kannte bessere.

18. Januar

»Verlorene Zeit läßt sich nie wieder aufholen.«
»Auch gut, dann tun wir eben weiterhin nichts.«

26. Januar

Wollte ich dir alle aufzählen, die ich nicht mag, blieben mir zu wenig Freunde.

Unter der Sonne ist Platz für alle, erst recht wenn alle im Schatten bleiben wollen.

Der Vers ist immer auch irgendwie der Käfig des Gedankens.

29. Januar

»Du arbeitest?«
»Ich versuche zu arbeiten. Das ist sehr viel schwieriger.«

31. Januar

Ich zähle nicht meine Vorzüge oder meine Fehler auf: Ich zähle Wahrheiten auf. Ich möchte sie benennen.

2. Februar

Wenn man mir sagt, ich hätte Talent, braucht man es mir nicht zweimal zu sagen: Ich verstehe auf Anhieb.

Unter den unangenehmen Dingen leide ich am meisten, und doch ziehe ich eben diese vor.

Unter der Wolke schließt sich der Mond langsam wie das Auge einer Katze.

Ich bin von einer Bücherei erzogen worden.

»Das schönste Mädchen der Welt …« Doch das häßlichste gibt mehr.

4. Februar

Mann von Geist. Gut und schön, aber vergessen Sie nicht, daß ich den Geist der anderen verabscheue.

10. Februar

»Oh! Ihre Antwort ist aber nicht besonders stark, Renard. Wenn unser Gespräch mitstenographiert würde ...«

»Erlauben Sie, lieber Freund, warum sollte gerade ich immer geistreich sein, Sie aber niemals!«

12. Februar

Wenn ich die Brust einer Frau betrachte, sehe ich doppelt.

16. Februar

Eine Frau um ein Uhr nachts auf dem Bürgersteig. »Kaufen Sie mir einen kleinen Strauß ab. Das bringt Ihnen Glück!«

Nur darum bittet sie, und ich möchte am liebsten mit ihr schlafen. Ich bin verärgert. Lange höre ich sie hinter mir herrufen. »Ach, Monsieur! Nur zwei Sous. Das bringt Ihnen Glück.«

Am liebsten möchte ich mich umdrehen und ihr sagen: »Nein, nein, ich mag deine dreckigen Veilchen nicht, und du sollst auch keine zwei Sous haben, aber hier sind hundert Francs, wenn du mit mir schläfst!«

Ein glänzender Poet, im Sinne von »abgenutzt«.

17. Februar

Das Auge der Frauen, wenn sie sich Verse anhören. Wirklich schade, daß das Ohr keinen Ausdruck hat! Man könnte sonst lauter hübsche kleine Frauenohren sehen, die an Kalbsohren erinnern. Sie hören zu! Ja, sie hören zu, als ob sie alle Therese hießen. Mit leisem Schnurren und einigen Reimen könnte man sie dahin bringen, das Jahrbuch des Schiffahrtsamtes zu verschlingen.

Sollte ich jemals um einer Frau willen sterben, dann nur vor Lachen.

18. Februar

Mendès, Sie verachten die Spötter. Diese jedoch treiben ihr Spiel mit ihren tiefsten Gefühlen. Genausogut könnten Sie sagen, ein Vater liebe seine Kinder nicht, nur weil er mit ihnen spielt.

21. Februar

Seine Freunde sollte man nicht vor ihrem Ruhm kennen.

22. Februar

Er weint kalte Tränen.

Ich habe nie bemerkt, daß die Komplimente, die man mir macht, nicht aufrichtig sind.

Strecke deine Zunge heraus, französische Literatur: Sie ist schwer krank.

23. Februar

Zola ist zu einem Jahr Gefängnis und tausend Francs Geldstrafe verurteilt.

Und ich erkläre: mich widert die Verurteilung Emile Zolas zutiefst an;

Ich werde keine Zeile mehr für das *Echo de Paris* schreiben...

Und ich schwöre, daß Zola unschuldig ist.

Und ich erkläre:

Daß ich keine Achtung mehr vor unseren Armeechefs habe, die nach einem langen Frieden besonders stolz auf ihr Soldatentum sind.

Daß ich dreimal große Manöver mitgemacht habe und mir alles nur Schlamperei, Schwindelei, Unverstand und Kinderei zu sein schien. Von den drei Offizieren, die aus mir einen biederen Gefreiten gemacht haben, war der Hauptmann ein mittelmäßiger Streber, der Leutnant ein zu klein geratener Weiberheld, der Feldwebel ein ordentlicher junger Mann, der seine Entlassung einreichen mußte.

Ich erkläre, daß sich in mir eine plötzliche Neigung zu Barrikaden regt, ich am liebsten Bärenkräfte hätte, um mit Leichtigkeit die dicksten Pflastersteine zu bewegen; daß ich von heute abend an – da die Minister darauf pfeifen – großen Wert auf die Republik lege, die mir Respekt und Zuneigung einflößt, wie sie mir bislang fremd waren. Ich erkläre, daß das Wort Gerechtigkeit zu den schönsten der menschlichen Sprache gehört und es zum Weinen ist, wenn die Menschen es nicht mehr verstehen.

Zola ist ein glücklicher Mann. Er hat seine Daseinsberechtigung gefunden, und er sollte sich bei den armen Geschworenen bedanken, die ihm zu einem Jahr Heldentum verholfen haben.

Und ich erkläre, daß ich nicht sagen werde: »Ach! Wenn ich nicht Frau und Kinder hätte!...« Nein, ich sage: »Gerade weil ich Frau und Kinder habe, gerade weil ich ein Mann gewesen bin, als das nichts kostete, muß ich jetzt erst recht einer sein, selbst wenn mich das alles kosten sollte!«

Weil sie keine Juden sind, halten sie sich für schön, intelligent und ehrenhaft. Barrès, krank vor Koketterie.

Ich spreche Zola frei. Weit davon entfernt, mit Stillschweigen über ihn hinwegzugehen, sollten wir rufen: »Es lebe Zola!« Diesen Ruf müssen wir aus tiefstem Herzen laut hinausbrüllen...

Eine traurige Stunde. Laut wird das Urteil überall verkündet. Die Männer sind völlig außer Atem, als müßten sie bis ans Ende der Welt laufen. Eine Träne aus Mitleid, aus Wut und aus Scham!

Ach! Wie schwer die Bücher werden.

Die öffentliche Meinung. Diese schmierige und haarige Masse.

Eine Armee, dieses miese farbige Menschenbild. Offiziere, die sich aus irgendeinem Grund für bedeutend halten, nur weil sie so bunt aussehen wie Borsdorfer Äpfel.

28. Februar

Ein Spatz pickt Körner und Insekten auf; man lebt nicht von Brot allein.

Es lebe die Armee! Vor allem die Offiziere sollten sie kennenlernen. Würden sie nur zwei oder drei Gespräche auf den Mannschaftsstuben mitanhören, es würde sie schaudern vor Entsetzen.

Ich hasse die Erregung: Sie hält zu lange an, viel länger als die Freude und das Lachen.

1. März

Mallarmé unübersetzbar, selbst auf Französisch.

5. März

Wenn ein Schauspieler schlecht ist, wird er durch den Beifall noch schlechter.

Rodenbach, mit seinem traurigen zerrissenen Lachen wie ein Gesicht im Wasser, in das Steine geworfen wurden.

24. März

Mein Wille schrumpft zusammen.

27. März

Wenn ich eine Hundertfrancsnote ausgebe, suche ich stets die schmutzigste heraus.

31. März

Rostand arbeitet am besten in der Eisenbahn, sogar in der Kutsche. Die Bewegung schüttelt sein Hirn durcheinander wie einen Korb voller Ideen.

April

Jedes Unglück, das mich nicht trifft, ist nur ein Traum.

Der Neid, das erfrischendste und reinste Gefühl.

Ein wenig Ruhm reicht mir schon, gerade soviel, um nicht im Dorf als Dummkopf dazustehen.

Die Sonne ist noch nicht untergegangen, und der Mond geht auf, um diese berühmte Sonne einmal zu sehen, von der so viel gesprochen wird.

Ich bin nicht mehr jung, ich möchte gern wissen, wann und an welchem Tag mich meine Jugend verlassen hat.

Ihre Liebe zur Arbeit besteht nur darin, daß sie nicht ruhig bleiben können, »ohne irgend etwas zu tun«. Sie langweilen sich. Sie verstehen es nicht zu träumen wie ich. Ihre Faulheit wäre echte Faulheit, und ich würde mich zu Unrecht ausschimpfen. Ich traue ihnen nicht zu, daß sie faulenzen können wie ich. Vielleicht ist dies das einzige, worin ich ihnen überlegen bin: wenn das Wort Anstoß erregt, sagen wir doch einfach, worin ich mich von ihnen unterscheide.

Mein Mut braucht Regen wie die Erde.

Weiden. Baumstämme ohne Zweige recken sich wie Fäuste aus dem Boden empor.

Du solltest nur aus Überdruß am Schauen schreiben.

Diese kleinen Nichtigkeiten, diese kleinen Kränkungen, die sich wie Reif auf die Freundschaft oder die Liebe legen.

Verlangt nicht von mir, daß ich gut sei; verlangt von mir nur, daß ich so handle, als wäre ich es.

In einem glaubensarmen Jahrhundert hat »ohne Zweifel« dieselbe Bedeutung wie »vielleicht«.

[1898]

In einer Hütte Träume haben wie ein Kaiser.

Meine Art und Weise zu denken borge ich mir gern von anderen: Mir liegt nur an meiner Art zu fühlen.

»In Paris kann man nicht arbeiten!« – »Nur auf dem Land kann man arbeiten!« Ersetzen wir alle diese Aussagen durch: »Man kann überall arbeiten.«

Zwei Menschen, die sich nicht kennen, bringen es aus Selbstüberschätzung durchaus fertig, in einer Wüste grußlos dicht aneinander vorüberzugehen.

Welche Ruhe! Ich höre alle meine Gedanken.

Für mich besteht überhaupt kein Unterschied zwischen dem Mond und seinem Spiegelbild im Kanal.

29. April

Ich glaube an die französische Sprache. Ich bin fest überzeugt, daß ein Bossuet unserer Tage besser schreiben würde als der klassische Bossuet.

30. April

Ich pfeife auf die goldenen Äpfel aus dem Garten der Hesperiden: Man reiche mir einen Pfirsich!

9. Mai

Die dichterische Eingebung ist vielleicht doch nur die Freude am Schreiben: Sie geht ihr nicht voraus.

14. Mai

Ich habe Anlage zum Alleinakrobaten. Ich möchte mir selbst am liebsten den Rücken zukehren.

Ich finde eine Frau hübsch. Und wenn sie eine Dummheit sagt? Dann dauert es nicht lange, und sie ist häßlich.

Heute geht nichts. Ich stehe auf. Wozu? Unmöglich zu lesen, zu schreiben, freundlich dreinzuschauen, zuzuhören, zu sprechen. Ich kann nur mit Mühe essen, mich dann in einen Sessel fallen lassen und schlafen. Wenn ich fühlte, mir würde ein Revolver ganz von allein durch den Kopf schießen, ich würde mich nicht von der Stelle rühren, um ihm auszuweichen.

26. Mai

In der Kunstausstellung. Seit zehn Jahren nicht dort gewesen, ebensowenig wie in der Komischen Oper. Allein die Statue Balzacs von Rodin fällt mir auf. Von allen Seiten, aus zwanzig Meter Entfernung, zeigt sie eine ganz besondere Haltung. Und diese hohlen Augen, dieser verzerrte Kopf, diese steile Stirn, dieser in seine Arbeitskleidung verstrickte Mann, das alles offenbart etwas. Über diese Statue könnte man das sagen, was Madame Victorine de Chatenay von Joubert behauptet hat: »Eine Seele, die durch Zufall von einem Körper begrenzt ist und die damit fertig wird, so gut sie kann ...«

28. Mai

Ich kann nur noch mit einem Messer auf Eichenrinden schreiben.

29. Mai

Es wäre immerhin sonderbar, wenn die Natur drauf verzichten würde, heiter zu sein, um nicht etwa einen Gegensatz zu unserer Traurigkeit zu bilden.

Wie soll ich denn die reine Wahrheit sagen, wenn ich spreche? Es fällt mir schon schwer genug, sie zu schreiben.

Eine Unterschrift, so elegant wie der Peitschenriemen eines Kutschers aus vornehmem Haus.

Einen sehr genauen, gedrängten, plastischen, wesentlichen Stil haben, der einen Toten aufwecken könnte.

8. Juni

Tage, an denen man gern alle seine Freunde an den Bahnhof begleiten möchte.

Im Jardin des Plantes. Um eine Vorstellung von Langeweile zu bekommen, muß man sich die Raubtiere in ihren Käfigen ansehen.

Der Panther: mir tun die Augen weh, wenn er so rastlos hinter seinen Gitterstäben auf und ab geht; der Löwe aus Abessinien, ein Geschenk von Monsieur Grévy, dem er ähnlich sieht; der kleine schwarze Bär der Kokospalmen, der unter dem Kinn eine Halskrause aus gelbem Fell trägt wie ein General; der Adler, der weniger beeindruckend ist als die Kondore und die Geier.

Und die armen Kerle, die irgendwelchen Unrat aus einem Papier fressen und bei sich zu denken scheinen: »Ach wären wir doch eingesperrt!«

12. Juni

In La Gloriette. Ich lausche der Kröte. Regelmäßig entweicht ihr ein dumpfer Laut, ein trauriger Ton. Er scheint nicht vom Boden aufzusteigen, eher könnte er die Klage eines Vogels sein, der in einem Baum sitzt. Das ist das hartnäckige Stöhnen des ganzen von Regen triefenden Landes. Das Bellen eines Hundes, das Schlagen einer Türe bringen alles zum Verstummen. Dann setzt es wieder ein: »Uh! Uh! Uh!« Doch das trifft es nicht ganz. Da ist noch ein Konsonant vor dieser Silbe, ich weiß nicht welcher Kehllaut, ein leicht angehauchtes H, etwa wie das Geräusch der Blase, die gerade an der Oberfläche eines Tümpels zerplatzt.

Es ist noch etwas anderes. Es ist der Seufzer einer kleinen Seele – unendlich sanft.

Und da ihr nie irgend jemand antwortet, keine verwandte Seele, schweigt sie zuletzt ganz.

18. Juni

Das Geheimnis des Schreibens heutzutage besteht darin, sich vor Worten zu hüten, deren Sinn abgenutzt ist, und vor einer Syntax, die wir nur schlecht gelernt haben.

6. Juli

Den Horizont betrachten heißt weit hinausschauen; es heißt aber auch, etwas Falsches sehen.

12. Juli

Wie doch die Erinnerung, die ein Toter hinterläßt, würdiger ist als sein Leben. Da gibt es keinen Abfall mehr.

Mein »Ich« an die frische Luft bringen, es riecht muffig.

20. Juli

Bei Rabelais ist »resverie« (Träumerei) ein Synonym für Torheit.

Die Sonne legt sich in einer Eiche schlafen.

Ich liebe die Einsamkeit, auch wenn ich alleine bin.

Ein klarer Himmel, an dem der Rauch einer Zigarette zu sehen wäre.

Hoffnung, das heißt bei schönem Wetter hinausgehen und bei Regen zurückkehren.

23. Juli

Der Mensch ist ein Tier, das die Fähigkeit besitzt, hin und wieder über den Tod nachzudenken.

Das betont Eindringliche der Satire ist unnötig: Es genügt durchaus, die Dinge so darzustellen, wie sie sind. Sie sind an sich schon lächerlich genug.

Mein Dorf ist der Mittelpunkt der Welt, denn der Mittelpunkt der Welt ist überall.

Ich bin leidenschaftlich für die Wahrheit und für die Lügen, die sie gutheißt.

Ich pfeife auf die Intelligenz: Ich wäre durchaus zufrieden, wenn ich viel Instinkt hätte.

Der Tod ist sanft: Er befreit uns von dem Gedanken an den Tod.

1. August

Eine Ähre: »Schau nur, wie stolz ich meinen Kopf hebe!«

»Das ist nicht erstaunlich«, erwidert die andere Ähre. »Du hast ja alle deine Körner verloren, dein Kopf ist also ganz leer.«

Man schweigt aus gewichtigen Gründen, handelt aber meist nur aus geringfügigen.

Der Geist lebt auf Kosten des Körpers: Wenn du dich wohlfühlst, denkst du schlecht.

Die Träumerei ist der Mondschein des Gedankens.

Zunächst mußt du das widerlegen, wofür man dich hält: Das ist möglich. Dann wirst du versuchen zu zeigen, was du bist: Es wird dir niemals gelingen.

8. August

Ich liebe mein Dorf so sehr, daß ich ungern sehe, wenn andere sich dort niederlassen.

Da wir unseres eigenen Mutes nie ganz sicher sind, wollen wir uns nicht den Anschein geben, als zweifelten wir am Mut der anderen.

15. August

Keiner zeigt uns unsere Fehler so deutlich wie ein Schüler.

Ich möchte gern von einer Minderzahl gelesen werden, doch einer Mehrzahl bekannt sein.

Dreist verleihen die Menschen den Sternen Namen.

Taub zu sein, ist nur lächerlich; doch blind zu sein, ist traurig. So kann man den Unterschied ermessen, der zwischen der sichtbaren Natur besteht und den Menschen, die sprechen.

Auch der Beste unter uns hat sich kleinere Mordtaten vorzuwerfen.

Wenn du sicher sein willst, stets deine Pflicht zu erfüllen, so tue das, was dir unangenehm ist.

Der Mond, die Medaille am Hals der Nacht.

Es kann nicht auf der einen Seite die Form und auf der anderen den Inhalt geben. Ein schlechter Stil ist und bleibt eben ein unvollständiger Gedanke.

Man sollte in sämtlichen Büchern blättern und nur eins oder zwei davon lesen.

1. Oktober

Ich fordere die klare, schlichte und lyrische Form.

Meine Güte ist wie der Mondschein, der nicht wärmt.

Zwischen dem Schäfer und seinem Hund besteht nur ein winziger Unterschied an Menschlichkeit, den ein Floh zu überspringen vermöchte.

Am hellen lichten Tag ist der Mond verschämt.

Ein glückliches Leben mit einem Anflug von Verzweiflung – das genau ist das meine.

Tauben. Ihr Flug klingt wie das unterdrückte Kichern von jungen Mädchen, von Nonnen im Kloster.

Ich wandere auf der Erde und unter den Sternen, zwischen der Wirklichkeit und dem Traum.

Das Lächerliche tötet das Mitleid nicht.

Oft heißt es: »Wir tun nicht, was wir wollen.« Eigentlich müßte es lauten: »Wir tun nicht, was wir können.«

Wenn die Wahrheit auf dem Grund des Brunnens liegt, so stürze ich mich in den Brunnen.

Wolken, die Bettvorleger des Mondes.

Heute nacht hat der Mond kein Auge zugetan.

Es muß gesagt werden: Die Arbeit hinterläßt eine etwas trügerische Zufriedenheit. Mit der Faulheit verbindet sich ein gewisses Beunruhigtsein, das nicht gewöhnlich ist und dem der Geist womöglich seine erlesensten Einfälle verdankt.

Ich habe mir nie ein Bild angeschaut. Ich rühme mich dessen nicht. Und doch tue ich es auch ein wenig bewußt. Ich beschränke mich so gut ich kann: taub für die Musik, blind für die Malerei. Ich glaube, wir werden mit verschwommenen Anlagen geboren, von denen man sich zu befreien wissen muß. Nichts ist, so meine ich, einfacher, als ein Sachkenner in allen Künsten zu sein, und ich versuche, mich mit einer einzigen zu bescheiden.

Das Fasten schafft den Heiligen, und die Enthaltsamkeit verleiht gesunden Menschenverstand.

5. November

Offenheit, ist das wirklich eine Eigenschaft? Wenn ja, ist sie für jeden greifbar; doch nur wenige strecken die Hand nach ihr aus.

9. November

Die Angst, gestürzt zu werden, das allein genügt einem Minister schon, Tausende von Menschen morden zu lassen.

Frei, ja das bist du, der du meinesgleichen bist, aber nicht mein Bruder; das ist etwas ganz anderes.

14. November

Jeden Tag hole ich meine Empfindsamkeit heim wie eine Herde.

16. November

Die Fröhlichkeit gibt sich mit den ersten besten Worten zufrieden, doch die Zärtlichkeit braucht Stil. Es gibt ernste Worte, die einen falschen Klang haben, fröhliche auch, aber man empfindet es nicht so.

17. November

Ich kann mir vorstellen, daß ein Mensch in der Einsamkeit aus der Erinnerung alles niederschreiben will, was er weiß. Für mich wäre das nicht viel.

19. November

Gott glaubt nicht an unseren Gott.

29. November

Zur Musik möchte ich immer gern sagen: »Das ist nicht wahr! Du lügst!«

13. Dezember

Mir machen nur die Vorbereitungen eines Plans Freude, der nicht gelingen kann.

15. Dezember

Unsere Meinung liegt zwischen dem, was wir dem Verfasser sagen, und dem, was wir unseren Freunden sagen.

Er sagt mir alles, weil er weiß, daß ich mal verschwiegen bin und dann auch wieder alles weitersage.

23. Dezember

Der Mond breitet den Winter aus. Die ganze Kälte fällt auf uns hernieder von diesem Mond, der wie ein Stück Eis am Himmel leuchtet.

26. Dezember

Er ist ein alter Freund von mir, und ich empfinde meine Freundschaft für ihn so, daß sich nicht die leiseste Bewunderung einschleicht.

1899

2\. Januar

Ich möchte wohl gern die Resultante meines Dorfes sein.

Das Rauschen im Schilf klingt wie Seide.

Der Schäfer mit seinen Schafen nimmt sich aus wie eine Kirche mit ihrem Dorf.

5\. Januar

Baudelaire: »Die Seele des Weins sang in den Flaschen.« Das eben ist jene falsche Poesie, die sich eifrig bemüht, an die Stelle dessen, was existiert, das zu setzen, was nicht existiert. Für den Künstler ist der Wein in einer Flasche viel realer und interessanter als die Seele des Weins und die Seele einer Flasche, denn es gibt keinen Grund dafür, einem Gegenstand eine Seele beizulegen, der sehr gut ohne auskommt.

6\. Januar

Die Überlegenheit einer einzelnen Blume vor einem ganzen Strauß.

Ein jeder hat in seinem Herzen einen Leierkasten, der nicht verstummen will.

7\. Januar

Es gibt keine Synonyme. Es gibt nur treffende Worte, und der gute Schriftsteller kennt sie.

»Was bereitest du vor?«
»Zwei oder drei kurze Sätze und ausgedehnte Träumereien.«

Barrès ist ein Mann, der auf der Vernunft spielt wie andere auf der Flöte.

Die Könige, die großen Nummern der Geschichte.

Ach! Wissen Sie, mir selbst macht es nichts aus, hinter meinem Werk zurückzustehen.

Ich bin sicher, daß die Katze nicht denkt, trotzdem schaut sie so unergründlich drein, als denke sie.

15. Januar

Ich bin ein Schriftsteller, den allein sein Drang zur Perfektion daran hindert, groß und berühmt zu sein.

Ich lese nur noch ausgewählte Lesestücke der französischen Literatur. Doch hätte ich sie gern selbst ausgesucht!

11. Februar

Das Wort muß mit dem Gedanken ringen und darf ihm dabei kein Bein stellen.

Um einen Bauern zu beschreiben, soll man sich keiner Wörter bedienen, die er nicht versteht.

Häufiger die Feder wechseln, das verändert die Schrift und vielleicht auch ein wenig den Stil.

Sie müssen mir einfach jetzt das Kreuz der Ehrenlegion verleihen, sonst habe ich zu guter Letzt nur noch die Versager und die Neider auf meiner Seite.

3. März

Die aufgewühlte Grundsee der Freundschaft. Plötzlich ist man durch das Hochwasser wie abgeschnitten.

16. März

Mit zwei Flügeln bin ich geboren, doch einer davon ist gebrochen.

18. März

Ich sehe blöd aus. Um diese Zeit befindet sich mein Geist auf der Weide.

21. März

Um originell zu sein, braucht man nur die Schriftsteller nachzuahmen, die nicht mehr in Mode sind.

Die Spinnen entwerfen ganze Pläne von Hauptstädten.

14. April

Für einen Schriftsteller, der gearbeitet und geschrieben hat, ist Lesen so etwas wie einen Wagen besteigen nach beschwerlichem Fußmarsch.

Ich stimme voll und ganz mit mir überein.

17. April

Das Ideal: ein präziser Traum.

19. April

Ich habe keinen Turm, ich habe nur ein Notizbuch aus Elfenbein.

Schnarchen ist lautes Schlafen.

Ach! Etwas schreiben, was die kleinen Kinder in ihre Hefte abschreiben müßten! Das eben heißt klassisch sein!

Die Natur beobachten ist doch besser als Vergil zu übersetzen.

22. April

Die Romantiker: Leute, die sich noch nie die Kehrseite irgendeiner Sache angesehen haben.

Ich weigere mich zu erfahren, was jemand, der kein Talent hat, von begabten Leuten denken mag.

23. April

Was ist ein Kritiker? Ein Leser, der Unannehmlichkeiten bereitet.

24. April

Zitterpappel, ein hübscher Name für einen Baum.

Ich höre zu, wie mein Bart wächst.

Ich stehe ebenso geschwind wieder auf, wie ich stürze. Gleich einer Spinne klettert meine Seele leichtfüßig an einem Faden wieder empor.

In einem einzigen Augenblick durchstreift der Geist riesige Traumlandschaften, während die Augen wie Schildkröten über die Wirklichkeit dahinkriechen.

Ich schreibe Gedanken nieder für die Zeit nach meinem Tod. Im Leben nützen sie mir nichts; ich vergesse sogar, sie zu denken.

Mein Ring des Gyges, der mich unsichtbar macht, ist meine Schüchternheit.

In meinem Kopf wimmelt es von Worten wie in einem Wald von Vögeln. Wenn sie alle anfangen zu singen, macht das einen Riesenspektakel.

29. April

Immerhin verzichte ich nach und nach auf allerlei Dinge, die ich eben nicht haben kann.

Der Hahn möchte gern monogam sein.

1. Mai

Der Baum mit seinen jungen Zweigen ist so schön wie ein reglos verharrender Hirsch.

Es gibt Erzähler und Schriftsteller. Man erzählt, was man will, aber man schreibt nicht, was man will; man schreibt nur sich selbst.

Der Klatschmohn singt schon im Getreide.

Sie werden niemals so viel Schlechtes von mir sagen, wie ich über Sie zu denken vermöchte, wenn ich überhaupt an Sie dächte.

16. Mai

Tod von Sarcey. Beim Tod eines älteren Freundes befindet man sich wie in einer Schleuse: Das Niveau des Wasserspiegels verändert sich zum Tod hin ...

2. Juni

Es geht nicht darum, der erste zu sein, sondern der einzige seiner Art.

Ach! Was für ein schönes Couplet gegen den Patriotismus hätte Molière wohl Alceste in den Mund gelegt.

14. Juni

Es ist schon recht gut, hübsche Dinge ausfindig zu machen. Aber wenn sie dann auch noch wahr sein müssen! ...

Zuletzt steckt in jedem Patriotismus der Krieg, und deshalb bin ich kein Patriot.

Was für ein Wind! Welche Begrüßung! Alle Bäume verneigen sich. Heute abend haben sie großen Empfang.

15. Juni

Vergebens bemüht sich der Hahn, seine Sporen zum Klirren zu bringen.

19. Juni

Sterne. Bei Gott brennt Licht.

20. Juni

Ich habe meine Fehler wie jedermann; nur ziehe ich keinerlei Nutzen daraus.

23. Juni

Da fällt ein Blatt herunter, und das ist ein großes Unglück. Unter ihm verbarg sich ein Nest.

Mein Kopf ist so schwer wie eine Ähre.

27. Juni

Jene Stunden, in denen man Lust verspürt, etwas wirklich Gutes zu lesen. Der Blick wandert über die Bibliothek und findet nichts. Dann entschließt man sich, ein beliebiges Buch zu ergreifen, und siehe da, es steckt voll der schönsten Dinge.

28. Juni

Sobald ich allein bin, das heißt ohne ein Buch, werde ich mittelmäßig: Mein Tiefgang nimmt ab.

Wenn ich meinen Vater von einem Fenster zum anderen hin- und hergehen sah, gebeugt, die Hände auf dem Rücken, schweigend, mit unergründlichem Blick, fragte ich mich oft: »An was mag er denken?« Heute weiß ich es selbst, der ich auf- und abgehe mit seiner Miene; und ich kann mit aller Sicherheit antworten: »An nichts.«

16. Juli

Die Heuschrecken mit ihren Eselsköpfen.

»Eins wundert mich«, meint Louis Paillard, »warum beschreiben Sie so wenig unsere Landschaft?«

»Das kommt daher, daß eine Beschreibung stets nur eine Schilderung von lauter Einzelheiten ist. Man betrachtet aber ein Land, man zählt es nicht auf. Und eben den Eindruck eines solchen Anblicks möchte ich wiedergeben, aber dazu benötigt man zwei oder drei Worte. Die suche ich, und ich werde sie finden.«

18. Juli

Er ist kahlköpfig, und wenn er den Hut abnimmt, meint man, er zöge sein Hemd aus.

Sich beherrschen, heißt das nicht auch, so manchen guten Augenblick zunichte machen?

Wenn mein Entschluß einmal endgültig feststeht, bleibe ich noch lange schwankend.

Denken genügt nicht; man muß auch an etwas denken.

Die verschwommene und blasse Stimme derjenigen, die laut träumen.

20. Juli

Die Dinge überraschen mich nicht, sie fallen mir wieder ein.

Ein hartes Herz, das ich immer wieder kräftig kneten muß, um es zu erweichen.

21. Juli

Unser Leben mutet an wie ein Versuch.

23. Juli

Im fröhlichsten Glockengeläut klingt stets etwas Ernstes, ja Tödliches mit an.

26. Juli

Der Mensch wird mit seinen Lastern geboren, seine Tugenden erwirbt er sich.

Mehr als einmal habe ich versucht, einen ganzen Tag lang traurig zu sein. Ich habe es nicht geschafft. Nicht einmal das!

27. Juli

Sehr empfindsam gegen alles, habe ich mir törichterweise angewöhnt zu sagen: »Mir ist alles einerlei.«

Um zur Weisheit zu gelangen, sollte man den kürzesten Weg einschlagen, auch Querwege benutzen.

Wirklich verachten kann man nur das, was man heimlich liebt.

28. Juli

Der Stil ist die Gewohnheit, die zweite Natur des Gedankens.

Hätte der Mensch die Macht, die Natur zu vervollkommnen, er würde die Schlange mit Dornen ausstatten.

Die Bäume spiegeln sich im Kanal: schwere Schattenmassen, die unterirdisch an einem dicken Seil aufgehängt sind.

Der Baum läßt die Straße seinen Schatten überqueren.

29. Juli

»Andere als ich, Monsieur, haben die Unendlichkeit befragt. Sie wollten sie in ihre Arme schließen: Mit leerem Kopf und leeren Händen sind sie zurückgekehrt.«

Wollte man das Haus des Glücks erbauen, der Wartesaal müßte der größte Raum darin sein.

8. August

Ein Gewitter! Rasch, setz dich an deinen Arbeitsplatz, damit du im Ernstfall auf dem Schlachtfeld getroffen wirst.

22. August

Laßt uns ins Haus gehen, die Spinnen schlagen schon ihre kleinen Zelte für die Nacht auf.

6. September

Sie schreit, als wolle keiner sich an ihrer Tugend vergreifen.

Die Katze tastet die Welt mit ihrer Pfote ab.

23. September

Im Gegensatz zu Cäsar bin ich nicht der erste Mann in meinem Dorf und gelte nichts in Rom.

17. Oktober

Ist es denn so sicher, daß wir geboren werden, um zu leben?

Die Worte bilden so etwas wie ein Gewölbe über unseren unterirdischen Gedanken.

In mir steckt ein Musset, dem nur der Absinth gefehlt hat.

Ganz hoch oben läßt sich eine Lerche auf einem Sonnenstrahl nieder.

Von allem, was wir schreiben, wird die Nachwelt höchstens eine Seite aufbewahren. Ich möchte sie gern selbst für sie aussuchen dürfen.

26. Oktober

Ein wenig Ungeschliffenheit unterstreicht die Begabung.

29. Oktober

Meine Resignation soll für mich so etwas wie eine zweite Haut sein, und zwar gegerbt.

30. Oktober

Sich niemals beklagen und stets trösten.

26. November

Der Tourist. In einem Gespräch von nur einer Viertelstunde verleidet er mir die halbe Welt.

Theater: Ich habe eine einzige Theorie: niemals mehr als einen Akt schreiben.

1. Dezember

Man muß nicht die ganze Wahrheit sagen, aber man sollte nur die Wahrheit sagen.

7. Dezember

Im Leben sollte man sich verhalten wie der Fallensteller im Wald.

10. Dezember

Macht in meiner Statue oben auf dem Kopf ein kleines Loch, damit die Vögel dort trinken können.

13. Dezember

Es gehört Mut dazu, den intelligenten Menschen dem besonders netten Menschen vorzuziehen.

22. Dezember

Hätte ich etwas anderes gemacht als das, was ich machen konnte, würdet ihr einsehen, wie schlecht das wäre!

Ich komme mir vor wie eine Spinne mitten in meinem Selbst.

26. Dezember

Die Ironie trocknet nicht aus: Sie verbrennt nur das Unkraut.

Der Lampenzylinder wirft ein Zyklopenauge an die Decke.

28. Dezember

Bis zum Abend bereitet man sein Glück vor; doch am nächsten Tag und an allen folgenden muß man wieder von vorne anfangen.

1900

2. Januar

Ich habe Angst, die Welt nicht zu lieben, einfach deshalb, weil die Welt mir nicht zu Füßen liegt.

Sie nennen »kühn«, was einfach »obszön« heißen müßte.

Der Humorist hat die Augen weit geöffnet. Er versteht gar nichts vom Leben und schaut begeistert zu. Der Rest zählt für ihn nicht.

8. Januar

Winter. Diese eiskalte Sonne, an der man sich nur hinter dem Fenster erfreuen kann.

10. Januar

»Wenn ich mal reich bin«, sagt ein Kind, das sich nicht sattessen kann, »werde ich mir ein Sandwich kaufen.«

11. Januar

Allein der Egoist leidet wirklich und immerzu.

14. Februar

In der Nähe einer Frau verspüre ich sogleich dieses etwas melancholische Lustgefühl, das uns auf einer Brücke befällt, wenn wir dem fließenden Wasser nachschauen.

24. Februar

Bei Guitry. Place Vendôme ist sein Hof.

27. März

Ich vertraue meinem blassen Stern.

3. April

Verdienstvolle Leute zögern, mit Würde aufzutreten, weil sie befürchten, als Trottel behandelt zu werden.

Falsche Mildtätigkeit gibt lieber ein Glas Wein als eine Handvoll Brot.

2. Mai

Mama. Marinette drängt mich, sie zu besuchen. Mein Herz schlägt leicht vor Unbehagen. Sie ist im Flur. Sogleich fängt sie an zu weinen ... Sie küßt mich lange. Ich gebe ihr einen Kuß zurück.

Sie führt mich in das Zimmer von Papa, küßt mich wieder und sagt:

»Wie froh bin ich, daß du gekommen bist. Mein Gott! Wie unglücklich bin ich doch!«

Ich antworte nichts und gehe in den Garten hinaus ...

Über ein Jahr hatte ich sie nicht mehr gesehen. Ich finde sie nicht sehr gealtert, aber dick und schlaff. Immer noch das gleiche Gesicht mit seiner hintergründigen beunruhigen Physiognomie wie auf dem Foto, auf dem sie Maurice auf ihren Knien hält.

Niemand weint und lacht so leicht wie sie.

Ich verabschiede mich von ihr, ohne mich noch einmal umzuschauen.

Ich schwöre, in meinem Alter beeindruckt mich heute niemand so sehr wie sie.

11. Mai

Spaziergang. Herrliche Luft, in der die Lerche singt und sich an der Sonne berauscht, bis sie zuletzt bleiern herabstürzt.

Schenken Sie mir Leben: Ich übernehme den »literarischen Teil«.

16. Mai

Die Besten unter uns sehen stets nur ihre Fehler.

30. Mai

Die Flamme – ist es die letzte? – im Kamin, eine Rose – es ist die erste – in einem Wasserglas.

Unsere Seele unsterblich? Warum? Und warum nicht die der Tiere? Wenn beide Flammen verloschen sind, welcher Unterschied besteht dann noch zwischen der Flamme einer armseligen Kerze und derjenigen eines schön verzierten Leuchters mit Fuß und hohem Schaft, über dem sich der Schirm wie ein Rock öffnet?

5. Juni

Bleiern und fahl im Gewitterlicht liegt ein einsames Gehöft.

6. Juni

Grübler, ja. Denker, nein, ich pfeife drauf.

Man denkt an den Tod, solange man ihm zu entgehen hofft.

Lamartine träumt fünf Minuten und schreibt eine Stunde. Das Gegenteil aber ist Kunst.

Meine Phantasie, das ist mein Gedächtnis.

Meine Freuden, die mir nicht besonders wohltun, fügen dennoch anderen Schmerzen zu.

Ich möchte nur so viel Talent haben, daß es mich vor Neid bewahrt.

Ich lege Wert auf mein Alter von fünfunddreißig Jahren. Ich habe kein anderes.

Er ist immer noch irgendwie glücklich, der Mensch, der da sagen kann: »Früher war ich einmal ein glücklicher Mensch!«

Nicht zu früh am Morgen aufstehen. Die Natur ist dann noch nicht bereit.

Die Schnecken haben Stäbchen zum Essen wie die Chinesen.

Unsere Güte, das ist unsere Bosheit, die schläft.

Gerade die wilden Apfelbäume haben die schönsten Blüten.

Der Vogel fühlt nichts, wenn man ihm die Federn seiner Flügel beschneidet, aber er kann nicht mehr fliegen.

16. Juni

Ich kann mir kein Blatt am Baum anschauen, ohne vom Universum fast erdrückt zu werden.

Sie bewahren ein halb verkohltes Stück Holz vom Weihnachtsscheit auf, um es in den Kamin zu legen, wenn es donnert.

Heute habe ich die Krankheit der Prosa so wie früher die der Verse. Wie werde ich danach schreiben?

18. Juni

Was für ein Stern ist denn das? Dann finden wir seinen Namen in einem Buch, und schon glauben wir ihn zu kennen.

Es gibt Augenblicke, in denen das Leben jedes Maß überschreitet; die Kunst jedoch sollte sich aller Übertreibung enthalten.

Das Handwerk eines Schriftstellers besteht darin, schreiben zu lernen.

Ich habe eine Arbeit, die sehr drängt, und zwar für die Nachwelt.

Wolken. Als tobe über unseren Köpfen ein aufgewühltes Meer.

G*edichte*: ein schöner Titel für ein Buch in Prosa.

Ehe ich sterbe, werde ich weder Pascal noch La Bruyère ganz gelesen haben, und doch führe ich sie dauernd im Mund, wenn ich spreche.

Heute morgen bin ich glücklich: Alle meine kleinen Versuchsballons tragen mich nach oben.

Die Religion sollte den Armen nichts als Frohsinn schenken.

Ich möchte der Mensch eines einzigen Traumes sein.

In uns herrscht Sonnenfinsternis.

In Germenay werden noch die Glocken geläutet, um das Gewitter zu vertreiben. Mit dem Flammarion in der Hand sollte man den Leuten beweisen, daß der Glöckner in Gefahr ist, vom Blitz getroffen zu werden.

Sie würden mir glauben und beim nächsten Gewitter darauf verzichten. Doch dann würde der Blitz auf den Glockenturm fallen und die Kirche in Brand setzen.

20. Juni

Die Faulheit ist insofern tödlich, als man schon fühlt – kaum daß man sie überwunden hat –, wie sie wieder auflebt.

26. Juni

Ich bin lieber unhöflich als banal.

3. Juli

Wozu näher definieren, was Rodin geschaffen hat? Mirbeau versteht es meisterhaft, die Einfachheit dieses Künstlers, dieses robusten, penetranten und boshaften Handwerkers in Dunkel zu hüllen.

Hier ein Frauenkopf aus Silber, und unverkennbar bezieht er seine ganze neuartige Anmut aus dem Silber. Ein Betrachter zuckt die Achseln.

Im *Balzac* steckt die Bewunderung für dessen Werk, der Zorn des Bildhauers gegen den Ton, den er formt, und eine Herausforderung an den Menschen.

Dort sind Brüste, die in der Hand des Liebenden dahinschmelzen.

Ein schöner *Rochefort*, dessen Wangen wie Vorhangfalten herabfallen.

Ein *Victor Hugo*, dessen durch unseren Kult übergroß gewordener Kopf einen Körper erdrückt, den wir nicht kennen.

Die *Liebenden* wenden sich einander zu und scheinen zu sagen: »Wie aber sollen wir uns anfassen und lieben, wie sich vor uns noch niemand geliebt hat?«

7. Juli

Ausstellung. Im Theater von Loïe Fuller spielt das Chinesische Theater. Eine Mischung von Kasperletheater und Théâtre Antoine. Sie kämpfen wie die Clowns, ohne sich weh zu tun, und sie setzen Mienen auf, um die unsere besten Komödianten sie beneiden könnten. Handbewegungen, die fast knochenlos wirken.

Im Theater des Tanzes überreicht uns eine steife Platzanweiserin eine Rose.

»Danke! Ich möchte keine haben.«

»An einem Galaabend muß jeder eine Rose im Knopfloch tragen«, antwortet sie.

Verlegen nehme ich die Rose entgegen.

10. Juli

In mir steckt jemand, der würde am liebsten jeden Tag einen Akt schreiben; doch ich habe ihn im Trockendock an Ketten gelegt.

11. Juli

Die Freundschaft braucht stets sechs Monate Urlaub, um ihr Repertoire zu erneuern. Die Liebe sollte es ebenso halten.

Das goldene Zeitalter, nein, aber das Zeitalter des Goldes.

15. Juli

Ich sehe sehr wohl voraus, daß auch ich Stunden des Alterns durchleben werde, in denen ein Gewehrschuß durch den Kopf mir überhaupt nichts ausmachen würde.

26. Juli

Die Natur ist stets von einem Dichter; die Bücher selten.

Ein Sonett: vierzehn Verse für einen Gedanken.

9. August

Alles was der Dichter sich von der Natur nimmt, gibt er ihr wieder. Es ist schon sehr nett von ihr, wenn sie es nicht zurückverlangt!

Diebisch und grausam, wenn es gilt, zu täuschen, verkleidet sich die Elster als barmherzige Schwester.

Man sollte nie sagen, man lese die Meisterwerke noch einmal, denn in den meisten Fällen scheint man sie doch überhaupt nicht gelesen zu haben.

Die am besten vom Tod gesprochen haben, sind schon gestorben.

Es gibt Stunden, in denen man alle Worte im Lexikon nachsehen muß.

11. August

Die Stunden voller Abscheu, in denen man nichts mehr mit sich zu tun haben möchte.

Das geschriebene Wort hält mich noch mit vielen Fäden fest, und ich brauche lange Zeit, sie zu zerreißen.

Die weiße Amsel gibt es, doch sie ist so weiß, daß man sie nicht sieht, und die schwarze Amsel ist nur ihr Schatten.

Die Erde, die einschläft, zieht die Nacht wieder über sich.

8. September

Anmaßend wie sie ist, klingt jedes ihrer Worte wie in Mehl gewälzt.

Der Bogen meines Satzes ist stets gespannt.

8. Oktober

Sie ist die Wohltäterin des ganzen Dorfes. Jeder würde sich ein Vergnügen daraus machen, zu ihrer Beerdigung zu gehen.

Ich sehe dort einen Regenbogen. Ich will unter ihm hindurchgehen.

Nimm eine Idee mit auf die Reise! Dann gibt es keine Entfernung mehr.

Jedes unserer Werke sollte eine Krise, fast eine Revolution sein.

Die Wetterfahnen, die sich nie selbst ins Gesicht schauen können.

9. Oktober

Das Kreuz der Ehrenlegion! Soviele Glückwünsche, als wäre man gerade niedergekommen.

Ich weiß, daß ich nur noch wenig sagen werde, nun ich beschlossen habe, die Wahrheit zu sagen.

Die Blume, die nur das Leben eines jungen Mädchens hat.

Man lasse mich in Ruhe! Ich habe mich in Faulheit gebettet und über mir die Decken des Federbetts zusammengeknotet.

Eine kleine Glocke an meinem Federhalter, damit ich nicht einschlafe.

Das Beste in uns ist nicht mitteilbar.

12. Oktober

Der Baum bewegt sich wie eine Giraffe, die im Stehen schläft.

Unsere Eitelkeit altert nicht: Ein Kompliment ist immer wieder etwas Neues.

Der Baum hat es noch nie fertiggebracht, seinen Schatten einmal um sich selbst wandern zu lassen.

Die Leute, die sich einäschern lassen, bilden sich ein, einmal in Asche verwandelt, könnten sie Gott entwischen.

Ich würde hundert kleine Napoleonhüte für eine Schlafmütze von Balzac hergeben.

20. Oktober

Das Werk der anderen widert mich an, das meine begeistert mich nicht. Darin besteht meine Stärke und meine Schwäche.

Die Zeit geht durch das Nadelöhr der Stunden.

22. Oktober

Nicht kleine Artigkeiten, sondern Höflichkeit.

31. Oktober

Im Grunde hassen die größten Schauspieler die schönen Sätze, ich meine: die gut gebauten Sätze. Schöne Dekorationen, schöne Kostüme und große Gesten: Was sie sprechen, ist ihnen herzlich egal.

6. November

Glücklich, wer sich immer wieder übertölpeln läßt.

Ich könnte mir nichts Besseres wünschen, als mit Gott auf gutem Fuß zu stehen. Wahrlich, ich glaube an Gott, sofern er nur gütig ist.

10. November

Der Traum ist nur das ins Uferlose ausgedehnte Leben.

14. November

Eine Freundschaft überdauert zwei oder drei Aussöhnungen, mehr nicht.

Die Finger der Flamme unter dem Holzscheit.

Großes Talent, aber nur als Literat. Seine Bücher sind eben nur Bücher.

Ich lese Seiten aus diesem *Tagebuch*: Es ist immerhin das Beste und das Sinnvollste, was ich in meinem Leben geschaffen habe.

15. November

Der Natur graust es vor den Schwätzern.

16. November

Das Glück, das die anderen uns zuschreiben, erhöht nur unseren Schmerz, denn wir wissen, daß wir nicht glücklich sind.

Damit heutzutage ein Kompliment wirklich zutrifft, ist es ratsam, es in gemäßigte Ausdrücke zu kleiden.

17. November

Schreiben. Das Schwierigste dabei ist, die Feder zu ergreifen, sie in die Tinte zu tauchen, und sie mit fester Hand über das Papier zu halten.

»Gezierte Bescheidenheit.«
»Geben Sie sich damit zufrieden, denn ich habe Ihnen statt dessen nur unerträgliche Eitelkeit anzubieten.«

»Neidisch!«
»Ja, aber nicht auf alle Welt: nur auf jene, die den Neid verdienen.«

Wenn jemand die Geduld aufbringt, sich eine Geschichte bis zum Schluß anzuhören, so nur deshalb, weil er so viel Zeit braucht, um die seine vorzubereiten.

18. November

Das Spundloch: der Nabel des Fasses.

Wenn ein Mensch im Laufe eines Tages eine Zeitung gelesen, einen Brief geschrieben und keinem ein Leid angetan hat, so genügt das völlig.

20. November

Dieser besondere kleine stechende Schlag im Hirn, den uns der Anblick unseres gedruckten Namens in einer Zeitung versetzt.

21. November

Ich! Ich, kein Enthusiast? Ein paar Töne Musik, das Geräusch von strömendem Wasser, das Rauschen des Windes in den Blättern, und schon fließt mein Herz über von Tränen, echten Tränen, ja, ja!

Um zu arbeiten, warte ich darauf, daß mein Thema in mir arbeitet.

1. Dezember

Ein Freund erzählt Ihnen eine Geschichte. Ohne zuzuhören, sagen Sie: »Auf Wiedersehen, mein Lieber.« Und ihm liegt so wenig an seiner Geschichte, daß er antwortet: »Mein Lieber, Auf Wiedersehen.« Und Sie gehen auseinander.

5. Dezember

Die vorübergehenden Meisterwerke.

7. Dezember

Wenn ich versuche, liebenswürdig zu sein, verdirbt das folgende Wort das vorausgegangene.

12. Dezember

Über einen Stil: »Er ist fein wie Regen.«

17. Dezember

Seine schmutzige Wäsche in der Familie waschen und als Waschmittel die Asche der Ahnen benutzen.

18. Dezember

Wozu so viel schreiben? Der Leser kennt doch nur ein oder zwei Buchtitel der fruchtbarsten Schriftsteller!

Mit wenig Geld auszukommen, ist auch ein Talent.

22. Dezember

Heute nacht hat es gefroren, und heute morgen haben die Erde, die Bäume und die Dächer kleine Federn.

Sich von einem schönen brennenden Holzscheit bewegen lassen, um ins Endlose hineinzuträumen. Dann steigt unsere Träumerei aus uns auf, langsam und leicht wie der Rauch.

Der Wasserkessel summt sein Gebet ins Feuer.

Die Rüben werden im Feld aufgeschüttet: in den Scheunen ist kein Platz mehr, und draußen sind sie auch besser aufgehoben. Sie werden mit einem Strohbett und dann mit Erde zugedeckt. Von weitem nimmt sich das aus wie kleine neugebaute Häuser, auf denen zwei oder drei oben aufgesteckte Rüben die Schornsteine bilden.

Die Neigung zum Tod ist nicht möglich ohne die Abneigung gegen alles übrige.

Man gewöhnt sich nicht schnell an den Tod der anderen. Wie lange wird es dauern, wenn wir uns an den eigenen gewöhnen müssen!

Es bedarf über lange Zeit der starken Spur eines Lebenden, um die Spur eines Toten zu verwischen.

Träumen, endlos verloren träumen, und nichts davon durchscheinen lassen. Tiefe Brunnen sein, in denen blasse Wahrheiten ruhen.

Dichter, suche nichts anderes. Du bist erschaffen und in die Welt gesetzt worden, um das Gewissen für alles das zu sein, was kein Gewissen hat.

Träumen heißt als Künstler verstehen.

Es gibt Orte und Stunden, da ist man so allein, daß man die Welt ganz sieht.

Die halbe Rinde des Baumes kennt den Nordwind nicht.

Der Körper ist der treue Hund unserer blinden Seele.

Die Priester verkaufen das Fell des Großen Bären, ehe sie den Himmel besitzen.

Ich kenne meinen Weg so wie der Bach den seinen.

[1900]

1901

1. Januar

Ganz hoch oben in den Bäumen plustern die Spatzen ihre Federn auf und sehen riesig aus.

Ich habe Sinn für das Erhabene und schätze allein die Wahrheit.

Was vom Feuer übrig bleibt, wenn es noch nicht völlig erloschen ist, nennt Philippe »die Seele des Feuers«.

Vielleicht verweichlicht die Güte, und das ist auch der stärkste Einwand gegen sie.

Auf dem Friedhof von Pazy. Eine Grabstätte. In einem Winkel kniet eine Frau aus Stein, sie weint mit einer entsetzlichen Grimasse. Sie erstickt die Flamme einer Fackel auf dem Boden. Daneben liegt noch eine zerbrochene Urne. Hier findet man alles. Es ist abstoßend und bewegend zugleich und ungewöhnlich für einen so kleinen Friedhof auf dem Lande.

Ein leichter Wind seufzt in den Tannen.

Dieses *Tagebuch* höhlt mich völlig aus. Es ist kein Werk, ebensowenig wie tägliches Liebesspiel Liebe ist.

8. Januar

Wir empfinden Liebe für ein oder zwei Frauen. Freundschaft für zwei oder drei Freunde, Haß für einen einzigen Feind, Mitleid für ein paar Arme; und der Rest der Menschen bleibt uns gleichgültig.

12. Januar

Comédie Française. *Horaz* von Corneille. Die Einheit des Ortes war doch eher hilfreich als störend. Man brauchte nicht in jedem Akt eine neue Atmosphäre zu schaffen.

18. Januar

Das Leben entgleitet mir; ich hielt es nur noch an den letzten kleinen Enden fest.

23. Januar

Ich bin der einzige, der seine Auszeichnung am Überzieher trägt. Die anderen haben mehr Mut. Sie tragen ihren Überzieher ungeniert offen, um das Knopfloch ihres Rocks zu zeigen, auch auf die Gefahr hin, sich dabei eine Lungenentzündung zu holen.

In einem der etwas vagen Gespräche, wie wir sie manchmal führen, spornt Tristan mich zur Arbeit an.

»Sie lesen zu viel«, sagt er zu mir. »Sie zeichnen zu viel auf. Sie machen sich zu rar in jedem Sinne des Wortes. Sie könnten sehr gut ein Abenteuerbuch schreiben, ich habe doch Ihre guten Besprechungen über Schauspiele gehört. Und wenn ich, der ich Sie kenne, selbst auch nicht hoffe, es könnte Ihnen gelingen, mich selbst in Erstaunen zu versetzen, so bin ich doch sicher, daß alles, was Sie schaffen werden, gut sein und den Kreis Ihrer Leser erweitern wird. Sie haben nicht alles ausgeschöpft, was an Erinnerungen in Ihnen schlummert.«

»Ja«, antworte ich, »doch kein Motiv, ausgenommen der Wunsch – und den habe ich nicht –, oder das Bedürfnis – und das werde ich in Kürze haben –, sind stark genug, mich zum Schaffen anzutreiben. Mir liegt nichts daran, Nutzen zu ziehen aus dem, was ich herausfinde, meine Aufzeichnungen genügen mir. Außerdem beunruhigt mich die »Quantität« meiner Werke in keiner Weise. Bedenken Sie, ich habe noch etwa zwanzig Jahre vor mir, und so werden wohl, ob ich will oder nicht, meine Bücher sich an meine Bücher reihen. Und dann muß man lesen. Und dann gibt es noch eine Menge Dinge, die man erst einmal verstehen sollte.«

28. Januar

Ich werde das Gegenteil von Balzac sagen. Schreiben, habe ich dazu überhaupt noch Zeit! Ich beobachte!

Die Gedichte unserer Träume, aus denen der Verstand beim Erwachen das macht, was die Sonne dem Tau antut.

Wie muß sich Gott, der alles sieht, zuletzt doch amüsieren!

30. Januar

Die Rose hat die Farbe der Scham, aber auch die der Lüge.

Mendès sagt: »Ich habe Ihnen die Devise mitgegeben: Jeder für mich!«

31. Januar

XVI. Jahrhundert: eine Sprache, die nach allen Seiten sprießt. Ein echter Frühling der Sprache. Rundum grün, alles ist vermischt, es ist gefährlich, es ist gut.

4. Februar

Ich erzähle Tristan, daß Victor Hugo mit vierunddreißig Jahren inkognito gereist ist und auf vielen Kirchenmauern seinen Namen fand.

»Ja, bei seinem zweiten Besuch«, meinte Tristan.

7. Februar

XVI. Jahrhundert. Orthographie. Sie verbergen ihre hübschen Worte unter Buchstaben wie ein Nest im Gestrüpp.

Die Wahrheit ist es in der Tat wert, daß man sie etliche Jahre sucht, ohne sie zu finden.

13. Februar

Wenn der Ertrinkende seine Hände zum Gebet faltet, ist er dann nicht verloren? Er sollte lieber immer weiterschwimmen.

15. Februar

Sicher an der Medizin sind nur die trügerischen Hoffnungen, die sie für uns bereithält.

18. Februar

Molière. Am bewundernswertesten ist seine Sprache. Nichts ist so dramatisch wie die Szene in *Der Geizige* zwischen dem Vater und dem Sohn. Der Monolog des Geizigen dagegen scheint doch eher für den Schauspieler geschrieben zu sein ... er begeistert das Publikum, klingt aber etwas falsch.

Und die reizenden Liebesszenen! Courteline würde sagen, sie nehmen zu viel Raum ein im Theater von Molière. Sie sind köstliche Ruhepausen.

Die eigenartige Beklommenheit, die uns überkommt, wenn wir etwas Böses über Gott sagen oder schreiben.

Ich habe noch nicht einmal das Glück gehabt, einen Zug zu verpassen, der verunglückt wäre.

Jeden Morgen übe ich mich im Lachen, eine gute Stunde lang, um den schönen Namen eines heiteren Schriftstellers zu verdienen, den man mir zuzulegen geruht.

»Gern würde ich dir mein Spielzeug schenken«, meint das Kind, »aber ich kann nicht: Es gehört mir!«

Jenes eigenartige unvermutete Bad, erregend und heiß zugleich, in das man beim Gedanken an den Tod eintaucht.

20. Februar

Wie könnte ich den Mut aufbringen, den anderen die Wahrheit zu erzählen, die ich mir selbst nicht einzugestehen wage.

21. Februar

Guitry, in seinem geblümten Hausrock, erinnert an den *Bürger als Edelmann*. Außerdem liest er uns daraus ganz vortrefflich vor.

Eigentlich spielen wir ein wenig »Gesellschaft von vier Freunden«: Boileau, Molière, Racine und La Fontaine. Wir lassen nur offen, wer Molière, wer La Fontaine ist. Wir sind alle köstlich, vorzüglich.

Und da ist noch Tristan, der wohl immer mehr davon überzeugt ist, daß keiner es verdient, ihm die Schnürsenkel seiner Schuhe aufzubinden, denn sie sind nie mehr zugebunden.

25. Februar

Auch ich lege Geld auf die Seite, aber auf die falsche.

28. Februar

Unsere Tugenden verdanken wir nur unserem Unvermögen, Laster zu haben.

1. März

Der Geschmack, so etwas wie eine tödliche Eigenschaft.

Das Glück macht uns nicht gut. Das ist eine Feststellung, die man über das Glück der anderen trifft.

Nichts ist so leicht zur Schau zu tragen wie Verachtung.

4. März

Nichts verekelt uns das Leben mehr als das Blättern in einem medizinischen Handbuch.

5. März

Dem Publikum durch originelle Eigenschaften gefallen,

darin besteht das ganze Problem. Nichts ist leichter, als unangenehm verwegen zu sein.

14. März

Dieses Jahr werde ich nichts herausbringen: Ich bin in diesem Winter eingefroren.

Bei Léon Blum.

»Muß ich die *Neuen Gespräche zwischen Goethe und Eckermann* wirklich signieren«, sagt er, »so daß also mein Name auf einem Umschlag zusammen mit dem Goethes steht?«

»Warum denn nicht?« antworte ich. »Die Kühnheit besteht doch nicht darin, dieses Buch zu signieren, sondern vielmehr die Idee dazu gehabt zu haben.«

16. März

Wir wollen Künstler sein! Kümmern wir uns weder darum, Geld zu verdienen noch Stadtrat zu werden, auch nicht Mitglied einer Sektion der Liga für Menschenrechte. Unsere Väter brauchten nur Geld zu verdienen. Wenn sie genügend verdient haben, wohlan, dann ist es gut. Danke schön! Geben wir es aus! Wenn sie nicht genug verdient haben, so war das nicht recht getan: Die Schuldigen sind sie.

19. März

Ich stehe nicht dafür ein, eine bestimmte Neigung zu haben, aber ich habe sehr sichere Abneigungen.

21. März

Ehe man einer Schauspielerin eine Rolle anvertraut in einem Stück, das man gern hundertmal aufgeführt sehen möchte, sollte man sich vorher vergewissern, daß sie nicht schwanger ist.

Die Frauen kennen zu wollen, ohne Liebhaber zu sein, das ist wie ein Fischer, der seine Angel in das Wasser des

Flusses getaucht hat und sich nun einbildet, alle Fische zu kennen.

Sie bringt ihre Tage damit zu, auf das Klingelzeichen des Glücks zu warten.

Meinen Satz laden, gut zielen und ins Schwarze treffen.

22. März

Was Liebe ist, weiß keiner mehr. Eine verlorene Sache, in einem Wortschwall ertrunken. Unmöglich, die Realität wiederzufinden, die eigentlich einfach und klar sein sollte.

Ich gebe zu, daß man sich im Duell schlägt, um seine Ehre zu verteidigen, allerdings unter der Voraussetzung, daß man eine hat.

23. März

Die Liebe tötet die Intelligenz. Das Gehirn macht aus dem Herzen eine Sanduhr. Das eine füllt sich nur, um das andere zu leeren.

30. März

Die frischen Narben des beschnittenen Baums. Die Weide ist blutrot.

Die ersten Blumen wachsen auf den Hüten.

Eine Pfütze spiegelt wider wie ein großes weit geöffnetes Auge.

1. April

Von einem alten Regenschirm behaupten wir gern, ein Freund habe ihn uns ausgeliehen.

Stendhal gab uns das Wort »kokettieren«; heute heißt es »flirten«.

2. April

Das Glück ist gar nicht so billig zu haben.

Wie die Literatur auch sein mag, sie ist stets schöner als das Leben.

3. April

...Das sind Leute vom Handwerk. Sie haben keinen Arbeitstisch, sie haben eine Werkbank.

Wenn du schon kein Genie sein kannst, so sei doch ein Weiser, was übrigens nicht einfacher ist.

18. April

Die Teekanne raucht ihre Zigarette.

Es ist schon ganz schön, nichts Böses zu tun. Doch wenn man nicht einmal etwas Böses denken darf!...

Ich sitze ganz schön in der Patsche. Doch es geht mir dort recht gut.

20. April

Rinder. Ihre Hörner treten aus ihrer Stirn wie zwei schöne Gedanken.

Die Pferde springen auf der Wiese herum, Seepferdchen auf einem grünen Meer.

2. Mai

Die hübschen roten Augen des blühenden Pfirsichbaumes.

Freunde wie ein Paar Flügel.

Der Euter ist prall, die Kuh ruft ihr Kälbchen; doch wer kommt? Die Bäuerin.

5. Mai

Gestern. Zehn Uhr abends. Landschaft. Der Mond steht allein an einem wasserklaren Himmel. Vereinzelte Sterne. Im Hintergrund hellblau und kaum angedeutet die Bergkette des Morvan wie die leicht gekrümmte Linie des Meeres am Horizont.

Ein breiter Weg aus weißen Nebeln auf dem Fluß, und das Mondlicht reicht bis zum Schloß, dessen schwere dunkle Masse schläft. Gesang von Laubfröschen, von Vögeln, die einander antworten. Und das dumpfe Rufen der Kröte.

Pappeln wie Schatten, Pferde auf der Koppel, auch nur Schatten. Ein langer schwarzer Streifen: die Mauer um die Wiese.

Auf dem leichten weißen Nebelteppich wird der Mond bis zum Schloß vordringen.

Und das Beste daran ist, daß ich diese Aufzeichnungen auf der Mauer meines Gartens sitzend beim Schein meiner Laterne geschrieben habe.

Man fragt mich nur um Rat, um mir seine Sorgen erzählen zu können.

...»Sie haben eine schöne Aussicht hier!« sagt er. »Ein gutes Stück Land für die Poesie: Die Muse strahlt weit hinaus.«

Man sollte für das Herz das tun, was Descartes für den Geist gemacht hat: tabula rasa, und dann einen neuen einmaligen Entwurf.

8. Mai

Eine jede unserer Lektüren hinterläßt irgendein Korn, das zu keimen beginnt.

Schwalben. Fliegende Augenbrauen in der Luft.

Der »Accent circonflexe« ist die Schwalbe der Schreibkunst.

Im Flug reichen sie sich von Schnabel zu Schnabel ihr leises Zischen weiter.

Wenn ich ein Vogel wäre, ich wollte nur in den Wolken schlafen.

13. Mai

Vielleicht gibt es Zweige, auf denen sich noch nie ein Vogel niedergelassen hat.

Unkenntnis der Gesetze schützt nicht vor Strafe. Es gibt deren über zweihunderttausend.

16. Mai

Ja! Ja! Mal bin ich dies, mal bin ich das: Man muß seine Erfahrungen machen.

30. Mai

Erbschaft. Der Tod nimmt uns einen Verwandten, und er bezahlt für ihn; doch es braucht nicht einmal viel Geld zu sein, schon haben wir ihm verziehen.

Graues Haar, Staub der Zeit.

Die Kuh wird kalben, und der Stier wird nichts davon wissen.

In Holzschuhen werde ich den Himmel betreten.

Weißdorn. Heute morgen heiratet die ganze Hecke.

Der Kuckuck spricht das ›Q‹ deutsch aus.

8. Juni

Eine Anthologie des Mondes schreiben.

Ich pflanze Erinnerungen.

Dörfer, von denen nicht einmal in den kleinen Lokalblättern die Rede ist. Dort geschieht nie etwas. Nicht einmal ein Verbrechen.

Ich kehre aufs Land zurück, um mir eine neue Schüchternheit zuzulegen.

12. Juli

Nicht einmal die Blätter der Espe bewegen sich. Die Natur wird bersten. Die Erde wird in die Luft fliegen.

Wer viel reist, behält nichts.

Alter Hausrat. Die große Uhr. Die Zeiger, von denen sich hin und wieder ein Blick meiner Großmutter löst.

8. August

Der Triumphbogen des Bauern ist der Regenbogen.

Am Meer. Keine Badenden bei diesem kalten Wetter.
»Und diese Leute, die dort aus dem Wasser kommen?«
»Vielleicht Schiffbrüchige.«

26. August

Rebhühner. Wenn ich sie doch zumindest hassen könnte, ehe ich sie töte.

Wolken. Ich habe eine gesehen, die versuchte, hinter dem Mond vorbeizukommen.

Wenn man arm wird, wird man gut.

Das Wasser träumt sich eine Pappel.

29. August

Die Wolken ordnen sich zu einem Bild. Gleich beginnt das Schauspiel des Sonnenuntergangs.

Auf Reisen bereitet es mir Vergnügen zu schauen und nichts zu sehen.

Vollmond. Plötzlich entdeckt man ihn; weit weg vom Horizont scheint er mitten im Himmel geboren zu sein. Um den Hals trägt er eine gräuliche Wolke, weich wie ein Schal.

Fast könnte mir übel werden. Er steigt und läßt das Tuch wie eine überflüssige Windel fallen . . .

Sein Aufsteigen versetzt die Natur in Staunen. Kein Lebewesen rührt sich. Eine Kuh hört auf zu brüllen.

Der Horizont unter ihm ist rosarot. Wie schön er anzusehen ist! Etwa so müßte die Venus auf dem Meer aussehen. Seine strahlende Schönheit dringt voll und ganz durch mein Fenster herein.

Man könnte an die lichterfüllte Öffnung eines Tunnels denken.

Drei Himmelsfarben: grau, rosarot, blau. Er steht im Rosarot.

Sprich nicht mit mir, Frau. Ich schaue den Mond an.

Gott, so viele Geheimnisse; das ist grausam, deiner nicht würdig.

Schweigsamer Gott, sage uns etwas dazu.

Vielleicht stehen auf der anderen Seite des Mondes Worte geschrieben; spöttisch, wie er nun einmal ist, gibt er sie uns niemals preis.

Das Rosarot verblaßt, vermischt sich mit dem Grau. Das Blau dehnt sein Reich aus.

Er ist vollendet rund, strahlend klar, geschliffen und makellos.

Der Fuß der Bäume wird immer dünner, bis er zuletzt völlig verschwindet.

Das ganze Silber des Mondes dringt jetzt durch mein Fenster.

Du wirst mich davon abhalten zu schlafen, doch hinderst

du die Rinder nicht, weiter auf der Wiese zu grasen. Das muß dich doch kränken.

Du steigst zu hoch. Du wirst bald nicht mehr so schön sein. Schon fährt ein Wagen auf der Straße und bedenkt nicht, daß er dich mit dem Lärm seiner Schellen verletzen könnte. Der erste Hund bellt dich an.

Die Dunkelheit erreicht mich, du leuchtest nicht hell genug, als daß ich dir zu Ehren ein schönes Gedicht zu schreiben vermöchte.

Die Haushälterin, die nicht duldet, daß ich mir beim Schreiben im »Stockfinsteren« die Augen verderbe, bringt die Lampe herein, schließt die Fensterläden.

Mond, es ist aus! Du kannst dich zu den alten Monden gesellen.

31. August

Da gibt es den Ängstlichen, der unter sein Bett schaut, und den Ängstlichen, der sich nicht einmal traut, unter sein Bett zu schauen.

Truthennen, schwarze, rot versiegelte Schläuche.

9. September

Ein heißer Tag, an dem man die Natur aus dem Backofen zu ziehen scheint.

12. September

In der Tasse spiegelt der Kaffee nur meine düsteren schwarzen Gedanken wider.

Das dunkle Schloß mit einem winzigen Licht, das meine Träume wie Schmetterlinge anzieht.

»Himmel« ist mehr als »blauer Himmel«. Das Beiwort fällt von selbst ab wie ein totes Blatt.

Die Sprache hat ihre Blüte- und ihre Winterzeiten. Es gibt Stile, die sind nackt wie Baumskelette; dann kommt der blumige Stil aus der Schule des Blattwerks, des Buschwerks, des Gestrüpps. Nun muß beschnitten werden.

Weckt den schlafenden Kummer nicht.

16. September

Faulheit? Ja. Aber es ist eine so reine Freude, eifersüchtig allein mit seinen Träumereien zu leben und sie keinem anderen auszuleihen.

... Die Vergangenheit kann man nicht noch einmal durchleben, es sei denn, ganz allein. Zu zweit fehlt die Übereinstimmung.

17. September

Die Schwalben im Smoking.

26. September

Die Kastanie, dieser Igel unter den Früchten.

Ich verstehe nichts von den Menschen; aber die Menschen verstehen mich nicht.

Frau in großer Toilette, also ganz nackt.

Der Wind, der es versteht, die Seiten umzublättern, und doch nicht lesen kann.

28. September

Träumen, das heißt denken beim Schein des Mondes, eines inneren Mondes.

Titel für einen Band meines *Tagebuchs*: Ganz nackt. Nackt.

29. September

... Will man nett zu den Leuten sein, nehmen sie sich zu viel heraus. Man will ja gern Mitleid haben, aber sie sollen es auch fühlen!

1. Oktober

Rostand ... Er entgeht der Tyrannei der Perfektion. Der Dichter setzt sich in ihm durch, rankt sich empor und schaut niemals zurück ...

Schnelle Poesie und, wie man sagte: »flüchtige«, was nicht heißen soll »vergängliche«. Voltaire, von einem Dichter überarbeitet.

15. Oktober

Wieso ist der Schmerz des brennenden Holzes geringer als der des Fisches außerhalb des Wassers?

Nein danke! Ich verbringe den Abend mit mir selbst.

Keine Fehler, aber alle Eigenschaften fehlen mir.

21. Oktober

Das Theater ist der Ort des Unbewußten. Ein Autor, der die leisesten Skrupel hat, ist verloren. Eine wird jedenfalls niemals eine Freikarte erhalten: die Wahrheit. Selbst eine taube und blinde Platzanweiserin würde sie sofort erkennen und vor die Türe setzen.

23. Oktober

Sie ist die treuste unter allen Frauen; sie hat niemals auch nur einen ihrer Liebhaber betrogen.

28. Oktober

Vielleicht heißt es später einmal von mir: Er war ein einfacher Literat, der zu Hause weder Elektrizität noch Telefon hatte.

Was man früher »jämmerliches Französisch« nannte, das gilt heute als gute dramatische Sprache.

Allein die Wahrheit verändert sich. Unsere Phantasie wiederholt sich immer. Nichts ähnelt mehr einem gut gemachten Stück als ein anderes gut gemachtes Stück.

1. November

Wie so manches Mal habe ich, von unendlicher Traurigkeit heimgesucht, dem Leierkasten, der im Hof spielte, zugerufen: »Mehr! Mehr...«

2. November

Barrès, ein charmantes Genie, doch in zu viel Seidenpapier gewickelt.

6. November

Einem klugen Kopf gelingt es immer, einen Lehrsatz aufzulösen, aber nicht immer, ein Gedicht zu schreiben.

7. November

Die Güte hat irgend etwas Unvereinbares. Die Frucht schmeckt süß, der Kern ist bitter.

10. November

Ich liebe, ich liebe, gewiß ich liebe, und ich glaube, meine Frau wirklich zu lieben, aber von allem, was die großen Liebenden Don Juan, Rodrigue, Ruy Blas sagen, könnte ich kein Wort zu meiner Frau sagen, ohne zu lachen.

17. November

Fünf Akten anlegen... bis zu meinem Tod. 1. Religion; 2. Politik, d. h. soziale Fragen; 3. Moral, d. h. Innenleben, Glück; 4. Künste, d. h. Literatur; 5. Was ich mir von der Wissenschaft aneignen kann.

Ich habe stets glückliche Menschen gesehen, aber wenn sie zu hoch dafür bezahlen mußten, beneideten sie das kleine begrenzte Glück im stillen Winkel.

Die leidenschaftlichsten Diskussionen sollte man mit den Worten beenden: »Und zudem werden wir alle bald sterben.«

Es ist höchst ärgerlich, nicht Victor Hugo zu sein!

Ich erkläre Athis, was ich gern möchte: mir lieber von einem Verleger Geld leihen als von einem Geschäftsmann und es mit meinen Büchern zurückzahlen, und wenn meine Bücher nicht ausreichen, mit meinem Haus, falls ich es verkaufen werde, und mit meiner Erbschaft, wenn ich erben werde!

Aus allen guten Akten der schlechten Stücke mit drei oder fünf Akten, die derzeit gespielt werden, könnte man ein Meisterwerk machen.

Kürzlich ist ein Stück vom Publikum verboten worden.

Wenn man mir versicherte, Beweis in der Hand, daß es Gott nicht gibt, so würde ich mich darauf einstellen. Wenn Victor Hugo nicht mehr existierte, würde die Welt, in der die Schönheit lebt, an der ich mich berausche, sehr dunkel werden...

Kritik üben an Victor Hugo! Wenn ich mir einen Sonnenuntergang anschaue, macht es mir nichts aus zu wissen, daß sie gar nicht untergeht, daß sich vielmehr die Erde um sie dreht. Wenn ich Hugo lese, was soll es mir dann schon ausmachen zu wissen, daß er mal so, mal so schreibt.

25. November

Mein Dorf ist meine Goldmine.

29. November

Bei der Arbeit ist es das Schwierigste, die kleine Lampe im Gehirn anzuzünden. Später brennt sie dann ganz von allein.

2. Dezember

Die Kunst, das ist das Seltene. Wenn also neben einem herrlichen Elefanten noch ein Dutzend fast ebenso schöne vorgeführt werden, beeindruckt der erste mich nicht mehr.

9. Dezember

Wer von uns hätte in seinem Leben nicht eine Viertelstunde den leidenschaftlichen Wunsch gehabt, ein großer Komödiant zu sein?

Ja. Ich trage meine Auszeichnung. Man muß den Mut zu seinen Schwächen haben.

Mich so stark wie möglich einschränken, ein magerer Egoist sein. Mein Egoismus soll nur noch aus Haut und Knochen bestehen.

Das Alter kommt unvermittelt wie der Schnee. Eines Morgens beim Erwachen entdecken wir, daß alles weiß ist.

Mama in ihrem Sessel am Ofen. Sobald sie mich sieht, stöhnt sie auf: »Oh! Oh! Oh!« Sie küßt mich aufdringlich. Oh! Diese schlaffe Wange, die mir nicht mütterlich zu sein scheint. Und sofort redet sie wie ein Wasserfall. Beim Weggehen begleitet sie mich bis ans Gartentor, damit die Nachbarn auch sehen, daß ich bei ihr gewesen bin. Mehrmals sagt sie Auf Wiedersehen zu mir. Ich bin schon an der Kreuzung, da höre ich sie immer noch reden. Ich wage nicht, mich nach ihr umzuschauen. Stets fürchte ich mich vor ihren kalten, strahlenden und unsteten Blicken.

11. Dezember

Es gibt Leute, die ziehen gern zurück, was sie gesagt haben, so wie man ein Schwert aus dem Bauch seines Gegners zieht.

Migräne. Manchmal will mir scheinen, mein Kopf sei klein und schwer und hänge hoch oben, weit weg von mir, am Ende meines Körpers wie eine Hagebutte an ihrem Strauch.

17. Dezember

Es gibt Augenblicke, da möchte ich sterben. Dann ist mir der Tod einerlei.

Die Dichter sitzen auf dem Olymp. Aber sie sind zu klein, und ihre Füße berühren die Erde nicht.

Ich bräuchte einen kleinen tragbaren Tisch, um in der freien Natur zu arbeiten wie ein Maler.

Homer lebte in der Tragik. Das entsprach seiner Natur. Unsere Tragik heute kann nur noch Verstellung sein.

22. Dezember

Andromache. Andromache verachtet Pyrrhus, der wieder Hermione verachtet, die ihrerseits Orest verachtet. Die Menschheit in ihrer Vollkommenheit: Was für eine reiche Gefühlspalette. Der Dichter braucht nur noch mit Geist und Genie daranzugehen.

An meinen an den Knien abgewetzten Hosen sieht man, daß ich jeden Abend unter mein Bett schaue.

Der wahre Ruhm könnte uns nur von unseren Jugendfreunden zuteil werden. Er kommt also niemals.

1902

3. Januar

Der Arbeiter und der Bauer besuchen einen Vortrag in der Absicht, sich zu zerstreuen oder zu bilden: erst dann werden sie urteilen. Der Bürger kommt einzig und allein, um zu urteilen. Er sträubt sich oder er hält sich zurück.

Wie schön erschiene mir doch dieses Leben, könnte ich, statt es zu leben, mir nur anschauen, wie es lebt.

4. Januar

Es ist gleichgültig, ob uns dieses oder irgendein anderes Leid befällt; das Wesentliche ist und bleibt, daß wir sterblich sind.

14. Januar

Niemals erkundige ich mich nach den Abwesenden; ich wähne sie tot.

Eine flachbrüstige Frau, dafür aber Hüften: eine Figur wie eine Violine.

20. Januar

Wenn jemand sagt: »Ich bin glücklich«, so meint er damit ganz einfach: »Ich habe zwar Ärger, aber der läßt mich kalt.«

Man fängt mit dem Journalismus an: Doch sollte man lieber damit abschließen und den Lesern nur die schönsten Früchte einer langen Erfahrung darbieten, die nicht allzu schnell gewachsen ist.

Krankheiten: die Anproben des Todes.

24. Januar

Die Vernunft: die Ordnung in den ausgewählten Gedanken.

Mein Gott, laß mich nicht zu rasch sterben! Ich hätte nichts dagegen, mitansehen zu können, wie ich sterbe.

1. Februar

Das Theater ist der Ort, wo ich mich am meisten langweile, wo ich mich aber auch am liebsten langweile. Guitry kriegt mich dann nie aus der Loge heraus.

2. Februar

Versuchen wir, nachsichtig zu sein gegenüber der Geschicklichkeit anderer, und erwecken wir nicht den Anschein, als prahlten wir mit unserer Ungeschicklichkeit.

Bitterkeit, das ist sehr literarisch, doch ist es wohl nur die Galle der Begabten.

Ich bin leicht berauscht: Mein Kopf ist wie eine Baumkrone, die im Winde schwankt.

Bescheidenheit kann eine Art von Hochmut sein, der sich über die geheime Hintertreppe einschleicht.

Ich gehe nicht auf Gesellschaften, weil ich Angst habe, nicht genügend Komplimente zu erhalten.

Unabhängig wie ein Anarchist und gut wie ein Heiliger.

Der Plan ist der Entwurf der Zukunft. Manchmal braucht die Zukunft Hunderte von Entwürfen.

3. Februar

Romeo und Baucis.

5. Februar

Ich verabscheue den Kritiker, der Sklave seines unabhängigen Geistes ist und sich verpflichtet glaubt, nachdem er das Lob des ersten Buches gesungen hat, das zweite zu verreißen, und der sich für seine Freunde die besten Unverschämtheiten aufbewahrt.

Ich werde nicht böse, sondern parteiisch sein. Ich werde nur nach meinem Geschmack urteilen, der wohl der fehlbarste ist weit und breit. Keine Theorie, kein System. Gut ist das Buch, das mir gefällt. Stellt euch darauf ein!

Allerdings erkläre ich, daß ich einen moralischen Standpunkt habe: die Reinheit der Seele, und einen literarischen Standpunkt: die Reinheit des Stils.

Ich habe auch noch einen sozialen Standpunkt, doch den betone ich nicht allzu sehr. Ich werde mit besonderer Freude Bücher besprechen, die auch für das Volk verständlich sind. Es liest sehr gern, mehr als wir denken ...

Ich werde lesen, nicht um Kritiken zu schreiben, sondern aus reiner Freude am Lesen. Wenn ich es schaffe, mir klarzumachen, daß vier Zeilen von mir den Verkauf von hundert Exemplaren eines Buches bewerkstelligen, werde ich zwanzig Zeilen schreiben, ohne zu erlahmen.

Ich werde häufig zitieren. Ich werde feststellen: »Das ist gut« oder: »Das ist schlecht«, ohne besonders zu erklären warum, zum einen, weil das nur unnötig in die Länge zieht, und zum andern, weil ich es meistens selbst nicht weiß.

Vertrauen zu haben ist unerläßlich.

11. Februar

Die untröstliche Quelle.

Ich weiß, daß die Literatur ihren Mann nicht ernährt. Zum Glück habe ich keinen großen Hunger.

Ich verabscheue den Reim, vor allem in der Prosa.

Ein schöner Vers hat zwölf Füße und zwei Flügel.

Ich bin neidisch auf den Ruhm, nicht bekannt zu sein.

12. Februar

Der Sarg: eine tödliche Badewanne, der man nicht wieder entsteigt.

Ich schreibe für den *Figaro*; doch diese kleinen Prosagedichte sind allzu winzige Quellen: um sie im Gestrüpp der Zeitung zu suchen und zu finden, muß man schon sehr durstig sein!

Eine jener Frauen, die stets im ersten Rang glänzen und sich mit Autoren umgeben. Sie laden zum Diner ein. Keiner sagt zu? Rasch trösten sie sich: eine Absage ist immerhin ein Autogramm.

15. Februar

Es ist nicht möglich, die Wahrheit zu sagen, wohl aber kann man durchsichtige Lügen äußern; nun ist es an den anderen, sie zu durchschauen.

18. Februar

Ich bestelle den Garten meiner Seele.

Die Feldblume hat ein goldenes Herz.

19. Februar

Der Mensch würde sich beklagen, wenn er nichts hätte, worüber er sich beklagen könnte.

20. Februar

Ein kleiner Savoyarde kommt in einen Fleischerladen und hat eine kleine Geige unterm Arm, die etwa zehn Sous wert sein mag. Er kauft etwas Wurst, doch als er gerade bezahlen will, sagt er, daß er kein Geld bei sich habe und welches holen wolle, sofern sie nur seine Geige als Pfand zurückbehielten: Eine Geige, was für ein Instrument auch immer, ist doch stets gut ihre zwei Sous Wurstwaren wert. Einverstanden. Kurz darauf betritt ein eleganter Herr den Laden, kauft ebenfalls eine Kleinigkeit, entdeckt die Geige und schaut sie sich genauer an. »Das ist ja eine Stradivari!« ruft er aus. »Dafür gebe ich Ihnen 5000 Francs!« Großes Erstaunen des Fleischers, der sagt, wo die Geige herkommt. »Gut«, sagt der Herr. »Der Kleine wird ja wieder auftauchen. Kaufen Sie ihm die Geige ab. Ich komme wieder und übernehme sie zum vereinbarten Preis!« Der Kleine kommt wieder. Der Fleischer gibt ihm fünfhundert Francs, für die er 5000 Francs zu erhalten hofft, doch der elegante Herr läßt sich nie mehr blicken.

23. Februar

»Baudelaire hat gesagt: ›Allein durch die Tugend gelangt man zu Reichtum‹«, sage ich zu Capus.
»Dann wirst du immer arm bleiben«, antwortet er mir.
»Du dagegen bist aber gleichwohl reich.«

Im Park Monceau werden die Tauben mit Brot gefüttert. Schwerfällig kommen sie angelaufen, während der Spatz mit seinem kurzen Flügelschlag und raschem Picken ihnen die besten Bissen wegschnappt.

Im Theater. Leere Sitzplätze, lauter gezogene Zähne.

Solange die Denker mir nicht erklären können, was Leben und Tod ist, kümmern mich auch ihre Gedanken nicht.

25. Februar

Geizig, aber äußerst höflich. Wenn ein Bettler seine Mütze zieht, um sie ihm hinzuhalten, verneigt er sich tief.

Nach der triumphalen Aufführung von *Les Burgraves* (Victor Hugo) geht Tristan an der Büste Corneilles vorbei und sagt zu ihm:

»Mach dir nichts draus!«

Und wahrlich, keiner dieser Alten läßt sich mit dem alten Horaz (von Corneille) vergleichen, der immer nur das sagt, was er sagen muß.

28. Februar

Weine! Aber laß nicht eine einzige deiner Tränen auf die Spitze deiner Feder fallen und sich dort mit deiner Tinte vermischen.

Der Vorhang der Erinnerung läßt sich nur zurückziehen, wenn auch er es will.

3. März

Und heute abend würde ich fast meinen, die Menschen hätten weniger Leben in sich als die Tiere und die Tiere weniger als die Steine von Notre-Dame. Jetzt bin ich achtunddreißig Jahre alt und habe bis heute gewartet! – Ich schaue Notre-Dame an und es bricht mir das Herz ...

Notre-Dame. Zum ersten Mal in meinem Leben schaue ich mir diesen Haufen Steine an. Vor lauter Ergriffenheit ist mir ganz beklommen zumute. Der Vogel dort drüben im Botanischen Garten lebte, und das war seltsam genug. Dieser Stein hier lebt und das ist verwirrend. Oh! Die Würde, die Heiterkeit dieses Heiligen, dessen zwei Finger gen Himmel weisen. Und diese hübsche Heilige! Und wie Saint-Denis seinen Kopf hält, und nicht den eines anderen!

Würden wir dem kleinen Trott unserer Empfindsamkeiten seinen Lauf lassen, das Leben hätte keine Lücken.

In dem Fiaker, der uns zurückfährt, sprechen wir nicht: Ach! Capus, was ist schon das Hübsche neben der Schönheit.

Und ich wußte noch nicht einmal, wo die Conciergerie ist! Ich habe nur mit meinen Büchern gelebt.

Die Knospe wird bald ihre Flügel öffnen.

18. März

Die unerforschten, stets brachliegenden Gefilde der besten Freundschaften.

In der Freundschaft knacke ich nur gar zu gern neue Nüsse.

28. März

Das Veilchen bescheiden? So sehr nun auch wieder nicht! Es ist die erste Blume, die da blüht, als ob es den Vergleich zu fürchten hätte.

15. April

Schnelle Träume, die wie Tauben am Fenster vorüberfliegen.

Der Vogel im Käfig weiß nicht, daß er nicht fliegen kann.

Stil. Wenn »Amethyst« kommt, ist »Topas« nicht mehr weit.

Musik. Dem Singsang eines kleinen Teekessels verdanke ich meine süßesten Träume.

Liebe und Freundschaft, das ist wie Nacht und Tag.

Ach! Womöglich habe ich alle Stunden, in denen ich genial war, verstreichen lassen.

Die Sonne, die herabsteigt, den Toten zu leuchten.

Im März schlüpft die Ringelnatter aus ihrem Loch; von dieser Anstrengung ganz erschöpft, schläft sie in der Sonne ein, glänzend, ganz neu.
Das Armband einer Toten.

Die kleine Magd am Fenster gegenüber näht zwischen ihren Mahlzeiten und schaut jeden Augenblick auf die

Straße hinaus. Genau wie sie nähe auch ich Briefe auf weißem Papier mit schwarzem Faden und sehe, genau wie sie, nur gar zu gern hinaus, was auf der Straße los ist, doch vergeude ich dabei viel mehr Zeit als sie.

Der Strauch möchte schon groß genug sein, um auch ein Nest aufzunehmen.

18. April

Im Jardin d'Acclimatation; Wie stolz wären wir wohl, im Leben dieses Löwen etwas zu bedeuten, wenn er sich doch herabließe, uns die Gunst seiner Vertrautheit, seiner Sympathie zu gewähren!

21. April

Unsere Gärten in Paris: eine Tanne in einem Käfig.

Ich nehme nur meine eigenen Scherze gut auf.

25. April

Frühling. Zum Frühstück werden wir wohl zuerst ein paar Veilchen verspeisen und zum Schluß eine Schale Apfelblüten zu uns nehmen.

26. April

Ich bringe mein Leben damit zu, mir undeutliche Fragezeichen zu setzen, doch ich lege keinen Wert auf die Antworten.

30. April

Das Kängeruh, ein Riesenfloh.

Ein Vater lebt zwei Leben, sein eigenes und das seines Sohnes.

Heuchler. Sie bauen auf das Entgegenkommen ihrer Freunde und schonen allein die Bosheit ihrer Feinde.

1. Mai

Ich leide darunter, wenn ich eine schöne Stimme dumme Worte singen höre.

Ruhm. Eine Bezeichnung, die aus Zement, Mörtel und viel Gespött besteht.

Die Tränen mindern die Schönheit des Schmerzes.

2. Mai

Das Elend – und das eben täuscht – läßt den Elenden aussehen wie einen Betrunkenen.

Alle diese Eintragungen zusammenstellen unter den beiden Rubriken »Das Gute« und »Das Schlechte«.

Es gibt einen Zustand von Faulheit, in dem selbst der Geist von seinen Zinsen zu leben scheint.

Die Wahrheit ist nicht immer Kunst. Die Kunst ist nicht immer Wahrheit, doch die Wahrheit und die Kunst haben Berührungspunkte, und die suche ich.

9. Mai

Bei Jean Charcot... Er kann nicht verstehen, daß man aus Vergnügen tötet, weder einen Skorpion noch eine Mücke. Er würde auch nie eine Blume abpflücken, doch im Interesse der Wissenschaft tötet er so rasch es nur geht, weil er den Menschen für ein höheres Wesen hält als das Tier.

11. Mai

Ich bin ein Baum, der nicht in jedem Jahr Früchte trägt. Im Frühjahr hatte ich einige Blüten angesetzt: Sie sind im rauhen April erfroren.

»Heute morgen habe ich ein oder zwei Seiten Flaubert gelesen«, sagt Capus. »So gut schrieb er nun auch wieder nicht.«

»Ich weiß«, antworte ich. »Bei Flaubert ist nichts natürlich und angeboren. Ihm ist das Schreiben nicht gegeben wie Voltaire, Renan, Mme de Sévigné. Sein Stil ist stets ein wenig geplant, gesucht. Er findet ihn im Augenblick selbst, manchmal verfehlt er ihn. Sein Stil ist Malerei: ab und zu schmiert er.«

23. Mai

Mond. Am hellichten Tag sieht er aus wie ein Fingerzeichen auf Konzeptpapier, auf Himmelblau.

Gehirn. Der Mensch hat seine Wurzeln im Kopf.

24. Mai

Der Tod, er wäre Traum, wenn man ab und an ein Auge öffnen könnte.

Der Sperber sucht die Eier von Rebhühnern. Von meinem Fenster aus beobachte ich einen, der über dem Feld reglos schwebt und in der Luft stehend mit den Flügeln zuckt wie ein Augenlid, das eine Mücke getroffen hat. Und trotz des Windes weicht er nicht einen Flügelschlag von der Stelle.

Das Leben ist kurz genug, und trotzdem langweilt man sich.

26. Mai

Der beste Trumpf der bösartigen Dummheit der einen ist immer noch die großzügige Klugheit der anderen.

30. Mai

Paul Adam schreibt jeden Tag von 7 Uhr morgens bis 1 Uhr seine zweihundert oder dreihundert Zeilen, »um seinen Hausstand bezahlen« zu können. Wie groß wäre die Überlegenheit eines Menschen, der sich solcher Mühe unterzöge, um arm zu bleiben.

Kranksein gewöhnt uns ans Sterben. Gebt mir eine handfeste Migräne, und ich töte mich.

1. Juni

Es gibt Leute, die viel ruhiger leben, nun sie sich gerade ihren Platz auf dem Friedhof gekauft haben. Von jetzt an scheinen sie zu wissen, woran sie am Tag nach ihrem Tode sind.

Der Wille ist nicht weit weg: Wir fühlen ihn schon hinter der Tür. Unmöglich, ihn zum Eintreten zu bewegen.

Meine Faulheit ist fast ebenso sehenswert wie meine Arbeit.

9. Juni

Ich will nur die Bücher lesen, die mir gehören: z. B. das Buch des Lebens.

10. Juni

Man mag noch so wenig Bücher schreiben: Die Leute bestehen darauf, sie nicht alle zu kennen.

11. Juni

Die Freidenker, die sich bekehren lassen, kommen mir vor wie jene keuschen Männer, die das Weib verachten, bis sie der ersten besten Hure auf den Leim gehen.

12. Juni

Ein Buch, dem es auf seinem Bücherbrett plötzlich schlecht wird und das herunterfällt.

13. Juni

Nacht. Tausendmal aus dem Schlaf aufgeschreckt, einmal so heftig, daß ich aus dem Bett gesprungen bin, die Stirn schweißgebadet und die Füße weit weg unter einem Berg von Schnee, und dann Alpträume, in denen man, wie es gerade kommt, sämtliche Träume seines Lebens noch einmal träumt.

14. Juni

Oper. *Walküre*, langweilig, wertlos, törichtes bengalisches Feuerwerk...

Was soll ich von einem Werk halten, das einen sensiblen Mann von achtunddreißig Jahren kalt läßt? Es lohnt sich wahrlich nicht, sein Leben lang nach klaren Ausdrücken zu suchen, um Gefühle wiederzugeben, die der Wahrheit nahekommen und sie mit genau treffenden Worten zu belegen, wenn solcher poetische Plunder als schön durchgeht. Was schön ist, ja lächerlich schön, das ist allein die Oper selbst. Sie ist öffentlich, amtlich; im Grunde ist sie ein großes Café, in dem sich die Dekolletés und die Diamanten ein Stelldichein geben und Taube so tun, als könnten sie hören...

Da ich nicht alles habe: Schönheit, Kraft, Genie, Reichtum, will ich lieber gar nichts haben.

16. Juni

Lebenslängliche Treue, das ist gar nichts; aber sterben, vor Gott treten, ohne seine Frau betrogen zu haben, welche Demütigung!

Indiskret? Nein, aber nicht diskret.

Wir sagen heute nicht mehr »meine Leier«. Wir sagen »Ich«.

Ich habe immer nur einen Menschen auf einmal lieben können.

20. Juni

Der Traum bringt weder etwas hervor noch wärmt er. Er ist irgendwie tot und entweicht, ohne Freiheit, in den Weltenraum wie der Mond.

Sobald man merkt, daß das Leben begrenzt ist, verliert man keine Zeit mehr damit, nach einer Moral zu suchen: Man muß einfach nur leben... moralisch.

23. Juni

Eine Rose, der es zu warm wird, legt ihre Blütenblätter ab, eines nach dem anderen.

Der Tod »erprobt« uns häufig.

Um sehen zu können, müssen wir erst einmal das ganze altmodische Zeug beseitigen, das wir in den Augen sitzen haben.

Für mein kleines Dorf bewahre ich alles auf, was ich nicht schon dem großen Paris gegeben habe.

Mit meiner Laterne habe ich einen Menschen gefunden: Mich. Ich betrachte ihn.

24. Juni

Fantec will nicht heiraten aus lauter Angst, er bekommt eine Frau wie Madame Bovary.

Wenn ich an alle Bücher denke, die ich noch lesen muß, bin ich ganz sicher, noch glücklich zu sein.

25. Juni

Der Schriftsteller muß sich seine eigene Sprache schaffen und darf sich nicht der des Nachbarn bedienen. Man sollte zusehen können, wie sie wächst.

28. Juni

Es gibt verhaßte Leute, die wir gar nicht sehen wollen, und verhaßte Leute, bei denen wir es uns nicht verkneifen können, sie zu treffen, und das sind unsere Haßgewohnheiten.

30. Juni

Träume. Und ich träume immer noch, daß ich in die Schule gehe, daß ich meine Hausaufgaben nicht kann, daß ich abhaue, sobald ich eine Lektion aufsagen soll und der

Lehrer – eine Mischung aus allen Lehrern, die ich gehabt und auch nicht gehabt habe – in mein Mitteilungsheft schreibt, daß ich nachlässig werde. Und in diesem kindischen Traum weiß ich, daß ich ganze achtunddreißig Jahre alt bin, und das verdoppelt meine Verwirrung.

Der Tod, dieser Sandverkäufer für alle Augen. Er hat mehr Sand zu verkaufen als das Meer.

10. Juli

Schlechte Laune nicht für guten Geschmack halten.

Jedesmal, wenn man sich photographieren läßt, glaubt man, ein Gott werde geboren.

Bäume, die so niedrig sind, daß die Blätter ihren Schatten am Boden streicheln können.

Honfleur. Diese kleinen Städte sind bezaubernd. Für vier Sous gibt es Fenster, von wo aus man auf das Meer, die Seinemündung und Le Havre schaut, wohl eins der schönsten Panoramen der Welt.

12. Juli

Eine Frau wollte gerade lügen, wie gewöhnlich; doch sie hat es sich verkniffen, denn sie ist in Trauer.

18. Juli

Die Schöpfung der Welt geht weiter.

21. Juli

Ich kenne meine Faulheit nur zu gut. Ich könnte eine Abhandlung darüber schreiben, wenn das nicht eine so lange Arbeit wäre.

Die Träumerei ist nur ein Gedanke, der an nichts denkt.

23. Juli

Die Gans. Bei jedem ihrer Schritte hinterläßt sie auf dem feuchten Boden das Abbild eines Blattes.

Der Pelikan, der seinen Schnabel in seiner Schürze trägt.

Der Strauß, gleich weit entfernt von seinem Schnabel und seinen Füßen.

24. Juli

Im Bois. Fiaker mit Leuten, die an nichts anderes denken. Der Mond ist ein vortrefflicher Poet, und unsere Empfindsamkeit müßte, tödlich verwundet, Trauer anlegen, würde der Mond erlöschen. Das Niveau der Poesie würde absinken.

Das Automobil beleidigt eine Mondlandschaft.

Man träumt und schaut versonnen auf den Rücken des Kutschers. Was für einen merkwürdigen Beruf übt dieser Mann doch aus!

Der Mondschein ist so schön, so mild, daß wir Nachsicht üben für die Düfte, die vom Pferd aufsteigen. Niemand scheint sie zu bemerken. Eine Frage von Takt.

2. August

»Hahnrei«. Seltsam, daß dieses kleine Wort keine weibliche Form hat.

9. August

Niemand ist für Gewissensfreiheit außer den Gleichgültigen.

11. August

Faulheit. Manchmal kommt sie mir vor wie ein Todeszeichen. Es kann nicht angehen, daß dieser Zustand von Dauer ist, und ich werde bald sterben.

Eine Seite muß gearbeitet sein wie ein Netz, und jedes Wort sollte etwas zusammenhalten wie eine Masche.

Man kann sich ändern und doch töricht bleiben.

12. August

Ich bin so gut, daß ich niemals die Katze störe, die dort schläft, wo ich schreiben will: Ich gehe eben einen kleinen Spaziergang machen.

Schreiben, das heißt doch meistens lügen.

16. August

Der Geschäftsmann. Er hat Angst, sein Vermögen zu verlieren. Er weiß nicht, wie hoch er es ansetzen soll. Er befürchtet, in den Augen seines Nachbarn zur Rechten nicht reich genug zu sein, doch allzu reich in den Augen seines Nachbarn zur Linken.

Auch er möchte in Geschäften ein Ideal sehen, und er behauptet, dieses Ideal bestehe darin, einen anderen Geschäftsmann nicht reinzulegen.

Er hat Angst, sein Pferd und seinen Wagen zu verlieren, und doch ist es ihm peinlich, damit durch ein Arbeiterviertel zu fahren.

Er sagt: »Ich möchte gern besser sein als ich bin. Ich kann aber nicht. Das liegt mir nicht.«

23. August

Halbschlaf: Man schläft wach.

Der Mond herzergreifend. Ach! Wenn doch vom Mond etwas Musik bis zu uns herunterdränge.

25. August

Ich kenne genau den Punkt, wo die Literatur den Boden unter den Füßen verliert und mit dem Leben nicht mehr verbunden ist.

27. August

Kurzsichtig, meinen Sie? Aber wenn ich in mich hineinschaue, sehe ich zunächst einmal mich selbst und am Rand dann die Familie, und sieh mal einer an, etwas weiter weg steht der Nachbar, dann die Gesellschaft und die Menschen. Weiter entfernt ist der Horizont, da ist Gott, und ich habe mich gar nicht von der Stelle bewegt.

28. August

Der gekrümmte Blick, damit das Detail daran hängen bleibt.

Die Prosa ist die Sprache des Glücks. Seit wir verheiratet sind, Liebste, habe ich nicht einen einzigen Vers geschrieben, leider!

29. August

Es ist nicht der geringste Charme der Wahrheit, daß sie Anstoß erregt.

2. September

Ich schaue mir die Sterne an. Um ihre Namen zu erfahren, zünde ich ein Streichholz an und sehe in dem astronomischen Kalender nach. Doch kaum ist das Streichholz verlöscht, sind meine Augen geblendet, und ich finde am Himmel den Stern nicht wieder, dessen Name ich mir gerade eingeprägt habe.

3. September

Die Wahrheit an sich ist unbedeutend und nicht sehr weitreichend. Sie verströmt einen Duft, den nur gute Nasen wahrnehmen.

Aus ihr schafft die Kunst etwas Wunderbares, doch das ist bereits falsch. Wir schnuppern: es ist nicht mehr dasselbe.

Sobald eine Wahrheit aus mehr als fünf Zeilen besteht, nähert sie sich schon dem Roman.

Ein schöner Roman, das ist etwas Schönes. Bestimmt nicht zu verachten, doch erst die Wahrheit verleiht vollkommenes Entzücken.

4. September

Nach dem Töten eines Tieres oder eines Menschen ist das grausamste Vergnügen eines Bauern zweifellos das Fällen von Bäumen.

6. September

Nach dem Gewitter eine tiefschwarze Nacht wie aus sämtlichen verloschenen Blitzen geboren.

12. September

Die Natur erwacht ganz frisch, doch der Mensch hat nach dem Schlaf einen bitteren Geschmack im Mund.

21. September

Ein Briefträger, der uns die Briefe zur Auswahl anbieten würde.

Selbst barhäuptig zieht er noch seine Mütze zum Gruß.

Der Mond, ein Diamant in einem Wattebett.

26. September

In zehn Jahren wird auch Chitry seine Aristokratie haben: die der pensionierten Kammerdiener.

27. September

Die Worte dürfen nur die streng maßgeschneiderte Gewandung des Gedankens sein.

7. Oktober

Nach Paris zurückgekehrt. Dort sage ich zu Capus:
»Ach wahrlich! Meine Sätze sind schwieriger als deine.«
»Ja«, antwortet er mir. »Wenn man ein einziges Wort aus deinem Satz herausnimmt, fällt er in sich zusammen. In meinem Satz kann man alles weglassen. Er bleibt stehen!«

17. Oktober

Das ist eine Frage der Sauberkeit: Man soll die Meinung wechseln wie das Hemd.

Eine Spinne hat ihr Netz zwischen zwei Telegrafendrähten gespannt, um besser zu hören, was gesagt wird.

Im Zimmer spricht ein dicker Brummer ganz allein mit sich selbst.

5. November

Gibt es etwas Köstlicheres als die Ironie eines ehrbaren Menschen?

14. November

Es gibt Augenblicke, in denen die engste Freundschaft an einem Haar hängt. Da denkt man bei sich: »Und wenn ich jetzt wegginge? Würden wir uns küssen oder beißen?« Alles kommt dann auf ein Lächeln an, den Ton, den man im ersten Satz anschlägt, auf eine Geste.

27. November

Dramatik. Manch einer vergißt allzu leicht, daß sie trotz allem auch zum Handwerk des Schriftstellers gehört.

28. November

Vallotton, von der Marine besessen wie ein Schweizer Admiral.

3. Dezember

Patriotismus ist ein Gefühl, das teuer zu stehen kommen kann, doch ich bevorzuge einen tapferen Soldaten, der den Krieg haßt.

17. Dezember

Maeterlinck. Ein großer Künstler, dem es nichts ausmacht, seinen Leser zu langweilen, und der sich durch so etwas auch nicht gleich aufhalten läßt.

22. Dezember

Jaurès. Sieht ein bißchen aus wie ein liebenswürdiger Bär. Kurzer Hals, gerade lang genug für die Krawatte eines

Gymnasiasten aus der Provinz. Zwei lebhafte Augen. Viele Familienväter von fünfundvierzig Jahren gleichen ihm...

Gezierte Schlichtheit, die Schlichtheit des Bürgers, der seinen Vortrag richtig anfängt, mit »Bürger und Bürgerinnen«, sich im Feuer seiner Rede aber dazu hinreißen läßt, »Meine Herren« zu sagen.

Kurze Bewegungen – Jaurès hat keine langen Arme –, die aber sehr nützlich sind. Der häufig ausgestreckte Finger zeigt auf das Ideal. Die Fäuste voller Ideen prallen hart aneinander, mit dem ganzen Arm schiebt er Dinge beiseite oder ahmt die Bewegung eines Besens nach. Manchmal geht Jaurès auf und ab, steckt eine Hand in die Hosentasche, zieht ein Taschentuch heraus und trocknet sich die Lippen...

Der Anfang ist stockend, lange Pausen zwischen den Worten. Man hat Angst: Ist das alles? Plötzlich kommt eine hohe quellende Schallwelle herangerollt, die bedrohlich wirkt, ehe sie sanft in sich zusammenfällt. Es mögen zehn Wellen dieses Umfangs sein. Das ist das Schönste. Es ist wirklich sehr schön.

Es ist keine Tirade wie eine Strophe aus fünf oder sechs Versen, von einem großen Schauspieler gesprochen. Der Unterschied ist der, daß man nicht sicher ist, ob Jaurès seine Verse kann, und daß man Angst hat, der letzte könne womöglich gar nicht kommen. Mit dem »in der Luft schwebenden« Wort reißt er alle mit – bis hin zur Furcht vor dem Sturz, in dem Jaurès... uns mitreißen würde.

Er zitiert den großen Bossuet. Ich befürchte, er wird immer eine Gelegenheit finden, welches sein Thema auch sein mag, diesen großen Namen anzuführen.

Was er sagt, interessiert mich nicht immer. Er sagt schöne Dinge, aber vielleicht kenne ich sie schon oder bin nicht volksnah genug, doch plötzlich eine Formulierung wie diese:

»Wenn wir unsere Lehre darlegen, wird uns zwar entgegengehalten, sie sei nicht tauglich, aber es heißt nicht mehr, sie sei nicht gerecht.«

Oder aber:

»Der Proletarier wird nie den Menschen vergessen, denn der Proletarier trägt ihn in sich selbst. Er besitzt nichts außer seiner Eigenschaft als Mensch. Mit ihm und in ihm wird der Mensch als Mensch triumphieren.«

Eine Stimme, die bis in die letzten Ohren dringt, doch immer angenehm bleibt, eine klare, sehr weittragende, etwas scharfe Stimme: kein Donner, eher Feuersalven ...

Sehr wenige seiner Sätze könnten so niedergeschrieben werden, wie sie sind, doch wenn das Auge ein Spiegel ist, dann ist das Ohr ein wahrer Trichter.

Eine großartige unbestreitbare Idee durchdringt ihn, ist sozusagen das Rückgrat seiner Reden. Beispiel: Der Fortschritt der Gerechtigkeit in der Menschheit ist nicht das Ergebnis blind waltender Kräfte, sondern einer bewußten Anstrengung, einer immer höheren Idee bis hin zu einem ständig erhabener werdenden Ideal ...

Bevor wir Gutes tun, müssen wir alles hassen oder alles bewundern.

26. Dezember

Mein Hirn braucht zwei Stunden Träumerei, damit es mir eine Viertelstunde Arbeit gönnt.

28. Dezember

Ein Stück ist beendet, wenn es uns nicht mehr interessiert. Aus diesem Grunde endet ein Stück häufig, ehe es überhaupt begonnen hat.

31. Dezember

Das Jahr, eine von der Zeit abgeschnittene Scheibe, und doch bleibt die Zeit ungeteilt.

1903

3. Januar

Jemand hält viel vom Talent anderer, nur um sagen zu können: »Ich bin enttäuscht worden.«

10. Januar

Deine Tränen glänzen auf deinen Wangen wie Regentropfen an einem Vogel.

13. Januar

Literaturkritik: nur Neuauflagen besprechen.

15. Januar

Ich kann keine schöne Frau ansehen, ohne mich bis über beide Ohren in sie zu verlieben. Das trifft mich wie ein Blitzschlag, und es dauert auch so lange wie ein Blitzschlag: eben nur einen Blitz lang.

Trauer. Das Fehlen von Schmerz verwirrt mich.

17. Januar

Der Schreibkrampf des faulen Schriftstellers.

Realismus, Idealismus, lauter Nebelschwaden, durch die hindurch der blinde Mensch nach Wahrheit sucht.

19. Januar

In meiner Kirche gibt es kein Gewölbe zwischen mir und dem Himmel.

20. Januar

Lamartine ist ein großer Dichter, der vielleicht keine zwanzig vollendeten Verse geschrieben hat.

25. Januar

Nach seinen Erfolgen heißt es, er habe Talent; nach seinen Mißerfolgen, er sei vortrefflich.

26. Januar

Wiese, Niederung, Aue, was für schöne Worte!

Zwar dürfen die jungen Mädchen nicht alles lesen, doch können sie den Nachmittag im Zoologischen Garten verbringen und die Affen beobachten.

1. Februar

Es gibt Leute, die sind so langweilig, daß man mit ihnen in fünf Minuten einen ganzen Tag verliert.

Herzensgüte führt nie zu Dummheit.

4. Februar

Mit dem Talent verhält es sich wie mit dem Reichtum: Ich bin ebenso reich wie Sie, ich brauche nur weniger auszugeben.

2. März

Der Bauer, mit dem man zur Schule gegangen ist und für den man »der alte Jules« ist und bleibt.

Diese Frau zeigt ihre Brüste und glaubt, sie verschenke ihr Herz.

Wenn wir uns freuen, noch so jung zu sein, und feststellen, daß es uns gut geht, dann hat das Altern schon begonnen.

3. März

Wind. Der Rauch hebt seinen Rock und fliegt auf und davon gen Himmel.

Léon Blum, äußerst intelligent, aber kein Fünkchen Witz. Das ist sehr angenehm für viele, die sich, wie ich, für geistreich halten, aber an ihrer Intelligenz zweifeln.

4. März

Ein von Blitzen durchzuckter Stil.

Ein- oder zweimal im Jahr bei einem reichen Freund gut essen, sich ein- oder zweimal in der Tiefe seines großen Wagens spazierenfahren lassen, seine Bilder, seinen Luxus anschauen – was braucht ein redlicher Mensch mehr, um sich reich zu fühlen.

6. März

Die Ironie ist ein Element des Glücks.

21. März

Spaziergang mit Alfred Natanson im Zoologischen Garten.

Die Bäume in ihrer Umzäunung, Gitter rundum. Sie müssen sich die Füße abtreten, bevor sie wieder herein dürfen.

Der Ameisenbär mit seinen Puffärmeln und seinem großen Schwanz. Er gibt sich selbst das Geleit. Wenn man ihn sich anschaut, versteht man sofort die Behauptung, die Funktion schaffe das Organ.

Der Kondor beim Gebet.

Die Affen stoßen sich mit den Ellenbogen an, wenn unsere häßlichen Gestalten vorübergehen.

27. März

»Die Welt ist schlecht eingerichtet«, sagt Capus, »weil Gott sie ganz allein erschaffen hat. Hätte er zwei oder drei Freunde zu Rat gezogen, einen am zweiten, einen anderen am fünften und noch einen am siebten Tag, dann wäre die Welt vollkommen.«

30. März

Nur die Irrtümer verleihen der Wahrheit ihren Wert.

Napoleon hätte sich auf einem seiner Schlachtfelder eine Kugel durch den Kopf jagen sollen.

Große Freundschaften beginnen stets sehr kühl.

Der Historiker: keine Metaphern! Karteikarten.

1. April

Man spricht viel von den Theaterstücken: Man denkt nicht lange an sie.

Reisender. Ach was! Wer eine Weltreise gemacht hat, kann das Gespräch höchstens um eine Viertelstunde verlängern.

Ein Stück ist nie ganz fugenlos, und wenn es am Abend der Premiere nicht aus den Fugen gerät, dann ist das schon ganz schön.

Im Theater erhält niemand das, was er sich wünscht, weder von den Schauspielern, noch vom Dekorateur oder vom Publikum, auch nicht von sich selbst.

Und das kann in heller Begeisterung enden.

5. April

Unsere Magd. Vor allem durch ihre Dummheit setzt sie sich immer durch. Wieder einmal beweist sie mir, daß angeborene Güte selten sei und allein Intelligenz Güte hervorzubringen vermöchte.

14. April

Der Vogel ist voller Stolz: Man sieht ihm an, daß er über Paris hinweggeflogen ist.

15. April

Der Sohn von Dumas hatte großes Talent, besonders für seine Zeit. Seitdem haben wir uns eine andere Sprache angewöhnt. Vielleicht sollte er alles umschreiben, nicht notwendigerweise mit mehr Talent, aber mit anderen Worten. In zwanzig Jahren fällt womöglich die gleiche Arbeit für die Werke von Capus und Hervieu an.

Theater. Mißtraue den Freunden und den Leuten von der Presse, die von Längen sprechen. Sie haben schon so viele Stücke gesehen, daß sie leichthin sagen: »Los! Nun macht schon!« Das Publikum dagegen würde eher rufen: »Halt! Nicht so schnell! Schließlich haben wir für den ganzen Abend bezahlt, und nun wollt ihr uns anscheinend vor die Türe setzen.«

Handwerk. Was für ein Handwerk? Ein jeder muß das seine erlernen. Ich brauche ein besonderes Handwerk, das meinen angeborenen Fähigkeiten am besten entspricht, die nun einmal nicht die meines Nachbarn sind.

In einer Ihrer Waagschalen haben Sie mich himmelhoch gehoben. Was macht es nun schon, wenn Ihre Waage nicht stimmen sollte?

Wie können sich Kritiker überhaupt ins Gesicht sehen, ohne zu lachen? Doch sie sind so eitel, daß sie sich gar nicht erst anschauen.

Sie sagen zu mir, ich sei naiv: Ich wünschte, ich wäre es.

16. Mai

Zu einem Unbekannten:
»Ich gebe Ihnen die Hand auf gut Glück ...«

Theater. Wenn du willst, daß ich weinen soll, dann flenne nicht.

Bei der Diskussion kommt nichts heraus; doch aus gutem Einvernehmen entspringt oft erleuchtende Einsicht. Sie verleiht den Ansichten, die sich gleichen, Glanz.

Nicht ich bin es, der Geschmack hat; die Wahrheit ist es.

Ein Satz muß so klar sein, daß er auf den ersten Blick Freude macht und man ihn gleichwohl noch einmal liest, eben weil er so viel Freude bereitet hat.

Aus dem Brunnen Eimer voller Wahrheiten schöpfen.

Zwei Augen, die einander nicht sehen können.

Die linke Hand darf nichts von den Ringen wissen, die man der rechten ansteckt.

29. Mai

Wenn wir aufwachen, vertreibt uns die Sonne die blassen Gedanken.

Was für Frauen an diesen ersten heißen Tagen auf der Straße sind! Sie laufen fast nackt herum. Ach! Wären die Männer doch klüger...

Jedesmal wenn auf das Wort »Jules« nicht das Wort »Renard« folgt, bin ich bekümmert.

5. Juli

Chaumot... Juliabend. Der Schein der Venus, die nach der Sonne untergeht, zieht die Fledermäuse an. Sie sind trunken und stürzen jeden Augenblick aus der Luft ab in ein tiefes Loch, doch berühren sie den Boden nie.

Die Hügelkette von Asnan zeichnet sich klar ab im Rosarot des Sonnenuntergangs.

Auf dem Kanal spielt ein Flußschiffer, dessen Boot wegen Arbeitslosigkeit stillgelegt ist, Akkordeon. An der Wasseroberfläche begleiten ihn die Frösche, so gut sie können; seine Frau mag den Hund noch so oft ermahnen: »Still doch!«, der Hund setzt sein Bellen nach besten Kräften fort. Auch eine Kuh brüllt, aber nur einmal. Die Ratten mischen sich ein und pfeifen aus den Mundwinkeln. Doch all diese Musik stört die abendliche Ruhe nicht. In einer leichten Brise wiegen sich die Spitzen der hohen Gräser.

Die Mauer der Mühle erhellt der Widerschein des Mondes.

Mir ist unendlich mild ums Herz.

Bei Cousine Nanette. Auf ihrem kleinen Ofen köcheln immer in einer kleinen Kasserolle Backpflaumen mit Bohnen.

Manchmal sagt der Schriftsteller zu sich selbst, so als tauche er aus einem Traum auf: »Fürwahr! Ich habe nicht einmal einen handfesten Beruf! Ich muß mich doch endlich dazu aufraffen, einen zu ergreifen.«

12. Juli

Es müßten sich doch wohl mehrere zusammentun, auf daß daraus ein Weiser wird.

Gewissenszweifel, eine Krankheit wie die Faulheit.

Nachts spazieren die Bäume zwischen den Rindern einher.

14. Juli

Die Unwissenheit des Bauern setzt sich zusammen aus dem, was er nicht weiß, und dem, was er zu wissen meint...

Sie wissen nicht mehr, woran sie sind. Sie haben wohl ihren Pfarrer verloren, ihren Weisen aber noch nicht gefunden.

Sie fürchten nicht so sehr den Hochmut als vielmehr das Bescheidensein, weil Bescheidenheit in ihren Augen Dummheit ist, und sie wollen nicht für dumm gehalten werden.

Sie glauben an Gott. Sie fühlen, daß ihr Priester nicht gut ist, Gott aber unendlich gütig. Sie freuen sich, weil der Pfarrer Gott bittet, er möge sie alle verderben, aber Gott will nicht...

Sie glauben ein wenig an das Purgatorium wie an eine Art von Wartesaal, wo sie bleiben werden, bis der Zug zum Paradies vorbeikommt...

16. Juli

Der Staub, dieser sichtbare Wind.

Unendlich ist Gott über uns. Weder der Papst noch seine Priester vermögen uns eine Vorstellung von ihm zu vermitteln.

Weil ich Lilien in meinem Garten habe, sagen sie, ich sei Royalist.

Maupassant beobachtet nicht; er ersinnt Wirklichkeit. Die ist dann auch nur so »von ungefähr«.

Das tiefdunkle Grün eines Waldes, wenn eine Wolke darüber hinwegzieht.

18. Juli

Wir kennen uns selbst besser, als es den Anschein hat, und wir hüten uns, anderen Fehler anzulasten, von denen wir genau wissen, daß wir sie selbst haben.

22. Juli

Kommen Sie mir nicht zu nahe, damit ich Sie achten kann.

Das Wasser zittert: Man könnte meinen, ein See aus Silberblättern.

Patina der Zeit auf den Dächern. Die Dachziegel sind nicht mehr zu erkennen, dafür ein Behang aus weißem und gelbem Moos, angenehm sanft für die Augen.

Die Wolken ballen sich zu Haufen am Horizont, wo die untergehende Sonne das Feuer entzündet.

23. Juli

Mit vierzig Jahren muß man sein Fenster nach der anderen Seite hin öffnen: Es ist fast schon zu spät.

24. Juli

In dieser Ameise steckt mehr Intelligenz als Instinkt in so einem armen Kerl.

Die Vernunft der Vernünftigsten ist stets die beste.

25. Juli

Die glücklichen Menschen dürfen keine Optimisten sein. Das wäre eine Beleidigung des Unglücks.

Die Sonne schüttet den Rest ihres Goldes über einem Kornfeld aus.

Eine Wolke mit einem kleinen Stern hintendran wie ein Glühwürmchen.

30. Juli

Der glückliche und optimistische Mensch ist ein Dummkopf.

Wer Gott nicht gesehen hat, hat nichts gesehen.

Ich bin ausgewachsen und reif und rühre mich nicht von der Stelle aus lauter Angst, es könnte mich Angst überkommen.

Der Schlaf des Gerechten! Der Gerechte dürfte nicht schlafen können.

1. August

Hör zu! Hör den Leuten zu! Wir können immer etwas von ihnen lernen, und sei es noch so wenig, von uns aber lernen sie nie etwas.

Wenn sie ihre Wahrheit aus dem Brunnen schöpfen, verschütten die Schwätzer unter ihnen überall Wasser.

Sie achten zu sehr auf den Friedhof, nicht genug auf den Tod.

Der Mond läßt das Meer ein- und ausatmen wie eine Brust.

4. August

Schlechtes, galliges Wetter. Schwere Wolken, grün umrandet.

Kompaß. Die kleine blaue Nadel, die unentwegt den Norden sucht, sollte uns in unserer Ungläubigkeit eine Lehre sein.

17. August

Wenn Ruhen nicht auch ein wenig Arbeit ist, dann ist es schon Langeweile.

18. August

Es schmerzt, einen Bauern zu sehen, der einen anderen verachtet.

19. August

Sie sind hochmütig ohne Würde, aber nicht stolz.

Der Krämerin ist es lästig, eine Rechnung zu quittieren. »Hier, Monsieur, ich zerreiße sie. Das kommt auf dasselbe raus.«

Sie machen aus Gott einen Wahlkämpfer.

Auch so einer, der nie an Gott denkt, aber mit allen Sakramenten versehen sterben wird.

Dulden Sie meine Unduldsamkeit.

Traum. Sie schlagen mir den Kopf ab, und trotz meines flehentlichen Bittens – »meine Adern werden verstopfen«, beschwöre ich sie – zögern sie, ihn mir wieder auf die Schultern zu setzen.

Manchmal sage ich mir: »Bin ich nicht doch ein schlechter Mensch?« Dann brauche ich nur an den *Menschenfeind* zu denken, der gar nicht böse ist.

Es fällt schwer, gut zu sein, wenn man scharfsichtig ist.

In Clamecy hat ein Schmetterling den Zug genommen und ist mit mir gereist.

2. September

Horizont. Was für ein Horizont? Etwas mehr, etwas weniger, Sie können ihn ja doch nie mitnehmen!

Am Ende gibt der Baum Bretter.

5. September

Der redlichste Mensch tut wenig Gutes und viel Böses.

Nur höchst ungern würde ich sagen, ob ich an die Unsterblichkeit der Seele glaube oder nicht; doch kommt es vor, daß ich abends auf der Bank sitze und an meine Verstorbenen denke, als wären sie bei mir.

Eine junge Engländerin aus der Umgebung von London hinterläßt folgenden Brief: »Ich werde mich umbringen. Das Essen für Papa steht auf dem Herd.«

10. September

Es gibt Beerdigungen erster Klasse, so als führen wir mit der Eisenbahn ins Paradies.

14. September

In keinem einzigen Laden von Corbigny findet man eine Nagelfeile oder eine Zahnbürste, auch gibt es nur Schwämme zum Wagenwaschen.

Aus Vernunft vermag der Mensch, der von Natur aus böse ist, gute Taten zu vollbringen.

Die Bigotten. Sonntags schlafen sie mit Gott, und die ganze Woche über betrügen sie ihn.

Es gibt nichts, was auf so niedrige Weise praktisch ist wie die Religion.

Sie sagen, ich sei Atheist, weil ich Gott nicht auf die gleiche Weise suche; oder vielmehr, Sie glauben ihn gefunden zu haben. Ich beglückwünsche Sie dazu. Ich suche ihn immer noch. Ich werde ihn zehn Jahre, zwanzig Jahre lang suchen, wenn er mich so lange leben läßt. Ich fürchte jedoch, daß ich ihn nicht zu finden vermag; ich werde ihn trotzdem suchen, falls es ihn gibt. Vielleicht ist er mir dankbar für meine Mühe. Und vielleicht hat er auch Mitleid mit Ihrem törichten Vertrauen, Ihrem trägen und etwas einfältigen Glauben.

22. September

Gott. Mit mehr oder weniger göttlichen Metaphern versuchen wir uns herauszuwinden.

26. September

Gibt es Weise, die ebenso wie ich die Natur lieben und meinen, das genüge und es sei überflüssig, darüber zu schreiben?

Wir sollten intolerant gegen uns selbst sein!

Schönheit der Literatur. Ich verliere eine Kuh. Ich schreibe über ihren Tod, und das bringt mir so viel ein, daß ich mir eine andere Kuh dafür kaufen kann.

Stil. Eine nasse Adlerfeder.

Über sich selbst trägt man winzige Siege davon, die unsere Niederlagen kaum wieder zurechtrücken.

28. September

Ich sehe Chitry. Chaumot, wo ich hingehöre, sehe ich nicht. Wird dereinst meine Büste auf diesem Stoppelfeld stehen? Mich dünkt, ich werde mit meinen steinernen Augen über diese schön gegliederte Landschaft blicken.

1. Oktober

Mit dem Gewitter, das sich entfernt, geht auch Gott weg.

Die Bauern sind froh: sie werden ins »Weiche« säen können. Dem Wetter ist etwas übel.

Die Bäume, die zunächst reglos, ja ängstlich verharrten, schütteln sich vor lauter Freude über diesen guten erfrischenden Regen.

Gegenüber auf der Mauer entdecke ich bald einen helleren Fleck: die leichte Röte der Sonne, die gleich wieder scheinen wird.

7. Oktober

Eine schwarze Katze am äußersten Ende eines Astes im Mondenschein.

Das ist trotz allem schön, ein schöner Widerschein, und der Vollmond, der nicht gleißend flimmert, löscht mehr als einen Stern aus.

Die Sonne ist untergegangen: der ganze Horizont ist feuerrot. Die Leute dort drüben feiern ein tolles Fest.

Chitry. Sein Kirchturm entstellt es. Auch er nimmt sich inmitten dieser niedrigen schindelgedeckten Häuser wie ein Fremder aus.

Jupiter, ein Diamant, der an einem fernen Gipfel des düsteren Himmels befestigt ist.

Die Gänse mit ihrem Schlangenhals.

Wir sind nicht gut, doch versuchen wir, den Anschein zu erwecken: Das Resultat ist das gleiche.

Und wer schaut wohl der Natur zu, die in diesen Oktobertagen wahre Meisterwerke vollbringt?

Fühlen Sie sich hier wie zu Hause, doch vergessen Sie nicht, hier bin ich zu Hause.

9. Oktober

Das Geheimnis der Welt macht uns bestürzt. Doch welche Bestürzung für die Drossel, die ahnungslos auf ihrem Ast sitzt und plötzlich eine Bleikugel in der Brust hat!

10. Oktober

Eine Waldeule hat die leere Mühle gemietet.

Das Volk wird volkstümlich werden.

Der Morgen, das Erwachen der Farben.

Eine ganz einfache Geschichte des Christentums würde Gläubige in großes Erstaunen versetzen. Jesus Christus hat die Kirche nicht in einem Wurf erschaffen. Nach ihm ist sie allmählich erbaut worden.

Ich habe mich mit dem Briefträger geeinigt: Er garantiert mir täglich einen Brief.

Jedes Jahr einen Fehler mehr; das ist unser Fortschritt.

Er: »Um ein Meisterwerk zu schreiben, müßte ich ein großes Liebesabenteuer erleben.«

Sie: »Na, mein Lieber! Dann schreib mal dein Meisterwerk: Hahnrei bist du schon!«

Mit dem Tod ist das schlecht eingerichtet. Unsere Toten müßten auf unseren Ruf hin von Zeit zu Zeit wiederkommen, um eine Viertelstunde mit uns zu plaudern. Es gibt so vieles, was wir ihnen nicht gesagt haben, als sie noch da waren!

15. Oktober

Ich kenne einen Mann, der nur damit beschäftigt ist, die schönsten Ähren zu sammeln, und er findet so viele, daß er sich sagt: »Meine Garbe will ich später binden.«

Doch dann ist es zu spät: Die Ähren sind unterdessen welk und vergilbt.

Antoine berichtet von seiner Reise im lustigen Ton eines Forschers ...

Er erzählt von einer Stadt, die in fünf Jahren erbaut, dann nicht bewohnt wurde und jetzt leer steht, grandios wie unser Versailles. Dort wächst jetzt Gras.

Die Vorstellung, ein Volk ist reich genug, sich ein Versailles zu leisten, um fünf Jahre später eine Ruinenstadt zu besitzen!

17. Oktober

Und was für Brüste! Ich werde ganze Nächte im Schein dieser Weltkugeln wachen.

21. Oktober

Theater. Alle diese Theaterstücke haben zuletzt eine Welt neben dem wirklichen Leben geschaffen, die sich ihre eigenen Illusionen macht und sich am Ende für echt hält.

2. November

Duell. Austausch der Karten. »Ich bitte um Verzeihung, Monsieur: Ich habe keine einzige Karte mehr, ich werde mir unverzüglich hundert drucken lassen.«

Sie beglückwünschen mich, daß ich nicht zu viel schreibe. Bald werden sie mich beglückwünschen, daß ich überhaupt nichts mehr schreibe.

21. November

Guitry sagt zu mir:
»Kommen Sie, ich will Ihnen etwas Interessantes zeigen.«

Er öffnet die Türe. Vor mir sehe ich den kleinen Little-Tich [berühmter engl. Zwerg, 1868–1928].

Er hat sieben Finger, zwei zusätzliche an der rechten Hand.

Er versucht immer, seine Hände in seinen Taschen zu verbergen, aber es bleibt stets irgendein Finger draußen.

Er hat ein jugendliches und zugleich altes Gesicht, mit Falten und Grübchen wie ein Kind. Man weiß nicht, ob man ihn »Papa« oder »Baby« nennen soll.

Der Mund ist eine ganz kleine Öffnung, die man im letzten Augenblick noch angebracht zu haben scheint, als man feststellte, daß er sonst nicht essen könnte.

Das ernste Auftreten eines Diplomaten aus Lilliput.

Verheiratet mit einer hübschen braunen Spanierin, er hat einen Sohn, völlig normal wie jedermann.

Übrigens mag er das Komische nicht, haßt das Varieté und liest immer nur ernste Bücher.

Man hat Angst, ihm die Hand zu reichen und dabei Finger von ihm zurückzubehalten, doch sein Händedruck ist herzlich und sein »sehr erfreut« ganz klar.

23. November

Es fällt mir leichter, gar nichts auszugeben als nur wenig.

Herbst. Die Rebhühner fliegen umher wie Schwalben.
Ein Hirte liegt im Windschatten an einem Feuer, das nur kräftig schwelt.

Alle Straßen sind weithin einzusehen.

Die Hecken haben nur noch ihre Spitzen und ihre Dornen.

Im Schlamm hat man Mühe, nicht auszurutschen.

Das Wasser friert in den Binsen.

Welcher Ruhm für mich, in den kleinen Lesebüchern der Volksschule zu stehen! . . .

Eine Heuschrecke spielte Geige, ein Laubfrosch den Dudelsack.

Eine vernickelte Seele.

5. Dezember

Man hat schnell heraus, ob ein Dichter begabt ist. Bei Prosaschriftstellern dauert es etwas länger.

Ich hasse die Arbeit. Ich liebe jedoch mein Arbeitszimmer.

Weißes Haar.
»Ach! Das ist Schnee.«
»Ja, aber der schmilzt nicht mehr. Er hält sich.«

Ärzte. Manchmal sollte man ihnen eine Beratung zuteil werden lassen.

Christentum: Irrlehre der jüdischen Religion.

Das ist schön, aber häßlich.

Wetterfarbe – spatzengrau.

20. Dezember

»Weißt du, daß es draußen schneit?« Er antwortete: »In meinem Herzen schneit es mehr als draußen.«

28. Dezember

Volkstheater, was für ein Blödsinn! Nennt es lieber »Aristokraten-Theater«, und das Volk wird hingehen.

29. Dezember

Wahrlich, diese hochangesehenen begabten Männer tun mir leid. Ihr ganzes Leben lang heißt es nur, Stücke und immer mehr Stücke schreiben? Das heißt aber auch, über den Nachbarn triumphieren, mehr einkassieren als der Nachbar, und immer wieder, immer wieder neu anfangen? Wann nur finden sie Zeit, einmal den Horizont anzuschauen?

30. Dezember

Mama, sie hustet die ganze Zeit, nicht weil sie muß, sondern um kundzutun, daß sie da ist.

Sie hat ihren Charme, eine Art von Charme, den ich schlecht ertragen kann.

1904

2. Januar

Mama könnte stundenlang mit einem kleinen Mädchen, einer Katze schwatzen: wenn sie schnurren, genügt ihr das als Antwort.

Der Rauch steigt auf wie eine Tanne, eine federleichte Tanne, eine Tanne aus Aschenstaub.

Sie lügt nicht: sie erfindet. Alles erfindet sie mit beiläufiger Leichtigkeit bis hin zu ihren Träumen.

Man kann nicht gerade behaupten, sie sei diebisch: sie »verlegt« nur die Dinge. Sie eignet sich einen Fingerhut an, von dem sie weiß, daß er gesucht wird. Sie gibt ihn nicht sofort zurück: sie läßt die anderen suchen.

Das sind keine ausgewachsenen Diebstähle: Es sind kleine Elsterndiebstähle.

Die aufgesprungenen Lippen der Röstkastanie.

Mama erzählt, sie habe in Chitry die Schuhwichse eingeführt. Bis dahin hätten die Leute ihre Schuhe mit dem Ruß vom äußeren Boden des Kochtopfes geschwärzt.

11. Januar

Alle Fehler habe ich von meiner Mutter geerbt, aber doch schon unschädlich gemacht.

Ich mag noch so viel tun. Immer wieder fragen mich die Leute: »Was tun Sie eigentlich?«

Mit der Spitze seines Herzens schreiben.

13. Januar

Nora oder Ein Puppenheim. Was für belanglose Dinge werden da tiefsinnig gesagt. Der Freiheitsausbruch Noras verdient höchstens eine ordentliche Tracht Prügel. In diesem Stück gerät alles so leicht durcheinander, daß es sich anderwärts gleich wieder einrenkt. Eine Geschichte von Unaufrichtigen, die mit einer Aussprache endet. Der einzige Mann ist jener Angestellte, der sich seinen kleinen Posten erhalten möchte. Doch das alles, wenn es auch Längen hat, schlecht gemacht und recht willkürlich ist, langweilt gar nicht. Was fehlt, ist der unvermeidliche Ehebruch.

14. Januar

Im Bois. Hier kann der Arme sagen: »Mir gehören 500 Hektar Wald: der Bois de Boulogne.«

Die abgefallenen Blätter klammern sich an das Gitterwerk wie Vögel im Käfig: Sie möchten heraus. Einige rollen auf die Landstraße; sie werden nach Paris kommen.

»Wenn Sie weiterhin so viel Geld verdienen«, sage ich zu Guitry, »sind Sie am Ende Millionär.«

»Sie ahnen ja gar nicht, wie viele Millionen man benötigt, um wirklich einer zu sein«, antwortet er.

Die Übersetzung von »Das ist ein Mann, den ich wirklich liebe«, lautet: »Ich mache mir nichts aus ihm!«

15. Januar

In den sehr engen Freundschaften ist stets doch eine kleine Leere, wie in Eiern.

Die Freude ist niemals besonders angenehm. Man empfindet nichts mehr, so als wäre das ganze Herz nur noch aus Schlagsahne.

18. Januar

Die Dächer hören endlich auf, ihren Regen zu weinen.

Ausdruckslos wie ein Gesicht ohne Augenbrauen.

21. Januar

Frau. Ein hübscher Nacken, zierlich, wenn auch ein wenig zu fett, elegant wie ein Wasserhuhn unter seinen Wurzeln.

Ausspruch: Der Unterricht in Freiheit ist frei.

30. Januar

Wenn wir nur bedächten, wie oft wir schon Glück gehabt haben, ohne es zu verdienen, dürften wir uns eigentlich nicht mehr beklagen.

Etwas Gutes hat die Beerdigung: Sie söhnt die Familien wieder aus.

1. Februar

Am Himmel blühen überall neue Sterne.

3. Februar

»Ich beneide Sie um Ihr Leben«, sagt Coolus zu mir. »Sie haben nur eine Leidenschaft: die Literatur, und lieben nur eine Frau, die Ihre.«

Ein letzter verspäteter Wind. Er haust im Schornstein.

10. Februar

Weitherzige Ideen, die ich sehr eng fasse.

12. Februar

Phantasie! Phantasie! Du bist köstlich, doch das echte Talent bist du nicht.

15. Februar

Ein Dach raucht, um sich die Zeit zu vertreiben. Ich glaube, das Bild ist von Bachelin.

Der Wind mit menschlicher Stimme.

Wir gehen in das kleine Café am Theater Montparnasse. Ganz Paris arbeitet: Hier spielen vier Arbeiter Billard.

Spielertypen: »Wissen Sie, ich mache mir gar nicht viel daraus. Ich spiele nur, um ihm Freude zu machen.« Jeweils derjenige, der verlieren wird.

Der Sonntag? Nein doch, das ist gar nicht lächerlich. Sie gehen spazieren. Vielleicht haben gerade sie die ganze Woche gearbeitet. Heute abend werden die einen bei den anderen zum Essen erwartet; die einen sind stolz zu empfangen, die anderen erfreut, empfangen zu werden.

17. Februar

Jemanden zum Sprechen zu bringen, ist wohl eine der seltensten Gaben; das ist viel schwieriger, als selbst zu reden.

22. Februar

Vierzig Jahre! Für den Weisen ist der Tod vielleicht nur der Übergang von einem Datum zum anderen. Er stirbt, wie andere vierzig Jahre alt werden.

2. März

Leda? Das ist nicht viel unwahrscheinlicher als die Jungfrau Maria.

Auf dem Rand seines Schornsteins träumt der Spatz vor sich hin wie ein kleiner Savoyarde, der nichts mehr zu tun hat.

21. März

Ob sich die Spatzen, wenn sie die aus dem Käfig meiner Zeisige fallenden Hirsekörner aufpicken, nicht sagen: »Das sind Glückspilze, diese Zeisige!«

Die Freiheit ist ihnen vielleicht keinen Deut wert.

Ein Dach, das der Rauch nur ungern verläßt.

29. März

La Gloriette. Die ersten Blumen. Die Gartenprimeln, die gelb aufblühen und am Ende rosa leuchten.

Knospen. Blüten mit verklebten Flügeln. Die ganze Natur hat die Masern.

Es sind auch Bäume darunter, die sich sanft hin und her wiegen.

Der Zweig, ein Finger, der sich den Vögeln entgegenstreckt.

La Bruyère, Sohn aus adligem Hause, nannte sich de la Bruyère. Das »de« ist weggefallen, der Adel ist geblieben.

31. März

Sie sind eher dumm als böse, doch immerhin so dumm, daß der Teil Bosheit schon wieder köstlich ist.

1. April

Karfreitag. Ragotte sagt:
»Die Eier von heute sind geweihte Eier. Wer davon auf nüchternen Magen an Ostern eines ißt, bleibt das ganze Jahr über gut.«

Während die Glocken in Rom sind, laufen die Kinder mit Glöckchen über die Landwege und läuten zum Gebet.

Eins kommt bei mir vorbei, und solange es dem Freidenker Guten Tag sagt, schweigt sein Glöckchen.

Wieso sollten sie nicht neidisch, eitel und boshaft sein? Bin ich es mit allen meinen Büchern und täglichen Anstrengungen denn weniger als sie?

2. April

Die Kornfelder sind grüner als die Wiesen.

Raben und Elstern in ihren Trauerröcken sind die Herren der Felder.

Da sind noch die festsitzenden Blätter an der Eiche, die sich wie Vögel hin und her bewegen.

Der kahle Ast ist eine Schleuder, der einen Vogel in die Luft wirft.

Die Elster, der Papagei unserer Felder.

Alte Patronen. Sie haben nicht gekeimt. Aus ihnen kann nur Tod wachsen.

Wahlen. Ein häßlicher Augenblick. Man wagt nicht mehr, einen Schritt zu tun, jemanden zu grüßen, eine Hand zu schütteln. Alles sieht so aus, als bettle man um eine Wählerstimme. Jedes Lächeln scheint eine solche Bitte auszudrücken.

Der Wähler hält sich für den Herren; überall herrscht Verwirrung. Aber nein, guter Mann! Sie sollen wählen, um sich selbst einen Dienst zu erweisen, nicht mir. Sie sind mir zu Dank verpflichtet.

Das mag die Politiker beschäftigen, stößt aber doch leicht einige Menschen ab, die noch so etwas wie ein Ideal haben.

8. April

In einem bestimmten Augenblick ist ein Pfirsich reif. Kurz davor und kurz danach ist er weniger gut.

Wer einen ausgeprägten Geschmack hat, mag nur den reifen Pfirsich und einen guten Stil.

Sie essen ihre Suppe sehr früh, um sie hinter sich zu haben.

16. April

Egoismus. Bei allem nur an sich selbst denken, Gott inbegriffen.

Ich wünsche mir keinen Erfolg mehr, und ich fühle schon, daß er mich zu spät erreichen würde.

Vielleicht ist das Leben nur eine Krankheit, die Reblaus unseres Planeten.

18. April

Der Künstler ist ein Mensch mit Talent, der immer meint, er stehe am Anfang seines Schaffens.

Regen. Kleine Zehn-Sous-Stücke aus reinem Wasser, die eine Wolke in den Kanal wirft.

Die Akademie, die Gemeinschaft der Unsterblichen.

»Können Sie schwimmen?«
»Nein.«
»Worauf warten Sie dann noch, um sich ins Wasser zu stürzen?«

Eine schöne und lange Arbeit über die Faulheit.

Ein Fetzen Himmelsblau, um den sich gefräßige Wolken streiten.

Girlanden aus Brennesseln.

Ein Vogel, der sich aus dem Fenster stürzt.

19. April

Es ist mir einerlei, ob ich mein Leben verfehle. Ich ziele nicht, ich schieße in die Luft, einfach auf die Wolken zu.

28. April

Die Republik. Zunächst verdanken wir ihr das allgemeine Wahlrecht. Früher warf man den Republikanern vor, sie hätten schmutzige Hände; heute beschuldigt man sie, sie wollten alles mit Feuer und Schwert ausrotten. Wenn sie rufen: »Es lebe der Weltfrieden!«, klagt man sie an, sie seien käuflich. Man sollte sich endlich verstehen lernen.

Der Republikaner hat eine hohe Achtung vor der Moral. Er fordert den freien Menschen. Den Reichtum der einen bremsen, und der Armut der anderen abhelfen.

4. Mai

In drei Tagen gehen ihnen vielleicht zwei Ideen durch den Kopf.

Kleine Blätter, der Flaum der Natur.

10. Mai

Marinette versteht mich nicht mehr. Sie sagt, ich sähe aus wie ein Geheimbündler. Sie weint.

»Mir scheint«, sagt sie, »du bist gar kein Schriftsteller mehr.«

»Ich bin immer der gleiche, habe mich nur entwickelt und entfaltet.«

Die kleine Flamme, die ich in ihren Augen zu sehen hoffe, entzündet sich immer noch nicht.

»Solche Anstrengungen für ein so mageres Ergebnis!« fährt sie fort.

»Alle diese Leute, die dich nicht verstehen, die sich dir überlegen fühlen, das ist doch wahrlich grotesk!«

»Nichts geht verloren. Wenn ich nur ein einziges Gehirn zu erschüttern vermag, so genügt mir das.

Und außerdem sollte man nie nach dem Ergebnis fragen.«

»Was du alles aufs Spiel setzt!«

»Was denn? Beschimpfungen, Nackenschläge einstekken... Doch täte ich nicht das, was ich nun einmal tun muß, ich würde an Langeweile, an Ekel zugrunde gehen.«

»Ja, ja! Du sprichst wie ein Apostel. Zum Schluß wirst du noch ein Heiliger!«

»Warum nicht?«

»Dann wohl ein weltlicher Heiliger!«

»Wenn das mein Schicksal ist... Meine Intelligenz fließt klar dahin wie ein Bach, der nicht mehr aufzuhalten ist.«

Eine Spinne hat sich aufgehängt, weil sie eine Blume defloriert hat.

14. Mai

Butterblumen: verstreute Sonne, Sonnenmünzen.

17. Mai

Ein Stengel Maiglöckchen ist zauberhaft; eine ganze Schale voller Maiglöckchen erregt Widerwillen.

18. Mai

Wahlen. Vielleicht bin ich der einzige, der sie ernst genommen hat.

23. Mai

Für das scharfsichtige Auge ist Bescheidenheit kaum mehr als eine sichtbare Form von Eitelkeit.

28. Mai

Als Bürgermeister muß ich auf den guten Zustand der Landwege achten; als Dichter sähe ich sie lieber überwuchert und verkommen.

Am Abend liegt auf den Blättern der Firnis des Mondes.

8. Juni

Reiner Stil, so klar wie Wasser, durch vieles Arbeiten, durch ständiges Reiben, sozusagen an den Steinen.

Drahtlose Telegrafie, schön und gut. Doch frage ich mich, wo sollen sich unsere liebreizenden Schwalben niederlassen?

13. Juni

Patrioten, nur weil sie einem Schützenverein angehören.

15. Juni

Fünf kleine Burschen aus der Schule. Sie spielen im Staub.

In seiner Frühstückstasche hat der erste für sich und seinen Bruder Brot und harten Käse, ein anderer Brot und Ei in einem kleinen Blechnapf für sich und seinen Bruder, der fünfte, der größte, ein Stück Brioche, Erinnerung an die Erstkommunion eines kleinen Freundes, und Kirschen. Alle trinken Wasser aus dem Brunnen.

Die Freiheit der Familienväter besteht wohl darin, das Kind verhungern zu lassen. Fast alle Bauern trinken Wein, fast alle essen Fleisch zur Vespermahlzeit: das Kind bekommt nur harten Käse.

2. Juli

Heuhaufen, die unzähligen Haarknoten der Ceres.

Für jeden Sou dankt der Bettler Gott durch eine Bekreuzigung, doch wendet er sich dabei ab in dieser Zeit der Freidenker, die auf den Straßen herumlaufen und sich ebenfalls mildtätig erweisen.

Das theatralische Meer von Saint-Malo.

Ginster. Die leuchtenden Blüten in dieser an sich düsteren Natur. Gold in Kohle. Einfacher Kontrast, eindeutige Wirkung. Ganz schön ausgeklügelt!

»Das mußte einem erst einfallen!« würde Gott sagen.

Automobil. Die Felder, die Dörfer, die Städte gehen an uns vorüber wie an unsichtbaren Tauen befestigt, an denen wir ziehen.

Die Geschäftsleute arbeiten, denken sogar über etwas nach, aber ihre Pfeife träumt für sie.

Nichts schmeichelt uns mehr als der Gruß eines Unbekannten auf der Straße.

Die Detonationen, die Kanonenschüsse des Meeres in den Felsen.

6. August

»Wir wollen nichts mehr von Ihren Marquis wissen«, sagt er zu mir. »Und wenn ein König persönlich nach Chaumot käme, er könnte keine vier Stimmen auf sich vereinigen; doch wir sind weiterhin für die Sache des Priesters wegen der Messe, und auch wegen der Taufen, der Hochzeiten und der Beerdigungen.«

Skrupel. Leichtes Gewicht, das schon genügt, damit sich die Waagschale neigt.

Nicht mehr Kraft als eine Briefwaage.

Die gesamte Glut der Sonne ist weit über den Horizont verteilt.

10. August

Ihre Seelen sind schwarz wie Brunnen. Wenn es sehr ruhig ist, sieht man auf dem Grund einen Stern leuchten, doch das ist höchst selten.

Sternschnuppen. Eine leuchtende Schußlinie ohne Rauch, ohne Lärm. Die Eröffnung der Jagd in den himmlischen Gefilden.

Das Kamel kniet auf seinem Hals.

Bis zu dreißig Jahren ein Künstler, bis zu fünfzig ein Mann der Tat, bis zum Tod ein Weiser.

13. August

Mama. Eine große Komödiantin, der das Leben nur armselige Rollen gegeben hat. Gebückt steht sie im Garten, entdeckt uns, bleibt gebückt und bereitet dort unten ihre Klagelieder vor.

Fluß. Wasser, das nie das gleiche ist und sich doch immer wieder gleicht.

14. August

Die Gewissensfreiheit besteht darin, keinen Pfarrer zu bezahlen, wenn man nicht zur Messe geht.

16. August

Beweinen wir die Armut, doch der Geiz, selbst der des Armen, sollte uns nicht rühren.

17. August

Die Frömmler. Die leicht geringschätzige Miene, die sie aufsetzen, um uns zu bedeuten: »Sie gehören nicht zu uns!«

20. August

Nur die Reichen erben eine Million.

30. August

In meinem Leben habe ich mehr als tausend Jahre verloren.

Frau. Die Art und Weise, wie sie mit ihrem Hinterteil eine Schublade zumachte, war geradezu wollüstig.

Dieses Spinngewebe hindert mich daran durchzugehen.

Alle jene, die sich Eigentümer nennen und doch nur Hausmeister sind.

Frühstück bei Wespenmusik.

1. September

Schwein: eine Kartoffel mit Ohren.

Die Lerche fliegt auf und davon. Etwas weiter wird sie sich auf einem kleinen Hügel niederlassen.

Es ist gefährlich, ein Gewehr bei sich zu tragen. Man glaubt, es töte nicht. Ich schieße, nicht um sie zu töten, sondern nur um zu sehen, was dann geschieht. Ich komme näher. Sie liegt auf dem Bauch, ihre Füße zucken, ihr Schnabel öffnet und schließt sich, gähnt: die kleine Schere schneidet Blut.

Lerche, ach, könntest du der feinste meiner Gedanken, das teuerste Schmerz- und Schamgefühl in mir werden!

Sie ist tot für die anderen.

Ich habe meinen Jagdschein zerrissen und mein Gewehr an den Nagel gehängt.

6. September

Ich lausche an den Türen, sogar am Schloß, um zu hören, was für ein Geräusch das Leben macht.

Beim Schrei einer Eule, die über das Haus hinwegfliegt, wird Marinette wach. Sie meint, das Kind habe gerufen, und fragt:

»Was ist los?«

Aber die Eule antwortet nur mit beschleunigten Flügelschlägen. Das ist immerhin etwas. Der liebe Gott hat noch nie so viel gesagt.

Bauer. Ein einfacher Mann. Beobachten Sie ihn, nehmen Sie sich viel Zeit dazu und schreiben Sie nach vierzehn Tagen, drei Wochen, zehn Jahren eine einzige Seite über diesen Mann: Vielleicht ist an allem, was Sie über ihn niederschreiben, kein wahres Wort.

12. September

Jede Aufzeichnung sollte die Frische und Würze einer Erdbeere haben.

19. September

Meinem Gehirn mangelt es an Karteikarten.

Was die Sonnenstrahlen den Tag über gemacht haben. Einer von ihnen:

»Ich habe die Nasenspitze eines kleinen weißen Kaninchens gekrault.«

Verlangt man von ihnen, sie sollten Vorsichtsmaßnahmen für die öffentliche Gesundheit ergreifen, meinen sie, man wolle sie nur schikanieren.

Ein Bußgeld für jeden, der sich Gedanken über das Leben macht. Laßt doch das Leben endlich in Ruhe!

Vielleicht sind wir schon drei- oder viermal tot gewesen.

Die Glocke: ein tönender Rock.

Die Heimat, das sind alle Spaziergänge, die man zu Fuß rund um sein Dorf machen kann.

Sterne: ein großes Feuerwerk, das in der Luft hängen bleibt.

Krieg. Es würde genügen, den Feind wissen zu lassen: »Kommt bloß nicht! Wir haben Typhus.«

So viel Güte bringt mich noch um. Wenn ich es mir schon versage, ein wenig bösartig zu sein, wozu bin ich dann überhaupt noch gut?

Wahrheit. Einigen Romanschriftstellern gelingt es wohl, sie aus dem Brunnen zu holen, doch sie hüllen sie sofort wieder in zahllose Decken.

Die von den Wolken verunstaltete Sonne ist in die Wälder gefallen wie eine schmelzende Masse. Ihr Verlöschen wollte kein Ende nehmen. Sie zündete den ganzen Wald an und auch die Wolken brannten, regungslos. Kurz darauf tauchte an der anderen Seite ein rotes Stück des Vollmonds auf.

Auf dem trockenen Stoppelfeld spielten fliegend die Elstern. Jagende Hunde bellten die Sonne an: ein Schuß, und die Sonne stürzte ab.

Von fern ist der Wald nur noch ein Schatten, aus der Nähe nur noch nächtliche Dunkelheit.

24. September

Und ich denke auch über den Sozialismus nach ... Er ist verlockend. Es kommt schon vor, daß ich zu mir sage: »Um leben zu können, muß ich Stücke schreiben für Marinette, Fantec und Baïe.« Aber ich kann nicht umhin, auch an den Sozialismus zu denken. Dort entsteht eine völlig neue Welt, wo es nicht mehr darum geht, sich eine Stellung zu schaffen, vielmehr gilt es, sich hinzugeben ...

Wenn ich auch kein aktiver Sozialist bin, so bin ich doch überzeugt, daß dies mein wahres Leben wäre. Alles nicht aus Unwissenheit, sondern aus Schwäche. Du, Marinette, bist da, du und meine Kinder, und unsere bürgerliche Herkunft und meine Gewohnheiten als Mensch, für den die Kunst immerhin Beruf bedeutet. Ich habe nicht die Kraft, diese Ketten zu zerbrechen. Wenn ich auch keinen Wert lege auf 300 000 Francs Autorenrechte wie Capus, so liegt mir doch an 10- bis 15 000. Wenn ich auf die Akademie pfeife, so lege ich doch Wert auf einen gewissen Erfolg. Wenn ich mich über das gesellschaftliche Leben lustig mache, so habe ich doch noch zwei oder drei Leute in Paris, mit denen ich gern zwei oder drei Abende in der Woche verbringe. Ich bin unfähig, das Notwendige zu tun, um mich in dieser Welt auszuzeichnen, und bin doch nicht fähig, mich Hals über Kopf in die andere zu stürzen. So ist das!

Die Spinnen verstehen sich auf Wissenschaft: gründliche Studien der Geometrie.

1. Oktober

Man kann nichts verbergen. Die Kraft besteht darin, nichts zu verbergen zu haben.

4. Oktober

Ja, ja doch! Sie sind unwissend, heuchlerisch, böse, doch es herrschen auch Elend und Krankheit. Leere deine Taschen aus, anstatt gute Ratschläge zu erteilen.

Jeder Mensch ist besser als seine Ausdrucksweise.

Luther. Die *Tischreden* dieses bewundernswürdigen Mannes lesen.

Ich schreibe wenig, doch ich habe noch so lange zu leben!

Der erste Frost. Etwas Eis in einem Kohlblatt.

Poesie. Eine Kaffeewindmühle.

An einem Tag glaube ich an den menschlichen Fortschritt, und ich rufe ihn aus Leibeskräften herbei; die anderen sechs Tage ruhe ich mich aus.

11. Oktober

Die Blätter schnattern wie kleine Mädchen am Tag vor den Ferien: Der Baum wird ihnen Urlaub geben.

Der Wind streicht über den Rasen wie ein Bügeleisen.

Die Laterne: eine Kerze im Gefängnis.

Mein Gedächtnis ist wie eine Schachtel, in der von allem etwas ist. Mir graut davor, darin herumzukramen.

Ich wage nicht einmal mehr zu sagen: Morgen werde ich arbeiten.

16. Oktober

Ohne Bücher studieren.

20. Oktober

Ein jeder hat seinen Makel, der an ihm zehrt. Bei mir ist es die Faulheit, doch ich kraule sie sehr gern.

21. Oktober

Herbstausstellung. Bilder von Carrière, Renoir, Cézanne, Lautrec.

Carrière gut, aber etwas zu boshaft.

Die Größe des Lasters in den Bildern von Lautrec.

Cézanne, grausam. Man müßte schon so manchen alten berühmten Schinken gesehen haben, um zuletzt diesen Zimmermann der Farbe zu lieben.

Renoir, vielleicht der stärkste und, zugegeben, er hat keine Angst vor der Malerei: Er setzt einen ganzen Garten auf einen Strohhut; auf den ersten Blick ist man wie geblendet. Man schaut und schaut, und die Münder seiner kleinen Mädchen fangen an zu lächeln mit solcher Feinheit! ... Und diese Augen, die sich als Blumen öffnen! Auch die meinen gehen mir über.

Vallotton, die belanglose Traurigkeit eines Tapezierers.

Das schöne Leben von Cézanne mitten in einem Dorf im Süden. Er ist nicht einmal zu seiner Herbstausstellung gekommen. Er möchte gern ausgezeichnet werden.

Eben das wünschen sich diese armen alten Maler, die ein wunderbares Leben gehabt haben und am Ende kurz vor ihrem Tod mit ansehen müssen, wie die Kunsthändler sich an ihren Werken bereichern.

Renoir, alt und dekoriert, sagte einmal:

»Ach ja! Man senkt die Nase, sieht jenes schöne Rot und, meiner Treu, schaut einfach wieder auf.«

22. Oktober

Ich komme mir vor wie ein Schiffbrüchiger, der weder am rechten Ufer, der Romanseite, noch am linken Ufer, der Theaterseite, festen Fuß zu fassen vermag und sich zuletzt sagt: »Eigentlich geht es mir doch hier in der Mitte sehr gut! Ich muß nur zusehen, daß ich mich aus eigener Kraft halte, und kann mir dann beide Ufer anschauen.«

Ein leicht verwirrbares anfälliges Herz.

24. Oktober

Ich mache meine Notizen vorwiegend aus dem Gedächtnis. Wenn ich schaue, wenn ich lausche, denke ich niemals daran, daß ich alles gleich aufschreiben muß.

Die Blinden lehren uns sehen.

Musset: Wenn er sang, war er geistreich; und wenn er nicht sang, hatte er gesunden Menschenverstand.

31. Oktober

Herbst, Landschaft aus gebranntem Zucker.

7. November

Faul wie alle besinnlichen Menschen, die viel zu viel Zeit haben zu arbeiten.

Sehr wenige Menschen gewinnen beim näheren Kennenlernen. Was der Fremde auf den ersten Blick sieht, ist das Beste, die guten nach außen gekehrten Gefühle; und deshalb ist auch keiner Prophet im eigenen Lande. Die

Mühen des Gerechten halten dem täglichen Druck, der Dummheit, der Bosheit der anderen nicht stand. Auch der Prophet, eben weil er klarsieht, entfernt sich zuletzt. Da ist nichts zu machen.

9. November

Der Helmbusch eines Hauses, das ist seine Rauchfahne.

Das Leben ist so köstlich, daß ich es nicht wagen würde, mir etwas Schöneres auszumalen als das Leben.

13. November

Die Fensterscheibe hat Fehler, in denen die Sterne doppelt blinken.

Winter. Der Spatz möchte nur gar zu gern in den Käfig meiner Zeisige.

Die Not hat eine gute unsichtbare kleine Schwester, die ständig bei ihr ist und sie heimlich tröstet: die Sorglosigkeit.

16. November

Ich hatte eine große Begabung fürs Theater, doch die Stücke der anderen haben mir alles verleidet.

Die Niederträchtigkeit am Theater, zugegeben, aber erst die der Kritik! Wozu und für wen sollte ein Autor sich noch Zwang antun?

Neurasthenie ist Menschenhaß. Wir wagen es nicht einmal mehr, uns solcher Worte zu bedienen, die uns Ehre machen.

28. November

Winter. Ein blasser Rauch in der fahlen Blässe kühler Luft.

1. Dezember

Jaurès sagt über Shakespeare:
»Er ist romanischer, klarer als man meint. Hamlet ist kein tiefsinniger Mensch; er ist ein armer junger Mann, der unter der Last dessen zusammenbricht, was er nicht zu vollbringen vermag.«

5. Dezember

Man kann seinen Egoismus an die Kette legen; man könnte ihn jedoch nicht abtöten, ohne sich vorher zum Tode zu verurteilen.

12. Dezember

Die Realität hat in mir die Phantasie abgetötet, die eine schöne reiche Dame war. Die andere ist so arm, daß ich zusehen muß, wie ich mir mein Brot verdiene.

15. Dezember

Ach ja! Sozialist sein und viel Geld verdienen.

Im Leben gibt es ab und an bestimmte Nebelfelder, die man nicht wieder verlassen möchte, ein totenähnlicher Zustand. Hielte der Nebel an, man würde bald tot gesagt; wie einfach das wäre! Aber wäre es denn viel schwieriger, sich umzubringen?

16. Dezember

Endlich weiß ich, was den Menschen vom Tier unterscheidet: Geldsorgen.

Wie rasch man den Kopf verliert! In jedem Augenblick ist zwischen uns und dem Tod nur der Papierreifen eines Clowns. Wahrlich, es kann nicht so schwierig sein zu springen! Man würde nicht wieder auftauchen, das wäre alles.

Wenn ich nicht an mich denke, denke ich an niemanden.

Ich bin nur, bin immer nur gewesen und kann auch nur sein ein armer Künstler mit 200 Francs im Monat.

22. Dezember

Nichts ist ewig, nicht einmal die Dankbarkeit.

Berufsgeheimnis! Und sie haben nicht einmal einen Beruf!

26. Dezember

Ich verachte das Theater noch nicht genug, um endlich dort Erfolg zu haben.

1905

1. Januar

Der unruhige, aber scharfsichtige, also aktive und gesunde Geist desjenigen, der nicht arbeitet.

»Ich friere.«
»Das bringt die Jahreszeit mit sich«, sagt der Reiche.

Selbst der Wind ist erfroren.

Das über die Wiese verstreute Eis – wie zerbrochene Spiegel.

7. Januar

Coolus erzählt, daß d'Annunzio auf seinem ersten Besuch bei Sarah Bernhardt wenige Schritte vor ihr stehengeblieben sei und voller Begeisterung ausgerufen habe:

»Schön! Herrlich! Ein weiblicher d'Annunzio.«

Worauf er gesagt haben soll:

»Guten Tag, Madame.«

Diese Stunden, in denen ich mich, ohne zu wissen warum, am liebsten selbst bestrafen möchte.

9. Januar

Aus Vernunft Sozialist sein, fällt nicht schwer, aber das Gefühl macht dann alles zunichte. Der Sozialist aus Vernunft kann alle Fehler des Reichen haben; der Sozialist aus Gefühl aber muß alle Tugenden des Armen besitzen.

Heute kann man auch nach dem Erfolg zum Sozialismus gelangen, wenn man sicher weiß, daß man Talent hat, so wie man früher zu den Trappisten ging.

»Auf Jaurès kann ich mich besser verlassen als auf mich selbst«, meint Blum. »Er ist ein Mann von unbedingter Rechtschaffenheit.«

Er ist kühn, doch lauter...

Er befindet sich in einer verfahrenen Situation und übernimmt sich, um sich behaupten zu können. Alle wollen von ihm profitieren, um ihre Angelegenheiten durchzufechten. Die Sozialisten verraten ihn, und die Republikaner nützen ihn aus.

»Er ist ein großer Schriftsteller«, sagt Léon Blum.

»Ja doch«, erwidere ich, »er ist ein genialer Mann. Nur eines fehlt ihm, er hat keine Gedichte in Prosa geschrieben. Durch solche delikate Arbeit hätte er gelernt, seiner überschwenglichen Fülle zu mißtrauen.«

12. Januar

Leuchtet eine Flamme etwa nur, um einen ›pot-au-feu‹ zum Kochen zu bringen?

13. Januar

Haben Sie schon bemerkt, daß eine Frau, der man sagt, sie sei hübsch, auch immer glaubt, das treffe zu?

20. Januar

Es ist ebenso erheiternd, sein Leben einzuschränken wie es auszuweiten.

24. Januar

Man müßte einem Verein ganz allein angehören.

Es gibt Menschen, denen genügt es, Hühneraugen an den Füßen zu haben wie irgendein besonders kluger Mensch; auf diese Weise meinen sie, ihm zu gleichen.

Ein Protestant ist ein Mensch, der mitten auf der freien Straße stehenbleibt.

Ich bin ein antiklerikaler Geist und habe das Herz eines Mönches.

26. Januar

Eine Kälte, die mir aus dem Innern kam.

27. Januar

So schnell wie der Gedanke eines Wiesels.

Sich Ruhm erwerben im Schweiße seines Angesichts.

29. Januar

Standesamtliche Trauung: Es gibt Leute, die dann meinen, sie seien nicht verheiratet.

Als im Jahre 1792 laut Verordnung Standesbeamte eingesetzt wurden, gab es Leute, die da glaubten, ihre Kinder seien gar nicht geboren.

Das Theater unterhält den Geist: Es darf ihn nicht beunruhigen.

30. Januar

Gewiß, es gibt im Leben gute und schlechte Augenblicke, aber unsere Stimmung wechselt häufiger als unser Geschick.

Ich bin ein Fanatiker, zugegeben, und ich lasse nicht gelten, was ich für idiotisch halte.

31. Januar

Capus ist ein Denker: Er zitiert Pascal.

Spatzen auf dem Rand des Schornsteins: Sie trauen sich nicht hinein.

9. Februar

Wenn Mendès in seiner Bewunderung für etwas nicht sicher ist, schiebt er den Spöttern die Schuld zu.

13. Februar

Jugend, das heißt Unwissenheit, und heute weiß ich besser als mit zwanzig Jahren, daß ich nichts weiß.

Der Schatten einer Katze sieht aus wie ein Tiger.

Ein Diamant, den die reichen Damen nicht am Ohr tragen können, das ist der Wassertropfen.

Regungslosigkeit, tiefer Schlaf der Natur: Der Hahnenschrei steigt geradewegs empor in die Lüfte.

24. Februar

Eine Platzanweiserin steckt meinen nassen Regenschirm in den Ärmel meines Überziehers.

27. Februar

Wir billigen uns selbst so wenig Recht auf Glück zu, daß irgend etwas in uns drängt, es möge ein Ende haben.

28. Februar

Eine Schauspielerin fällt auf die Knie, doch sie hat sich vorsorglich kleine Wattekissen umgebunden.

1. März

Beerdigung von Schwob. Warum setzen die Schriftsteller nicht noch zu ihren Lebzeiten selbst die Reden auf, die sie nach ihrem Tod hören möchten? Vor ihrem Tod würde sie das fünf Minuten ihres Lebens kosten ...

»Geleitet mich ein Stück des Weges; das wäre mir sehr angenehm, doch ich flehe Euch an, nehmt nicht Eure Kopfbedeckung ab, wenn Ihr Angst habt, Euch einen Schnupfen zu holen. Wenn gutes Wetter ist, bringt keine Regenschirme mit. Kränze? Schön, meinetwegen, aber nur, wenn auch einer aus Lorbeer darunter ist.

Und setzt nicht so traurige Mienen auf, die Euch nur häßlich machen! Hütet Euch, mir gleichen zu wollen!

Und dann sagt doch bitte nicht, ich hätte nur gute Eigenschaften gehabt. Ihr wißt sehr wohl, besser als ich, daß dem nicht so ist. Sagt vor allen Dingen nicht, ich hätte einen guten Charakter gehabt. Einen guten Charakter zu haben, ist keine Tugend: Das ist das ewige Laster, und Ihr wißt genau, wie sehr ich es haßte, wenn man mich nicht in Ruhe ließ. Seid erschüttert, wenn Ihr könnt, wenigstens einige von Euch. Die anderen sollen lächeln und geistreich sein.«

Und warum wird nach einer Totenrede nicht geklatscht? Den Toten, der nichts mehr hört, würde es kaum stören und dem Redner Freude machen, der nicht weiß, wohin mit seinem Manuskript, wenn ihm der Nachbar seinen Hut zurückgibt.

Feuer: Blaue Feuervögel flattern über die Kohle.

6. März

Ich kann nicht mehr jung sterben.

Das Leben war schon gar nicht so heiter! Aber aus dem Tod hat die Religion etwas Schreckliches oder Absurdes gemacht.

7. März

»Und sagt bitte nicht, ich sei stets gut gewesen. Ein so banaler Wesenszug lag mir ganz und gar nicht.

Schreibt in einer geeigneten Zeitung irgendeine Seite über mich: Das macht immer Freude; aber diese Seite darf mich nicht langweilen und soll so sein, daß ich sie auch zu Lebzeiten hätte lesen mögen, ohne mich über Euch lustig zu machen. Etwas Geist, ja sogar Bosheit wird ihr nichts schaden.«

(Am Rande vermerkt: Testament. Ich werde es noch unterschreiben, aber ein Kreuz dürfte genügen.)

9. März

Das indiskrete Schweigen der Diplomaten.

Kasernen. Die anderen Häuser ringsum werden nicht bewacht: ein Hausmeister genügt; und vor diesen da, die voller Soldaten stecken, wird ein Wachposten aufgestellt.

13. März

Die Spatzen sagen über uns: »Sie errichten Häuser, damit wir in ihren Mauern unsere Nester bauen können.«

14. März

Unsere Zuneigung zu einem Juden ist nicht ganz frei von Hoffart. Wir denken im stillen: »Wie großmütig von mir, ihn zu lieben.«

15. März

Die Wolke zieht ihr Regenhaar hinter sich her.

Der gesunde Menschenverstand, der uns von jedem Wissen entbindet.

Was die Sonne doch aus einer alten abgeblätterten Mauer machen kann!

Die Arbeit ist doch ein wenig wie ein Gefängnis: Wieviele hübsche Dinge entgehen uns, die wir ihretwegen nicht sehen!

Ich habe unvermittelt Dinge aufgegeben, die mir sehr am Herzen lagen: die Verse, das Fechten, das Fischen, die Jagd, das Schwimmen. Wann werde ich die Prosa, die Literatur aufgeben? Wann das Leben?

Schlaflose Nächte, lange Nächte, in denen das Gehirn hell erleuchtet ist wie eine Großstadt. Und was für schöne Träume ziehen an uns vorüber, die wir für Wirklichkeit halten! Wenn der Morgen kommt, gibt es sie nicht mehr. Beim Erwachen werden sie alle unerbittlich in den Abfluß gefegt.

23. März

Treibhauspflanzen: Pflanzen im Krankenhaus.

25. März

Die ganze Zeit Angst vor dem Leben, und wenn es vorüber ist, kann ich meine Augen nicht von ihm abwenden.

26. März

Wir wollen Leben im Theater und Theater im Leben.

5. April

Neid ist nichts als Angst, etwas Schönes zu sehen, das man selbst nicht verwirklichen kann.

Ich habe soeben einen Plan für eine dramatische Komödie, ein Drama in drei oder vier Akten, entworfen, über den ich vor lauter Rührung fast weinen könnte.

Es ist sehr lustig, einen Plan für ein Stück zu machen, doch wenn man es schreiben muß und sich überlegt, daß es für ein Theater ist, für Schauspieler, für das gemeine Publikum, dann denkt man ganz rasch wieder an etwas anderes.

Küsse einer Dame nie die Hand, du könntest den Ring verschlucken!

20. April

Sie geht nicht mehr zur Kirche, seit sie Hausmädchen bei einer Dame gewesen ist, die zum Essen ständig zwei Pfarrer in Zivil zu Gast hatte, die nur fluchten, tranken und von ihren Geliebten sprachen.

22. April

Der Wind. Manchmal meint man, das Rauschen des Meeres zu hören, als ob es hier ganz in der Nähe wäre.

26. April

Ich verstehe den Baum, er überlegt nicht.

28. April

Siebzehn Jahre verheiratet! Marinette hat es ausgehalten, und das ist das Beste in meinem Leben.

Etwas Haß läutert die Güte.

Vielleicht würde der Fluß nicht weiterfließen, wüßte er, daß der Bach austrocknet, doch der Mensch ißt inmitten von Menschen, die verhungern.

Verbitterte Seelen. Unklare verschlossene Gesichter.

Jeden Morgen wachsen die Rinder auf den Wiesen wie Champignons.

6. Mai

Scheinheilige Mildtätigkeit, die zehn Sous gibt, um für zwanzig Francs Dankbarkeit zu ernten.

Die Hartherzigkeit des Reichen ist in den Augen des Bauern kein schwerer Fehler.

Einen alten Mann auf einem Feld, der ganz ärmlich aussah und sich nicht von der Stelle rührte, hielt Marinette für eine Vogelscheuche.

Ich wartete, daß er uns einholen würde: Ich wollte ihm zwei Sous geben.

Doch es war eine Vogelscheuche.

10. Mai

Der Zug, das Automobil des armen Mannes. Nur kann man damit nicht überall hinkommen.

16. Mai

Gott ist keine Lösung. Das bringt nichts.

Wollte man seine Moral allzu sehr vervollkommnen, man wäre zuletzt womöglich wie dieser kleine verkümmerte Baum, den ich durch das Fenster in meinem Garten sehe und der kein einziges Blatt mehr hervorbringt.

23. Mai

Dort drüben geht die Sonne in den Zweigen unter wie ein schöner goldfarbener Fasan.

Das Hühnchen auf seinen Streichhölzern.

30. Mai

Es ist nicht notwendig, den Reichen zu verachten: Es genügt, ihn nicht zu beneiden.

Ich wandle in meinem Inneren umher, auf meinem See der Sehnsucht, und mache dort kleine fröhliche Spaziergänge.

Traum. Wenn die Vernunft ausgeht, tanzen die Narren im Gehirn herum.

1. Juni

Ich glaube, daß meine Liebe zur Natur diese noch verschönert: Das Gras dünkt mich grüner als früher und die Dachziegel leuchten kräftiger.

Marinette befürchtet, ich könnte die Lust am Leben verlieren. Ich sage ihr, sie solle den gewöhnlichen Ehrgeiz nicht mit Lebenslust verwechseln.

»Bei dir«, sagt sie, »wendet sich stets alles zum Guten. Der Stier flößt mir keine Angst mehr ein. Mit einer einzigen Geste hältst du ihn mir fern.«

»Marinette«, sage ich zu ihr, »ich habe mich stets vor dem Tod gefürchtet, doch heute kann ich mir durchaus vorstellen, und zwar lächelnd, wie ich in meinem Sarg liegen werde. Ich habe zwar Angst, leiden zu müssen, aber ich fürchte mich nicht vor dem Sterben, sei es nun durch einen Säbelhieb oder aber im Duell. Hauptsache ich verliere dich nicht; alles übrige ... Ich habe auf alles verzichtet, wonach ein Mann wie Hervieu trachtet: auf das Wesentliche habe ich nicht verzichtet. Ich hatte einmal Angst vor bestimmten Ideen: Ich fürchte keine einzige mehr von ihnen. Ich lasse alles geschehen, außer daß dem Wesen, das ich liebe, ein Leid zugefügt wird, oder aber ganz einfach daß überhaupt Leid zugefügt wird. Du hast verhindert, daß aus mir ein satirischer Dichter wurde. Dafür bin ich ein elegischer Dichter geworden. Ich bewahre mir in meinem Inneren ein Stück Naivität, das für mich ewige Jugend bedeutet. Ich trotze allem, was schön, lebendig und einfach ist, damit es mich nicht zu sehr beeindruckt.«

9. Juni

Der Spatz, ein kleiner köstlicher Vogel, der nicht singt.

Realist, ja; doch Realität ist überall.

10. Juni

Marinette lehnt sich auf das Geländer der kleinen Brücke. »Ach! Was für ein hübscher Balkon!« sagt sie.

Mit dem Bach scheint eine Flut untergehender Sonne auf uns zuzukommen. An beiden Ufern sind geheimnisvolle Grotten aus Wurzeln und Ästen. Der Bach führt zwischen diesen grünen Behausungen hindurch wie eine Dorfstraße.

17. Juni

Speicheltröpfchen: Unbilden der Sprache.

Ich fühle es: Im Kriegsfall wäre ich Patriot.

Bleich wie eine Mauer im Mondenschein.

Die Fehler unserer Toten verblassen, ihre Tugenden erblühen im Garten unserer Erinnerung.

20. Juni

Wer uns liebt und bewundert ist doch immer derjenige, der uns am wenigsten kennt.

21. Juni

Heuwagen: wandernde Weidenbäume.

Nach langem Träumen auf der Bank einschlafen, die Augen voller Sterne.

24. Juni

Marokkokrise... Mit vierzig hat man weniger Angst vor dem Krieg als mit zwanzig. Mit zwanzig Jahren ist der Patriotismus sozusagen vorgeschrieben; mit vierzig ist er wohlbegründet.

Ja, der Krieg ist verdammenswert! Ja, ich will den Frieden, und ich würde alle Marokkaner laufen lassen, um in Frieden zu leben...

Im Grunde liegt mir viel mehr am Frieden als am Leben.

26. Juni

Wozu denn Erinnerungsstücke, Fotografien? Es ist wohltuend, wenn auch die Dinge sterben wie die Menschen.

Freidenker. Denker würde genügen.

28. Juni

Ein Abend so unendlich mild!... Wen könnte ich nur um Verzeihung bitten?

Ohne seine Bitterkeit wäre das Leben unerträglich.

Juli

Über die Faulheit! Ach! Dieses Buch muß ich endlich schreiben! Der Dummkopf, der seine Dummheit einsieht, ist schon nicht mehr ganz so dumm, doch der Faulenzer mag um seine Faulheit wissen, darüber seufzen, er bleibt doch faul.

Wenn du die Einsamkeit fürchtest, versuche nicht gerecht zu sein.

5. Juli

Vielleicht fürchtet die Distel die Trockenheit nicht, weil sie sticht. Man sollte nicht zu nachsichtig sein: Etwas Haß ist auch ein Schutz.

Das Volk ist nicht das Publikum.

Ich warne dich im voraus: Das Volk schwitzt, raucht, spuckt, bohrt in der Nase, schneidet sich die Fingernägel mit dem Messer. Aus Rücksicht wagst du nicht, etwas zu sagen; aber wird dein Herz so stark sein, daß du trotzdem bleibst?

Der Arbeiter besucht politische Versammlungen, der Bürger Vorträge.

20. Juli

Am frühen Morgen der Sonne bis zum Horizont entgegengehen.

Die Freude über das vollendete Werk schadet dem Werk, das wir beginnen: wir glauben immer noch, es sei ganz leicht.

9. August

Hüte dich! Überschäumendes Glück bespritzt den Nachbarn.

Die Freiheit hat Grenzen, die ihr die Gerechtigkeit setzt.

18. August

Der Sozialismus muß vom Gehirn bis ins Herz hinabdringen.

Vaterland: Niemand wechselt das Land nur um der Schönheit einer Landschaft willen.

Man erkundigt sich nur nach meinem Befinden, um das Recht zu haben, alle eigenen Mißgeschicke zu erzählen.

21. August

Gerade im Sommer wären die Quellen am frischesten, würden sie nicht austrocknen.

23. August

Zur Messe gehen und die Wäsche im Fluß waschen, zwei alte heilige Bräuche.

»Was kümmert mich die Politik?«
»Sie könnten ebensogut sagen: Was kümmert mich das Leben.«

3. September

Schwein: so viel Dreck auf rosa Grund.

Ein schöner, richtig ausgestoßener Urschrei hallt durch alle Zeiten nach.

»Was mich angeht«, meint der Bahnwärter, »ich gehöre eben noch zur alten Schule.«

Ein Lächeln, und er fährt fort:
»Zur Schule, die nicht lesen kann.«

20. September

Mit Gott sprechen und ihm sagen: »Mein Lieber«: man würde sich wohl schon ganz gut verstehen.

9. Oktober

Ich lebe in meiner Faulheit wie in einem Gefängnis.

Wenn ich nur noch hundert Sous besitze, bekomme ich Angst; wenn ich nur noch zehn Sous habe, finde ich meinen seelischen Frieden wieder.

10. Oktober

Das Alter gibt es so nicht. Zumindest leiden wir am Ende unseres Lebens nicht unter dauerndem Altern: Wir haben

Anfälle von Altern genau wie die Bäume. Wir verlieren unsere Blätter, unsere gute Laune, unsere Lebenslust, und dann kehrt alles zurück.

Wir haben keine Kindheit, keine Zeit der Reife, kein Alter; mehrere Male im Leben machen wir unsere ›Zeiten‹ durch, doch über ihren Verlauf wissen wir so gut wie nichts: Er ist nicht regelmäßig.

11. Oktober

Das schönste Lob macht mir nicht mehr Freude als eine platte Höflichkeit; jede Kritik aber ist für mich eine Flegelei.

Ich weiß nicht, was ein Handelshaus ist, doch weiß ich sehr wohl, daß das Theater der Ort ist, wo am meisten über Geld gesprochen wird.

15. Oktober

Über das Vaterland läßt sich nicht streiten. Warum nicht? Wir streiten doch auch über Gott!

Tapfere Tote auf dem Feld der Ehre, doch die Kleinmütigen sind auch dort gefallen, und sie hätten gut und gern darauf verzichtet.

18. Oktober

Herbst. Ein schwerer Nebelteppich zieht nach Süden ab, und der Norden bleibt sonnig, klar und kalt zurück.

20. Oktober

Es genügt, am Ruhm zu nippen: sinnlos, sich damit vollzustopfen.

23. Oktober

Das Theater ist nur ein Spiel, das vorgibt, Leben darzustellen.

Die Liebe zur Natur ist gleichsam echte Liebe; wie eine Geliebte stört die Landschaft mich bei der Arbeit.

Mir bedeutet die Unsterblichkeit des Namens nicht mehr als die der Seele.

Könnte ich mich mit Gott verständigen, ich würde ihn bitten, mich in einen Baum zu verwandeln, einen Baum, der von der Anhöhe ›Les Croisettes‹ auf mein Dorf hinabschaut. Ja, das wäre mir lieber als eine Statue.

Egoistisch wie ein Heiliger.

25. Oktober

Allein die Zeit verliert ihre Zeit nicht.

30. Oktober

Man hört Stimmen. Wo kommen sie her? Weit und breit niemand. Das sind die Bäume, die miteinander reden.

2. November

Ach! Könnte ich doch sagen: »Ich habe einen neuen Stil geschaffen!«

3. November

Das Leben währt nicht so lange. Uns bleibt nicht genügend Zeit, unsere Toten zu vergessen.

5. November

Kälte. Die Sterne haben Tränen in den Augen.

Das Leben ist schlecht eingerichtet. Die Armen, die Unwissenden müßten reich sein, der Kluge aber arm.

6. November

Ich schmolle Paris. Vier Tage habe ich verstreichen lassen, ohne es mir auch nur anzuschauen.

15. November

Um mich von drei Tagen Arbeit wieder zu erholen, brauche ich drei Monate Träumerei.

Sozialist sein, ist nicht schwierig, doch fällt es schwer, sich damit abzufinden, daß man keinen Sou mehr besitzt.

Sozialismus: geläutertes Verlangen.

Das Talent: mit den Augen eines Dichters klarsehen.

20. November

Von allen meinen Seelenzuständen ziehe ich den Schnee vor.

21. November

Stunden, in denen die Aufmerksamkeit wie ein störrischer Esel ist, den man vergeblich am Halfter zerrt: Er will einfach nicht kommen.

Das Werk muß entstehen und wachsen wie der Baum. In der Luft gibt es keine Regeln oder gar unsichtbare Richtlinien, nach denen sich die Äste genau zu entfalten hätten: Der Baum entsprießt als Ganzes dem Keim, der ihn enthielt, und er entwickelt sich frei in der freien Luft. Erst der Gärtner stellt einen Plan auf, zeichnet einzuschlagende Wege vor und verdirbt ihn.

Das Leben ist das Bergwerk, aus dem ich meine Schriftstellerei schürfe, und ich komme auf meine Kosten.

Die Wetterfahne ist völlig regungslos, als könne sie plötzlich anfangen zu denken.

24. November

Der Künstler wird oft ein wenig verachtet, weil er nicht viel Geld verdient, doch es wäre falsch, wollte er daraus seine Eitelkeit ableiten.

28. November

Figaros Hochzeit: ein echtes Meisterwerk, leicht wie die Luft aller Zeiten.

3. Dezember

O süße Träumerei, du bist die Entschuldigung für meine Faulheit.

8. Dezember

Sie haben das Theater im Theater gelernt.

11. Dezember

Barrès. Der Kern seines Wesens unter einer Kruste von Pedanterie. Er hat Talent oder auch nicht, je nachdem ob man gut oder schlecht zu ihm steht. Alles ist nur eine Frage von Sympathie und Antipathie.

15. Dezember

Alle diese Rauchfahnen: blaue und leichte, weiße, graue, schwarze, dicke; sie steigen auf ins Blau des Himmels und verlieren sich dort, und er bleibt himmelblau.

22. Dezember

Er hat 1870 ein Bein verloren; das andere hebt er für den nächsten Krieg auf.

25. Dezember

Arbeit. Ich schiebe meinen Pflug nicht vorwärts, ich schleppe ihn hinter mir her.

Jahresende. Unsere letzte Energie fällt von uns ab wie die letzten Blätter.

26. Dezember

Wenn das Geld Sie nicht glücklich macht, geben Sie es doch zurück.

Wie lang das Leben ist, im Winter!

1906

In Chaumot, 3.–7. Januar

Das Land ist feucht und naß. Die dünnen Zweige reihen Regentropfen wie Perlen auf. Dann und wann trocknet die Sonne mit einem Lichtstreif langsam eine Wiese, ein Dorf, ein Gehölz.

Wie ein eigensinniger Blinder schüttelt der Wind den Baum ohne Früchte.

»Hier, nehmen Sie«, sagt der Geizhals. »Das ist ein neuer Kalender; er muß für das ganze Jahr reichen!«

Ein Friedensrichter, der nur von Krieg spricht.

Ein Schnupfen quält weitaus mehr als eine Idee.

10. Januar

Die Wolken ziehen über den Mond hinweg, wie Spinnen über die Zimmerdecke laufen.

17. Januar

Mond in einer Seidenwolke, in Wolkenpapier.

18. Januar

Jarry hält sich immer in seinem Stall auf.
Er meint: »Ich mag Kellerasseln, nur ist es langweilig, sie zu verlesen.«

Man geht vorbei und hört: bum! bum! bum! Das ist Jarry, der mit seinem Revolver auf Spinnen schießt; doch die Spinngewebe hebt er auf, zur Zierde.

Er bringt seine Toilette oberhalb der Türglocke an. Jemand zieht an der Kette. Das Becken entleert sich. Die

Kraft der Bewegung, die sonst verloren gewesen wäre, wird genutzt.

Das ergießt sich zwar über den Besucher, doch das Becken ist immer sauber.

19. Januar

Die Standuhr, die auf der Stelle tritt mit schwerem und gemessenem Schritt. Eins, zwei! Eins, zwei!

Regungslos, dicht aneinandergedrängt, erwarten die Dächer den Schnee.

22. Januar

Meine Unabhängigkeit darf mich nicht von den Versagern abhängig machen.

24. Januar

Nachwelt! Warum sollten die Menschen morgen weniger dumm sein als heute?

25. Januar

Man müßte nur Meisterwerke schaffen und jeglichem Ruhm entsagen, so wie man viel Geld verdienen sollte, um weiter ärmlich zu leben.

Auf alles verzichten, was andere nur allzu leicht aufsammeln.

26. Januar

Das richtigste, treffendste, das sinnreichste Wort ist das Wort »nichts«.

28. Januar

Einen Lichtbildervortrag über Gott halten.

29. Januar

Theater. Der Erfolg der anderen regt mich fünf Minuten auf und entmutigt mich für lange Zeit.

30. Januar

Volkstheater. Zuerst müßte man dem Volk beibringen zu lachen und zu weinen. Es irrt sich dauernd.

Erst seit heute schaue ich mir Paris an.

Zwanzig Jahre habe ich es nicht gesehen. Ich war zu ehrgeizig. Ich habe nur Bücher gelesen.

Jetzt bleibe ich vor dem Louvre stehen, vor einer Kirche, an einer Straßenecke und rufe aus: »Ach, ist das schön!«

Woran habe ich nur gedacht, bis mir die Augen aufgegangen sind?

Alles an dir wird mir gefallen: deine Denkmäler, die rosafarbenen Wolken, deine Sonnenuntergänge und die Hähne und Hennen auf deinen Quais.

Ich bin Student gewesen. Ich habe Kollegs besucht, und heute abend bummle ich zum ersten Mal mit Vergnügen durch das Quartier Latin ...

31. Januar

Das Ende des Zweiges begleitet den davonfliegenden Vogel ein kleines Stück Wegs.

Das Genie verhält sich wohl zum Talent wie der Instinkt zur Vernunft.

1. Februar

Im Schatten eines ruhmsüchtigen Mannes steht immer eine Frau, die leidet.

9. Februar

Im Theater... Mißerfolg. Das ist angenehm und macht melancholisch, so als sähe man den Schnee auf den Dächern schmelzen.

10. Februar

Die grünen Gewässer der Erinnerung, in die alles hineinfällt. Und man muß umrühren. So manches kommt wieder an die Oberfläche.

Stellt euch die Verwunderung des Menschen vor, wenn er heute die erste Rose sähe! Er wüßte nicht, welchen ausgefallenen wunderbaren Namen er ihr geben könnte.

Das Blatt, diese arme Verwandte der Blume.

13. Februar

An die Sozialisten: »Wir wollen teilen! Aber wir wollen auch die Aufrichtigkeit, die Höflichkeit und den Geist teilen!«

14. Februar

Die Klugheit des Bauern ist seine Unwissenheit, die sich nicht auszudrücken wagt.

15. Februar

Man würde kaum ertragen, unverstanden zu sein, wenn der Durchschnittsbürger nicht immer wieder sagte: »Wir beide, Sie und ich, Menschen wie wir...«

Das Publikum: Das ist das allgemeine Stimmrecht in der Kunst. War es denn nicht genug, es in Sachen Politik zum Herrn zu machen?

17. Februar

Träumerei. Der kranke Geist, der sich nur so dahinschleppt, und sich so ein ganzes Menschenleben gehenlassen kann.

22. Februar

Zweiundvierzig Jahre. Was habe ich vollbracht? Nicht viel, und jetzt schon tue ich nichts mehr.

Ich habe weniger Talent, Geld, Gesundheit, Leser, Freunde, aber ich bin gelassener.

Der Tod erscheint mir wie ein großer See, dem ich mich nähere und dessen Umrisse sich langsam abzeichnen. Bin ich weiser geworden? Kaum. Ich habe weniger Kraft, schlecht zu sein...

Von zweiundvierzig Jahren habe ich achtzehn mit Marinette gelebt. Es ist mir unmöglich, ihr weh zu tun, doch was vermag ich für ihr Wohl zu vollbringen?

Ich sehne mich nach der Zeit, als Fantec und Baïe noch so klein und so lustig waren. Was werden sie tun? Beschäftigt mich diese Frage stark genug?

Manchmal denke ich an meinen Vater, selten an Maurice, die beide schon lange tot sind. Und meine Mutter lebt immer noch. Wie werde ich den Übergang von ihrem Leben zu ihrem Tod schaffen und mir dessen auch bewußt werden?

Aufstehen, arbeiten, mich um die anderen kümmern, das ermüdet mich.

Die angenehmen Dinge schaffe ich noch recht gut: schlafen, essen, ohne Anstrengung vor mich hin träumen.

Auch beneide ich und verleumde.

Ich meine auch nicht, daß ich besser diskutiere, ich schreie noch genauso laut wie eh und je, allerdings seltener.

Im Grunde sind mir die Frauen gleichgültig. Ab und an ein paar schwärmerische Träume.

Ich lese kaum noch Neuerscheinungen. Ich mag nur noch wiederlesen.

Und wie steht es bei mir mit dem Ruhm? Da ich ihn nie ohne allzu große Anstrengung erringen werde, gelingt es mir, ihn zu verachten. Das ist fast aufrichtig, aber ich sage es zu häufig.

Nichts, was ich mir sehnsüchtig wünschte: Ich müßte mich zu sehr plagen, um Erfolg zu haben. Bin ich ein Neurastheniker? Nein. Das ist eine ernste Krankheit: Man muß leiden und unglücklich sein. Meine Krankheit aber ist sanft und voller Charme. Mir scheint, die Energie, die ich eingebüßt habe, war zuviel für mich. Ich komme sehr gut ohne sie aus.

Ich habe zwar Gewissensbisse, verstehe mich aber sehr wohl darauf, mich deshalb zu tadeln und sie so abzumildern. Mit niemandem offen sprechen zu können, das ist mir unerträglich.

Früher hatte ich Angst zu handeln, wenn es gefährlich war. Heute fürchte ich mich vor jedweder Tätigkeit, oder besser gesagt, ich neige zur Untätigkeit.

Es bereitet mir immer noch Vergnügen, meinen Namen gedruckt zu sehen, doch würde ich dem Fürsten der Kritik kein Lächeln schenken, damit er ihn druckt, es sei denn, er bemühte sich zu mir. Ja, ja, darin bin ich ziemlich großzügig, und das kostet mich gar nichts.

25. Februar

Die unsichtbaren Windspiele des Windes.

26. Februar

Wenn die Wetterfahne sprechen könnte, würde sie sagen, sie sei es, die den Wind lenkt.

Neurastheniker: ein völlig gesunder Mensch, der eine tödliche Krankheit hat.

Der Geist schleppt sich dahin. Das Leben ist schwer wie ein Müllwagen.

Meine Vergangenheit, das ist drei Viertel meiner Gegenwart. Ich träume mehr, als daß ich lebe, und ich träume rückwärts.

27. Februar

Der Diebstahl ist weniger verdammenswert als die Lüge.

Ich genieße die herbe Freude der großen Einsamkeit.

Wolken, die aussehen, als seien sie von Dichtern erdacht.

1. März

Ein Paar Geizhälse, die auf ein und demselben Klavier vierhändig spielen.

2. März

Die Nacht: ein Tag, der erblindet.

3. März

Wenn ich alles hätte, was ich mir wünsche, ich würde sogleich meinen, gar nichts zu haben.

5. März

Fabrikschornstein: ein dicker Finger, der die Luft mit Rauch beschmiert.

Dachluken: die viereckigen Augen der Dächer.

Die Bäume, deren Knospen schon lächeln, werden morgen laut auflachen.

Weder für das Volk noch für die Elite schreiben: nur für mich.

10. März

Ich weiß nicht, ob wir unsere Fehler ablegen, doch wir werden unserer guten Eigenschaften überdrüssig, zumal wenn wir sie bei anderen wiederfinden.

13. März

Stellen Sie sich das Leben ohne den Tod vor. Aus Verzweiflung würden wir jeden Tag versuchen, uns umzubringen.

Freunde mißtrauen uns, so als glaubten sie, wir könnten auf dem Grund ihrer Seele lesen.

Sagt nicht: »Ich bin die Vernunft selbst«, sondern denkt lieber vernünftig.

Nehmt von jeder Moral das, was ihren Wert ausmacht, von der christlichen Moral das, was gut an ihr ist. Jesus Christus war ein großer und bescheidener Mann. Er wird nicht gleich schreien: Haltet den Dieb!

Rechnet nicht zu sehr mit der Gesellschaft, um Reformen durchzuführen: Reformiert Euch lieber selbst.

»Dann werden wir am Ende kleine Heilige sein«, meint Ihr nun.

Keine Angst! Laßt mich in großen Zügen ein vages, nicht durchführbares Programm entwickeln. Ihr werdet immer das sein, was Ihr seid, nur etwas weniger. Wir schwächen unsere Fehler ab: Wir rotten sie nicht aus; doch der winzige Fortschritt, den Ihr kraft Eurer Anstrengungen gemacht habt, wird Euer Leben erhellen. Ihr werdet fröhlichen Herzens leben.

»Ich kenne nur die Vernunft«, sagt doch gar einer, der sich alle Mühe geben muß, kein Dummkopf zu sein.

19. März

Der Vogel, der einen Ballon sieht, sagt sich womöglich: »Ich möchte fliegen können wie er, ohne Flügel.« Und das ist dann Fortschritt.

Die Wahrheit auf der Erde verhält sich zur Lüge wie ein Stecknadelkopf zur Erde selbst.

21. März

Die Blässe: der Schatten des Schattens.

Ich habe einen Wasserkopf, und meine Gedanken versinken immer im Wasser. Sie tauchen wieder auf wie Ertrunkene.

22. März

Gott wird häufig zu uns sagen: »Ihr seid nicht im Himmel, um euch zu amüsieren.«

26. März

Ich werde immer etwas bescheidener, aber auch etwas stolzer auf meine Bescheidenheit.

28. März

Theater. Triumphe, Achtungserfolge, Reinfälle, das alles sorgt für Berühmtheit und auch dafür, daß man jemand ist, von dem geredet wird. Und es geht ihnen im Grunde nur darum, und ums Geld.

Der Rauch lebt und leidet durch den Wind.

Der Offizier: »Mein Gewissen sagt mir: Du sollst nie mehr Kirchentüren einschlagen.«

Der Soldat: »Mein Gewissen sagt mir: Du sollst nicht töten.«

4. April

Am Theater Erfolg haben ohne die Presse, ohne Freunde und Feinde, ohne Premiere und Generalprobe, das ist mein Traum.

6. April

Das Leben und das Theater durch eine Leinwand getrennt.

16. April

Meist ganz unvermittelt langweilt und widert mich das Leben an. Nur in meiner Erinnerung ist dann alles versöhnlich und macht mir Freude.

24. April

Die Lerche steigt und steigt. Sie wird sich auf die Spitze von Gottes Finger setzen.

Der Wind weint alle seine Tränen gegen die Fensterscheibe.

1. Mai

Eine schöne Tat eines anderen, und schon erscheint uns unser Leben fade.

10. Mai

Die Natur ist Gott nicht schlecht gelungen, der Mensch aber ist ihm mißlungen.

Es ist viel leichter, zu einer Menschenmenge zu sprechen, als mit einem einzelnen allein zu reden.

11. Mai

Ameisen, kleine schwarze Perlen, zwischen denen der Faden gerissen ist.

Ich lebe nicht mehr so ganz in der Wirklichkeit. Ich komme mir vor wie ein menschliches Spiegelbild im Wasser.

15. Mai

Hemden, die trocknen; Kopf nach unten tanzen sie im Wind auf ihren Ärmeln.

17. Mai

Nicht zu gedrängt schreiben. Man muß dem Leser mit kurzen banalen Sätzen helfen. Daudet verstand sich gut darauf, sie einzufügen.

18. Mai

Ich fühle mich unwirklich, wie aus Wolken geschaffen, wie eins jener Gebilde, das in der untergehenden Sonne erblüht und sich wieder auflöst.

Ich hätte einen guten Geistlichen abgegeben, doch bin ich antiklerikal genug, um nie ein Heiliger zu werden.

22. Mai

Faulheit: die Angewohnheit, sich vor jeder Ermüdung auszuruhen.

26. Mai

Ein vulgäres Wort, das den einzelnen kalt lassen würde, reißt eine Menschenmenge mit.

1. Juni

Die Margerite, eine schöne Dame im weißen langen Faltenkleid, einen vergoldeten Strohhut auf dem Kopf.

Zuletzt verachtet man doch stets jene, die allzu leicht unserer Meinung sind.

Die Arbeit gleicht manchmal dem Angeln in Gewässern, in denen noch nie Fische gewesen sind.

16. Juni

Patriotismus. Der Stier aus dem Departement Nièvre weigert sich dann und wann, eine kleine bretonische Kuh anzuschauen.

17. Juni

Fronleichnam. Er geht zur Messe, beide Hände in den Taschen; aber er läßt sich darum nicht einen einzigen Heuwagen entgehen, und seine Knechte schuften den ganzen Tag, als gäbe es Gott gar nicht.

18. Juni

Das Leben ist stets der Schutzpatron meiner Schriftstellerei gewesen: Sobald ich mich entferne, stürze ich.

19. Juni

Ich krümme mich nicht, ich zerbreche.

23. Juni

Und wenn ich auch schon so alt und obendrein Bürgermeister bin: Sobald ich einen Polizisten sehe, bin ich doch nicht ganz unbesorgt.

Die Wahrheit, die ich aus meinem Brunnen geschöpft habe, vermag sich von ihrer Kette nicht zu befreien.

25. Juni

Jedes Planetensystem hat seinen Gott. In der Ewigkeit

haben sie sich zuletzt irgendwie geeinigt. Manchmal jedoch werden sie unwillig und zertrümmern Welten.

Der Ochse ist stark genug. Er kann darauf verzichten, männlich zu sein.

1. Juli

Unbekümmert, nicht bekannt zu sein, doch verdrossen, nicht gegrüßt zu werden.

Glücklich sein heißt beneidet werden. Wohlan! Irgendwo ist immer jemand, der uns beneidet. Es kommt nur darauf an, ihn zu kennen.

Die Natur gewinnt bei näherer Bekanntschaft.

Nur die Angst vor dem Tod hält sie noch am Leben.

17. Juli

Ein Friedensrichter. Die eigensinnig verschlossene Miene eines Mannes, der fürchtet, jemand könne bemerken, daß er aufs Geratewohl richtet.

20. Juli

Eine Mutter haben und nicht wissen, worüber ich mit ihr sprechen soll!

27. Juli

Schau dir die Leere gut an! Du wirst dort Schätze finden.

28. Juli

Mit noch sonnenvergoldetem Rand nimmt der Mond die Parade der Pappeln ab, die noch nie so gerade gestanden haben.

1. August

Ich bin ein sensibler Mensch, den das Leben verletzt und erfreut. Mir fehlt die Kaltblütigkeit des kühlen Beobachters.

6. August

Das ermüdende Entsetzen vor der Sonne, die ewig scheint.

Sterben – die Welt auslöschen.

Mein eigenes Glücksrad, das ist der Mond.

9. August

Der Pflug gleitet durch den leichten Boden wie ein kleines Boot.

10. August

Die Träumerei: der Efeu des Gedankens, den er erstickt.

Alte Briefe wiedergelesen, die ich Marinette geschrieben habe. Wir ändern uns nicht. Migränen, Anfälle von Arbeitswut, Faulheit, Lebenslust, und im Mittelpunkt steht immer Marinette.

Ich wundere mich nur, daß ich nicht mehr Einzelheiten erwähne. Heute würde, so scheint mir, mein Auge alles erfassen. Ich habe jetzt ein besseres Gerät. Doch stelle ich fest, daß wir trotz allem gelebt haben und es nur natürlich ist, wenn das Leben vergeht und zuletzt auch ein Ende hat.

16. August

Theaterpremiere. Von Blumen- und Kranzspenden bitten wir Abstand zu nehmen.

Meine Lektüre über soziale Probleme hat meinen persönlichen Ehrgeiz zerstört; sie konnte mich nicht ermutigen, für die anderen zu arbeiten.

Unser Traum stößt an das Mysterium wie die Wespe an die Fensterscheibe. Gott, nicht so mitfühlend wie der Mensch, hat das Fensterkreuz noch nie geöffnet.

21. August

Kleinstadt. Die Töchter des Eisenwarenhändlers wollen

nicht mit der Tochter der Kuchenverkäuferin verkehren. Eisen ist etwas Besseres als Backwerk, außerdem sieht man sie nie im Laden stehen!

28. August

Auch ich habe meine plötzlichen Wetterumschläge und kenne lange Trockenzeiten.

29. August

Das Dorf im Mondschein – wie Möbel unter einem Schonbezug.

Die Schnecke: Winzer mit Kiepe auf dem Rücken, Stricknadeln durch den Kopf gesteckt.

31. August

Eine Fliege, die sich die Hände reibt.

Mehr als meine Fehler verkürzen, kann ich nicht tun: Ein Anfall von schlechter Laune, von Rachsucht, von Eitelkeit dauert nicht mehr so lange.

Doch glaube ich, die Länge des Egoismus bleibt sich immer gleich.

3. September

Ach! Der Halunke von Mond! Welche Poesie er doch verströmt!

Bescheiden wie Gott ist, rühmt er sich doch lieber nicht, die Welt erschaffen zu haben.

4. September

Ein Armer, der bei seinem Tod nur Gott als Erben zurückläßt.

Ich komme mir vor wie ein Jäger, der nur schießen will, wenn er mit Sicherheit trifft, jedoch an seiner Geschicklichkeit zweifelt.

6. September

Meditative Zusammenkunft von Bäumen unter dem Vorsitz des Mondes.

Meine Abscheu vor der Lüge hat meine Phantasie getötet.

Der Beruf des Schriftstellers ist trotz allem der einzige, in dem man nichts verdienen kann, ohne lächerlich zu sein.

10. September

Die Stunden, in denen ich mich wie ein Fisch im Wasser wohlig im Unendlichen tummle.

12. September

»Der Stil, das ist der Mensch.« Damit wollte Buffon sagen, daß er eine ihm eigene Art zu schreiben hatte und er sich eben dadurch vom Nachbarn unterschied.

Mit Willen kann man alles erreichen; aber woher den Willen nehmen?

Meine Seele ist wie gelähmt. Ich bin innerlich tot.

Widerwillen gegen das literarische Metier, gegen das nach Vorschrift verfälschte Leben, gegen die für den Leser zurechtgerückte Wahrheit.

Diese Eintragungen sind mein tägliches Gebet.

17. September

Die aufgeblähte dickbäuchige Zwiebel wie die Clowns, die sechsunddreißig Westen anhaben.

Dazu geboren, nur ein kleines Fleckchen Erde umzugraben, möchte ich doch am liebsten die ganze Erde umbrechen.

26. September

Herbst. Fünf Uhr abends.
Lautloser und langwährender Kampf zwischen Sonne und Schatten.

Der Schatten siegt. Den Bäumen reicht er schon bis zur Taille, ihre Wipfel bleiben im Licht. Dort oben auf der Wiese leuchten die Rinder wie weiße Flecken.

Violetter Schiefer, rosa und rote Dachziegel.

Die Sonne gibt nach und weicht bis zum Horizont zurück. Auf der Höhe brennt ein Bauernhaus; das Wasser des Schattens wird das Feuer löschen.

Wären wir etwas strenger mit unseren Freunden, sie würden uns nicht so verächtlich erscheinen, wenn sie unsere Feinde geworden sind.

6. Oktober

Ich liebe die französische Sprache über alles; ich glaube, was mir die Grammatik vorschreibt, und ich labe mich an den Ausnahmen, den Unregelmäßigkeiten unserer Sprache.

8. Oktober

Diese junge Frauensperson hat gewiß Talent. Es wird noch wachsen, sollte sie hübsch werden.

10. Oktober

Zeitweise bin ich neidisch, aber ich habe nie die Geduld aufgebracht, ehrgeizig zu sein.

Aufgeschlagene Eier: lauter kleine Sonnen in der Pfanne.

Die Schönheit des Neuen besteht immerhin darin, daß es sauber ist.

17. Oktober

Unglück, also Pech, zu haben, ist ärgerlich, doch Glück, also Dusel, zu haben, ist irgendwie beschämend.

19. Oktober

Glück bedeutet glücklich sein, nicht, andere glauben zu machen, man sei es.

Renan. Er gehört zu den Menschen, die Gott am meisten geliebt haben. Manchmal stört mich an ihm die Sinnlichkeit des alten hochgebildeten Mönches.

20. Oktober

Renan verleiht den einfältigen Seelen Erhabenheit, doch sind es meist Seelen von Rohlingen, in denen Renan wohnt, während er schreibt.

Renan: Sein Stil ist wie langsames und ruhiges Ein- und Ausatmen.

23. Oktober

Pappeln im Herbst: zwei oder drei Reihen von Kerzenleuchtern, die Tag und Nacht nicht verlöschen.

28. Oktober

Herbst. Die Mistel hat ihr Nest gebaut.

31. Oktober

Sobald man nicht arbeitet, meint man, nie gearbeitet zu haben.

3. November

Bedenken wir stets, daß diese Welt keinerlei Sinn hat.

5. November

Was wird aus all den Tränen, die nicht geweint werden?

21. November

Ich bin nicht aufrichtig, und ich bin es auch dann nicht, wenn ich behaupte, es nicht zu sein.

22. November

Freunde, die man sehr liebt und an die man nie denkt.

Alles ermattet, nur der Traum nicht, der unkörperliches Leben ist.

Rauch: Träumerei des Feuers.

Es drängt mich nicht, die zukünftige Gesellschaft zu kennen; die unsere ist für den Schriftsteller günstig. Mit ihren Lächerlichkeiten, ihren Ungerechtigkeiten, ihren Lastern und ihrer Dummheit fördert sie die literarische Beobachtung. Je besser die Menschen werden, um so schaler sind sie.

Möchten die wenigen Sous, die ich besitze, es mir erlauben, die Reichen zu verachten und die Tugend der Armen zu preisen! Ich gebe sie aus, um mich zu ernähren und zu sagen, was ich will. Könnte ich es sagen, wenn ich diese wenigen Sous nicht hätte, ich meine diese notwendige Unabhängigkeit? Treibe ich etwa Wucher? Bereichere ich mich? Vermehre ich diese Sous auch nur um einen einzigen? Nein. Ich werde sie für die Sache ausgeben, für die ich streite. Es mag vielleicht den Anschein haben, ich hätte ein wohlhabendes Leben geführt; es würde mir leid tun, wenn Sie das glauben; doch ich will gegen die Reichen und für die Armen auftreten; ich möchte der Armut gedient haben, und das ist mir die Hauptsache.

Die traurigsten Augenblicke sind diejenigen, in denen man zuletzt glaubt, die Klugheit sei nur ein Schwindel.

In der Öffentlichkeit reden. Man braucht nicht unbedingt das zu denken, was man sagt, aber man sollte darüber nachdenken, was man sagt: Das ist viel schwieriger.

1. Dezember

Die Fledermäuse, die mit ihrem Regenschirm fliegen.

2. Dezember

Von Maupassant könnte man sagen: Er ist an Angst gestorben. Das Nichts hat seine Sinne verwirrt und ihn getötet. Heute kümmern wir uns weniger um das Nichts. Wir gewöhnen uns daran, und diese Evolution in unserem Leben ist eine literarische Revolution. Warum soviel besitzen? Nichts besitzen ist auch unterhaltsam und ermüdet weniger.

Vor allem ein Schriftsteller, sagen seine Biographen. Doch nein! Er wollte viel Geld verdienen, hat sich jeden Morgen regelmäßig an seine Arbeit gesetzt, sich übernommen; auch wiederholt er sich oft. An uns ist es jetzt, die Auswahl zu treffen.

Das Nichts an sich ist unergiebig. Man muß schon ein ganz großer Dichter sein, um es zum Klingen zu bringen.

Er wollte sein Leben nicht preisgeben; er war nicht Schriftsteller genug, denn sein Leben erklärt sein ganzes Werk, und daran ist sein Wahn vielleicht die schönste Seite.

Sein Verleger beriet ihn, trieb ihn an, lenkte ihn. Flaubert wäre argwöhnisch geworden.

Er verachtete die Frau, doch gibt es nur eine Verachtung, die zählt: sie nicht f....., und er tat nichts anderes.

Das Kreuz der Ehrenlegion hat er ausgeschlagen, da er um seinen Ruhm wußte und noch nicht genug davon hatte. Den »Palmenorden« nahm er an als Beamter, als noch keiner seinen Namen kannte.

Taine nannte ihn einen »traurigen Stier«. Zweifellos stimmte es ihn traurig, von sich selbst zu wissen, daß er mehr Stier als großer Dichter war.

Er hat nicht genau genug beobachtet. Er war es zu rasch leid. Es gab noch so viele lustige Dinge zu sehen.

4. Dezember

Das Bild bei Shakespeare ist weniger literarisch als bei Victor Hugo, wohl aber humaner. Bei Victor Hugo kommt es schon mal vor, daß man nur noch das Bild sieht, bei Shakespeare dagegen hat man immer die Wahrheit, die Muskeln und das Blut der Wahrheit vor Augen.

Man sollte Shakespeare erst sehr spät lieben lernen, wenn man der Perfektion überdrüssig ist.

5. Dezember

Gestern abend *Julius Cäsar* gelesen. Ich hatte es früher schon gelesen und wieder vergessen. Nach der Darstellung von Antoine und nach dieser Lektüre kann ich mir erklären, weshalb ich Shakespeare nicht mochte. Er ist vielleicht ein großer Mann des Theaters, der das Spiel auf der Bühne nicht entbehren kann, um verstanden zu werden. Victor Hugo braucht man nur zu lesen, doch hat mich von ihm nichts so gepackt wie *Julius Cäsar*. Shakespeare ist also mehr Mann des Theaters als Victor Hugo.

Man entdeckt nicht ihn: Man entdeckt sich selbst; man entdeckt in sich eine Bewunderung, die schon immer ihm gegolten hatte und nur schlummerte.

Wer sich nicht zu bescheiden versteht, vermag auch nicht zu bewundern.

10. Dezember

Ein redlicher und begabter Mensch ist ebenso selten wie ein genialer.

Man sollte recht zurückhaltend sein, wenn man von seinem Glück spricht, und es eingestehen, als gebe man einen Diebstahl zu.

14. Dezember

Es gibt eine Gerechtigkeit, aber wir können sie nicht immer sehen. Sie ist da, diskret lächelnd, steht abseits und etwas hinter der Ungerechtigkeit, die stets großes Aufsehen erregt.

16. Dezember

Grabrede. Zu seinen Lebzeiten hätte ihm die Hälfte von allem genügt.

19. Dezember

Ein Sozialist, so unabhängig, daß er den Luxus nicht scheut.

Sarah, das ist nicht mehr die Schauspielerin. Das ist so etwas wie der Gesang der Bäume, der monotone Klang eines Instruments. Es ist vollkommen, und wir haben uns daran gewöhnt.

20. Dezember

Jedesmal wenn ich mich an die Arbeit setze, werde ich von der Literatur gestört.

22. Dezember

Der Pinguin, der die Enden seiner Flügel in seine Westentasche steckt.

23. Dezember

Wozu reisen? Aus einer gewissen Höhe im Traum sieht man alles.

27. Dezember

Mir kommt eine Idee, die ich aber nur wie einen Vogel anzuschauen wage: Ich habe immer Angst, sie könnte wegfliegen, und ich bringe auch nicht den Mut auf, sie anzufassen.

Um leichte Träume zu haben, müßte man mit Augen voller Mond einschlafen.

1907

1. Januar

Ich will ganz vernünftig sein, wie ein kleines ahnungsloses Arbeitspferd schuften. Um die Wahrheit zu sagen, ich fühle, daß das Leben vergeht und das Ende sich abzeichnet, dort drüben im Nebel; und ich muß nutzen, was mir noch bleibt. Wenn du noch etwas vollbringen willst, so wird es Zeit.

2. Januar

Ein Mann von Charakter hat keinen guten Charakter.

4. Januar

Kaum daß ich ein wenig arbeite, meine ich schon, auf alles Anspruch zu haben, und die kleinste Störung ist in meinen Augen eine Ungerechtigkeit.

Als Marinette sieht, wie rasch meine schlechte Laune in gute umschlägt, sagt sie zu mir:

»Du bist zwei.«

Klassisch, das bedeutet nicht, man sei vollkommen; es heißt vielmehr, daß einem von Zeit zu Zeit schöne Sachen gelingen.

8. Januar

Ihr Ruf arbeitet schneller für oder gegen die Leute als sie selbst.

Erfahrung: ein nützliches Geschenk, das zu nichts nutze ist.

12. Januar

Ravel, der meine *Tiergeschichten* vertont hat, dunkel, reich und feinsinnig, drängt mich, ich solle mir heute abend seine Melodien anhören.

Ich versuche ihm zu erklären, daß ich nichts davon verstehe, und frage ihn, was er wohl den *Tiergeschichten* hinzugefügt haben könnte.

»Es war nicht meine Absicht, etwas hinzuzufügen«, erwidert er, »sondern sie zu interpretieren.«

»Aber in welchem Sinn?«

»Das in Musik ausdrücken, was Sie mit Worten sagen, wenn Sie vor einem Baum stehen, zum Beispiel. Ich denke und fühle in Musik, und ich möchte dasselbe empfinden wie Sie« ...

13. Januar

Blum sagt von Briand und Viviani:

»Im Grunde genommen sind sie Skeptiker, fast schon Zyniker, aber sie haben den Sozialismus erlebt, und etwas davon wird immer hängenbleiben. Das ist mir lieber als die Radikalen.«

Jaurès ist sehr niedergeschlagen durch die Sorgen, die ihm die *Humanité* bereitet.

14. Januar

Nest zu vermieten. Wasser und Sonne auf allen Zweigen.

23. Januar

Was ist ein Denker? Solange er mir nicht das Universum erklären kann, werde ich sagen, ich pfeife auf sein Denken.

6. Februar

Vor drei Wochen habe ich ihm zu seiner Auszeichnung gratuliert. Heute abend schickt er mir ein Telegramm, um mir zu danken; er muß wohl inzwischen erfahren haben, daß ich irgendwo als Kritiker tätig bin.

9. Februar

Essen bei Léon Blum. Jaurès ... spricht über Robespierre, den er für den großen Mann der Revolution hält, macht sich über Taine lustig, der ihn nicht verstanden und sein strenges Wesen damit zu erklären versucht hat, daß er nur von Apfelsinen gelebt habe. Jaurès wiederholt, daß die Männer der Revolution, wären sie nicht hingerichtet worden, im Wahnsinn gestorben wären, weil die übermenschliche Anstrengung sie zu rasch verzehrte.

... Er spricht über seinen Patriotismus. Er sagt, ohne Armee und Waffen könne eine Nation nicht existieren, weil sie nicht klar genug erkennt, was bei den Nachbarn Aufrichtigkeit und was Heuchelei ist. Immerzu kriegt man zu hören: »Das würde sich Deutschland nicht erlauben, wären wir bewaffnet.« Er glaubt nicht an Krieg. Er hält Wilhelm II. im Grunde nicht für so kriegerisch.

10. Februar

Jaurès. In seiner Nähe empfinde ich eine fast zärtliche Bewunderung für ihn. Am liebsten würde ich zu ihm sagen: »Kommen Sie doch mit mir zu Marinette! Sie wird sich Ihrer annehmen und sich um Ihre Wäsche kümmern. Einer mehr oder weniger...«

12. Februar

Ich verstehe das Leben immer weniger und liebe es mehr und mehr.

An die Jungen. Von mir sollt ihr eine Wahrheit erfahren, die euch vielleicht unangenehm sein wird, denn ihr baut auf das Neue! Diese Wahrheit besagt, daß man nicht altert. Was das Herz anlangt, zugegeben, war das schon lange bekannt, zumindest in der Liebe. Wohlan, dasselbe gilt für den Geist. Er bleibt immer jung. Mit vierzig versteht man das Leben nicht besser als mit zwanzig, doch man weiß das und gibt es zu.

Und eben das ist Jugend.

28. Februar

Ich liebe die Musik, alle Formen der Musik von der einfachsten bis hin zur kompliziertesten, vor allem aber jene, die uns so großzügig erlaubt, an etwas anderes zu denken. Sie erinnert mich an das Hin- und Herwiegen der blätterlosen Pappeln in meinem Dorf und an den Kanal, auf dem sich nach dem Belieben eines nicht sonderlich anspruchsvollen Windes das Schilfrohr neigt und wieder aufrichtet wie die Bögen eines Orchesters, nur nicht so laut.

Man glaubt, der Prosaschriftsteller könne der Musik entbehren: Dem ist nicht so, und Sie werden sehen, daß er ohne sie nichts ist.

Der Dirigent überträgt die Musik durch eine strenge Pantomime wie ein großer Schauspieler. Schläge treffen ihn in die Magengrube, er pflückt einen Ton, macht »pst« und legt den Finger auf die Lippen, stürzt nach vorn, tanzt einen Schritt, durchkreuzt den Horizont mit seinem erhobenen Stab, läßt schließlich die Arme sinken: aus.

Und sein Herz, daß uns eben noch zum Zerspringen hart und trocken schien, ist plötzlich eine Quelle von Tränen, die sich sprudelnd verströmt.

3. März

Das Wort »groß« hat auf dem Theater nicht die gleiche Bedeutung wie anderwärts, es bedeutet: mittelgroß.

18. März

Theater. Der Autor zum Kritiker:
»Sie sollten lieber ein gutes Stück schreiben.«
»Sie auch«, antwortet der Kritiker.

Die Kritik ist leicht, und die Kunst ist schwer, und beide sind nicht einfach.

Kritiker sein verleidet einem bald die Kritik, und auch das Theater, und auch das Leben.

Der ehrbare Kritiker muß sich auf seinen Platz begeben, mit Scheuklappen versehen wie ein gutes gefügiges Pferd, oder wenn Ihnen das lieber ist, wie ein Esel.

22. März

Das Theater wird nur von Leuten erneuert werden, die nichts davon verstehen.

25. März

Vielleicht nimmt uns der Tod erst hinweg, wenn wir uns voll entwickelt haben; mein langsames Heranwachsen beruhigt mich.

Wie nur soll eine gemeine Seele unsterblich sein können!

Sie ist fröhlich, zärtlich und hübsch, lebhaft, leicht beschwingt. Sie sieht aus wie ein Vogel, der sich gerade irgendwo ein Nest baut.

28. März

Gott. Noch so einer, der sich für unsterblich hält!

8. April

Ich habe ein vortreffliches Gedächtnis: Ich vergesse alles! Und ob das angenehm ist! ... Es ist gerade so, als erneuere sich mir die Welt in jedem Augenblick.

10. April

Sich vor Grundsätzen hüten, die viel Geld einbringen.

16. April

Rabelais ist heiter: Geist hat er nicht.

24. April

Ja, die Spötter lieben die Poesie, nur sollte diese für sie immer sehr schön sein.

29. April

Theater. Der Autor darf sich nicht immer wieder mit der Behauptung entschuldigen, der Kritiker verstehe ihn einfach nie.

Wir machen uns Feinde. Aber hatten wir denn Freunde?

1. Mai

Ich liebe die alltägliche Blume und das seltene Kompliment.

7. Mai

Palme: Giraffe.

Weidenbaum, frühzeitig vom Sturm geknickt.

Die Champignons mit ihren kleinen Schirmen kommen doch immer viel zu spät heraus.

23. Mai

Ein Junger, der kein Talent hat, ist schon ein Alter.

13. Juni

Im Garten schlage ich die Augen nieder, um im Vorübergehen den Vogel in seinem Nest nicht zu erschrecken.

19. Juni

Die Brennessel: aufrecht, elegant und feingliedrig, hochmütig.

25. Juni

Wir sind hier auf Erden um zu lachen.

Im Purgatorium oder in der Hölle werden wir nichts zu lachen haben.

Und im Paradies dürfte es sich nicht schicken.

Die tägliche Kraft, die man nicht nutzt.

Ein alter Engel.

Überdies sind sie Christen, weil sie glauben, ihre Religion entschuldige alles.

26. Juni

Der Tod ist der Normalzustand. Wir bauen zu sehr auf das Leben.

10. Juli

Wolken: langsame Tierskizzen.

Die Welt wäre glücklich, stände sie auf dem Kopf.

12. Juli

Die Verachtung einer Lilie für eine Erbse.

17. Juli

Es fällt viel schwerer, eine Woche lang ein guter Mensch zu sein, als eine Viertelstunde lang ein Held.

Ich sammle alles, was die Literaten an Leben verlorengehen lassen, und daraus entsteht so manches Schöne.

19. Juli

Migräne. Das muß wohl das sein, was Christus seine Dornenkrone genannt hat.

20. Juli

Spaziergang. Aus den Büschen steigt Frische auf. Die Dunkelheit schleicht um den Fuß des Baumes.

Der Mensch, der unbefangen einen Blick ins Nichts wagte, würde sich sofort umbringen.

24. Juli

Dieses traurige »Das ist alles« des Briefträgers, der uns nur einen Prospekt auf den Tisch legt.

26. Juli

Ich suche das Leben nur im Leben selbst. Es schenkt mir Kostbarkeiten, mißt sie mir jedoch sparsam zu.

30. Juli

Frau. Diamanten an den Ohren und in den Augen.

Ich habe keinen Glauben, doch glaube ich verschiedene Dinge, die mich aufrechterhalten.

2. August

Man gewöhnt sich daran, niemals krank zu sein.

3. August

Wenn ich mir die bürgerlichen Gelüste so recht betrachte, fühle ich mich durchaus imstande, auf alles zu verzichten.

4. August

Diese Spinne hat ihr Netz unter einer Blume gespannt. Sie hat nichts als Blütenblätter erwischt. Sehr bald ist sie gestorben und galt fortan nicht nur als grausam, sondern obendrein als dumm.

5. August

Diese Alte gewöhnt sich daran, sich auf meine Bank zu setzen. Noch so eine, die sich der ganzen Länge nach in eins meiner Bücher legen wird!

Bald werde ich durchaus imstande sein, wenn auch nicht gerade eine gute Tat zu vollbringen, so doch wenigstens eine mühselige Arbeit zu verrichten ohne jede Hoffnung auf Dankbarkeit.

7. August

Ich muß den Dingen Zeit lassen, sich in meinem Gedächtnis einzurichten wie Kunstgegenstände auf einem Möbelstück, immer schön aufrecht.

10. August

Die Heimat, das bedeutet: von Zeit zu Zeit eine Minute der Rührung, aber doch nicht dauernd.

Meine Feder verbrannte das Papier wie ein feuriges Insekt.

11. August

Ich kann mir sehr gut meine Büste vorstellen dort drüben auf dem alten Friedhof, mit folgender Inschrift:

Jules Renard
seine gleichgültigen Landsleute.

16. August

»Nichts für Sie«, sagt der Briefträger.
»Ach! Ich erwarte doch gar keinen Brief.«
Als müßte man sich gegen einen falschen Verdacht zur Wehr setzen.

19. August

Unendlicher Himmel. Niemals können die Wolken ihn ausfüllen.

Wir sollten der Wahrheit keine Beachtung schenken; dann fällt sie uns plötzlich um den Hals.

20. August

Der Komet vom August 1907. Er ist sehr früh im Osten zu sehen, sicher gegen zwei Uhr morgens. Er sieht aus wie eine blasse Sternschnuppe, die beim Absturz über dem Wald von Narteau stehengeblieben ist, oder auch wie ein Billardstock, der in den Himmel hinaufgeworfen wurde.

Sehe ich nicht aus wie ein alter Astrologe ohne Brille mit meiner Laterne, meinem roten Schlafrock, meinem Wollschal und meiner Kappe auf der Baumwollmütze?

Zum Glück ist er wieder hinter einer Wolke verschwunden. Nichts ist so eintönig wie diese Wunder.

Das alles beweist noch lange nicht den Teufel.

Am Horizont, kurz vor der Sonne, steigt Saturn oder Jupiter empor. Und das wiegt wahrlich einen ganzen Kometen auf.

22. August

Man sollte schreiben, wie man spricht, sofern man nur gut spricht.

4. September

Ich bringe die Menschen zusammen, damit sie sich näherstehen, wenn sie sich bekämpfen.

Ich will meine Sache gut machen und wünsche mir nur, daß es auch irgend jemand bemerkt.

Wie lange die Spinne die Fliege küßt!

6. September

Nie habe ich zu mir selbst gesagt: Das will ich mir aufschreiben.

Der Gedanke kommt mir immer erst später.

Angesichts einer schönen Herbstlandschaft muß man ein wenig krank sein oder sich zumindest so fühlen oder aber sich einreden, man sei es.

7. September

Ich weiß nie etwas, und es bereitet mir stets Vergnügen, irgend etwas zu lernen.

8. September

Mein Gehirn wird wie ein Spinngewebe; das Leben kommt nicht mehr hindurch, ohne hängenzubleiben.

Die Wahrheit der Spinne, das ist die kleine Fliege.

9. September

Politik. Sie müssen sich wohl oder übel den Anschein geben, als verfolgten sie eine kurze gerade Linie auch auf die Gefahr hin, vom Wege abzukommen; doch die Wahrheit findet sich ein wenig überall.

Gern eilt man zur Hilfe, aber nicht unbedingt um zu retten.

10. September

Sully Prudhomme ist von gleichmäßiger Tiefe. Man badet

darin, ohne schwindlig zu werden, und hat auch immer Grund unter den Füßen.

Resignation mit Sprungfedern.

Theaterkritik. Keine Bosheiten mehr: Gerechtigkeit in der Gleichgültigkeit.

Unbeteiligt wie ein Ochse, der sich auf dem Viehmarkt nicht hat verkaufen lassen.

11. September

Septemberabend. Eine umherirrende Seele. Ihr Glöckchen ist zu hören.

12. September

Wenn die Menschen geboren werden, sind sie alle gleich. Schon am nächsten Tag sind sie es nicht mehr.

Autos auf den Straßen, Jäger in den Feldern; die Erde ist unbewohnbar geworden.

16. September

Wie schön wäre die Ehrlichkeit eines Advokaten, der die Verurteilung seines Mandanten verlangt.

Poet. Wie die Zikade, ein einziger unaufhörlich wiederkehrender Ton.

17. September

Ich gehe spazieren. Hinter mir ein Auto, das des Grafen vermutlich. Ich muß wohl aussehen wie ein Gelehrter und ziehe aus meiner Tasche eine Zeitung, die ich auf meinen Rücken halte, doch habe ich *Le Matin* gegriffen und nicht *L'Humanité*. Warum nur?

Was die Fremden am meisten bewundern in meinem Land, das bin keineswegs ich: es ist das helle Weiß der Rinder.

20. September

Der geschlechtslose Mond.

In der Nacht lacht ein Pferd laut auf.

21. September

Huysmans: Das ist Farbe, ja! Das sind leicht angekratzte glanzvolle Worte.

Ein durch Unglück rasch gealtertes Gesicht wie vom Wind gekräuseltes Wasser.

Ein herbstlicher Schmetterling, der sich selbstvergessen auslebt.

29. September

Der Schriftsteller, den ich am häufigsten wiederlesen muß, um seine Fehler abzulegen, das bin ich selbst.

3. Oktober

Theaterkritik.
»Wie milde und nachsichtig!«
»Ach! Lassen Sie doch! Der Verdienst, wenn überhaupt, bleibt derselbe. Es ist ebenso schwierig, falsche Komplimente zu machen wie ehrliche Kritik zu üben.«

Ich möchte auch gern die Mode mitmachen und den Geist verachten: Ich schaffe es nicht.

Ich glaube nicht an das Theater. Das ist das Geheimnis meiner Nachsicht.

4. Oktober

Theater. Wenn ich bedenke, daß Gott, der alles sieht, sich das hier auch ansehen muß!

6. Oktober

Die Politik sollte das Schönste auf der Welt sein: ein Bürger im Dienste seines Landes. Sie ist jedoch das Gemeinste, was man sich denken kann.

10. Oktober

Jeden Tag bin ich Kind, Mann und Greis.

Ein Kanarienvogel, der nur in einem vergoldeten Käfig singen könnte.

20. Oktober

Es gibt keine Gerechtigkeit mehr: wohl gibt es unseren Geschmack und unsere Laune. Für einen Kritiker geht es darum, sich seinen Geschmack heranzubilden und auf seine Laune zu achten.

Es gibt Tage, an denen der vom Publikum angewiderte Magen selbst die belanglosesten Zugeständnisse verweigert.

23. Oktober

Capus: »Der Ärger ärgert mich nicht. Was mir auf die Nerven geht, ist das seichte Leben.«

26. Oktober

Die Académie Goncourt scheint mir krank zu sein; sie macht den Eindruck eines Ruhesitzes für alte Freunde.

Die Literatur wird das Interesse an ihr verlieren.

28. Oktober

Könnten wir doch die Augenblicke, in denen die Musik uns anrührt, wenn schon nicht festhalten, so doch verlängern, wir wären mehr als Menschen.

Die Musik lieben heißt, sich ein Viertel seines Glücks sichern.

Mitten auf einem Feld blieb ich stehen wie jemand, der unerwartet eine schöne getragene Melodie hört.

Wir erklären ausdrücklich: Wenn die Académie Goncourt nicht dem Talent Zuflucht gewährt, wird sie nichts bedeuten.

29. Oktober

Guitry. Wir waren dabei, ihn zu vergessen, ihn weniger zu lieben; doch mit ihm ergeht es uns wie mit den klassischen Dichtern. Wir brauchen nur eine Seite von ihnen zu lesen, und schon finden wir sie wieder unübertrefflich.

12. November

Erstes Diner Goncourt ... Ich verbringe einen großen Teil meines Lebens mit Träumereien, ja Faulheit, wenn Sie so wollen. Ich muß künftig etwas aufpassen. Mich dünkt, ich habe für zwei gearbeitet: zunächst einmal für mich selbst, und dann für diese andere Person, die mir plötzlich so am Herzen liegt: die Académie Goncourt. Ich will arbeiten und den Abstand etwas verringern, der mich von Huysmans trennt, auch auf die Gefahr hin, ihn zu vergrößern. Ich will arbeiten, damit Sie meine Wahl nicht zu bereuen haben. Ich werde in Kürze irgendein Buch veröffentlichen, in dem sich das am wenigsten Schlechte von mir wiederfindet. Das soll meine Art sein, Ihnen zu danken.

14. November

Man braucht viel Zeit, um ein Buch zu lesen; weniger, um es zu beurteilen.

1. Dezember

Ich bin indiskret, doch komme ich mit niemandem zusammen.

Mein Geist: ein düsterer Himmel mit rasch aufeinanderfolgenden Aufklärungen.

4. Dezember

Schnürsenkel. Der eine wächst doch stets schneller als der andere.

10. Dezember

Die Liebe, der im Leben nur ein kleiner Winkel zugedacht ist, nimmt auf dem Theater den ganzen Raum ein.

11. Dezember

Ein Fehler in der Fensterscheibe – und der Spatz auf dem Dach wird zum Adler.

14. Dezember

Auf einem feindseligen Hintergrund nehmen alle Einzelheiten klare Formen an.

23. Dezember

Der Zorn zehrt. Wenn wir nicht aufpaßten, würden uns die Halunken im Leben rasch umbringen.

Spaziergänge. Der Körper läuft, und der Geist flattert um ihn herum wie ein Vogel.

26. Dezember

Ich berühre den Grund. Ich kann nur noch aufsteigen.

Um klar zu sein, muß man selbst erst einmal das Bedürfnis nach Klarheit haben.

27. Dezember

Ja, ich langweile mich, aber die Langeweile tut nicht so weh wie manches andere Gefühl: Zorn, Ehrgeiz, Verlangen usw.

Pläne. Täglich an eine imaginäre Freundin einen Brief schreiben, und mit jedem Brief diese Freundin etwas deutlicher umreißen, bis sie zuletzt lebendiger ist als der Verfasser selbst.

28. Dezember

Ein graues Wetter ohne Sonne, so als lebten wir unter dem Meer.

1908

2. Januar

Wir haben es zu eilig. Was würden wir von einem Sämann denken, der sogleich sehen will, wie sein Weizen aufgeht?

3. Januar

Stunden, in denen auch der Unbescheidenste sich wundert, etwas zu sein.

Eine einzige Erfahrung verfestigt sich in mir: Alles hängt von der Arbeit ab. Ihr verdanken wir alles, sie ist das große Ordnungsprinzip in unserem Leben.

Ein Fenster zur Straße hin ersetzt ein Theater.

7. Januar

Ich möchte jemanden sehen, der noch trauriger ist als ich, vielleicht die Tiere im zoologischen Garten.

8. Januar

Wenn meine Bücher die Maler so langweilen, wie ihre Bilder mir auf die Nerven gehen, dann verzeihe ich ihnen.

Wenn ich vor einem Bild stehe, spricht es besser als ich.

9. Januar

Es fällt mir viel schwerer, meine Laune in den Griff zu bekommen als meine Konten.

Für jemanden schreiben, ist so gut wie an ihn schreiben: Gleich fühlt man sich verpflichtet, zu lügen.

Die Poesie hat mich vor der üblen Krankheit der Unverschämtheit bewahrt.

Man muß leben um zu schreiben, nicht schreiben um zu leben.

10. Januar

Winter. Das Dach fröstelt unter einem dicken Rauchschal.

Voltaire war ein vortrefflicher Geschäftsmann, was wiederum erklärt, daß von dem Dichter, für den er sich selbst hielt, nicht viel übriggeblieben ist.

Eine Wolke zieht schnell dahin, als wisse sie, wohin sie geht.

11. Januar

Gerade die Ironie rettet die Welt.

Das Volk versteht uns nicht. Wir verstehen es noch viel weniger.

13. Januar

Die Glücksfälle in meinem Leben verdanke ich fast alle meiner Ungeschicklichkeit.

Die Gefahr des Erfolgs liegt darin, daß wir darüber die Ungerechtigkeit der Welt vergessen.

Der Geschmack reift heran auf Kosten des Glücks.

Wir sollten nicht glauben, die Faulheit sei unfruchtbar. Man lebt darin sehr intensiv wie ein Hase, der lauscht.

Man schwimmt darin wie im Wasser, doch fühlt man die Kräuter des schlechten Gewissens an sich vorbeistreichen.

16. Januar

Marinette, keine schlechte Laune bitte! Du mußt immer wolkenlos heiter sein! Der geringste Schatten auf deiner Klarheit würde einen Flecken hinterlassen.

»Aber ich bin müde und dazu noch gereizt.«

Wenn du müde bist, dann ruhe dich aus. Die Müdigkeit steht dir, die Gereiztheit nicht.

Die kleinste Laune von dir ist mir unerträglich. Wenn du auch nur einen Augenblick starr wie aus hölzernen Pupillen vor dich hinschaust, verdirbst du alles. Ich mag dich nur heiter, sanft und sauber, kerngesund. Bemühe dich also, immer so zu sein.

Nun gelingt es mir zuletzt doch noch, dank meines großen Egoismus, eine unvergleichliche Frau aus dir zu machen.

19. Januar

Ach! Etwas noch nie Dagewesenes! Etwas Neues, und wäre es auch mein Tod!

Die Anhänger des Naturalismus wie Maupassant beobachteten das Leben ein wenig und ergänzten es dann. Die Phantasie, die Kunst rundeten das Gesehene ab.

Wir aber, wir wagen es nicht, etwas hinzuzufügen. Wir verlassen uns fest auf das Leben, um eben dieses Leben abzurunden; wenn es sich nicht beeilt, warten wir geduldig.

Ihnen war es nicht literarisch genug. Uns aber scheint es schön genug.

20. Januar

Eher empfindlich als empfindsam.

23. Januar

Skrupel, Ungeziefer des Willens.

28. Januar

Ich gehe nicht gern auf Gesellschaften. Ich komme stets zu früh, und das verdrießt mich.

Ein untersetzter junger Mann, dunkelhaarig, blühend, dick und lässig, etwa achtzehn Jahre alt, sucht mich auf. Er hatte vorher schriftlich angekündigt, daß er kommen werde, um mich nach der Entstehungsgeschichte von *Rotfuchs* zu fragen.

Er macht einen dummen Eindruck, ich verstehe nicht so recht, was er vorhat, und verspüre nicht das geringste Verlangen, daß er überhaupt etwas macht, auch nicht, ihn wiederzusehen. Und dann sage ich ihm alles, alles! Voller Eifer erzähle ich ihm viele gute Einzelheiten. Für nichts und wieder nichts werfe ich dem Unbekannten eine meiner schönsten Seiten vor die Füße.

Heftig angegriffen, verteidigt sich Gott durch Verachtung, er antwortet einfach nicht.

29. Januar

Ich erwecke den Eindruck, ein harmonisches Leben zu führen, aber ich habe fast nichts von dem getan, was ich tun wollte.

30. Januar

Es wäre besser, immer zu schweigen. Wenn man redet, sagt man gar nichts. Entweder eilen die Worte den Gedanken voraus, oder sie schwächen sie ab. Welche Dreistigkeit bei den einen! Welche Zurückhaltung aus lauter Skrupeln bei den anderen!

31. Januar

Jemand, der an nichts glaubt, kann durchaus ein Ehrenmann sein.

Ich rede gern, wenn ich nur widersprechen kann.

3. Februar

Einige Kilometer von der Erde entfernt muß das Raunen all unserer Klagen noch zu hören sein.

Jeden Morgen beim Erwachen solltest du sagen: »Ich kann sehen, hören, mich bewegen, ich leide nicht. Danke! Das Leben ist schön.«

Das Leben ist so, wie unser Charakter es haben will. Wir formen es uns selbst wie die Schnecke ihr Haus.

Jemand mag sagen: »Ich werde niemals reich werden, weil es mir nicht liegt, reich zu sein.«

4. Februar

Kollektivismus! Das Talent aber kann nur individuell sein.

7. Februar

Mit all den Briefen, die ich geschrieben und nicht abgeschickt habe, könnte ich ein ganzes Buch füllen.

9. Februar

Der Glaube an die Arbeit ist vielleicht auch nur so eine Art nutzloser Religion. Glücklich ist man nur durch Zufall.

11. Februar

Blaß wie der Mond am hellichten Tag.

Es ist leichter, großzügig zu sein, als es hinterher nicht zu bedauern.

12. Februar

Wir haben alle jemanden, dem unser Tod sehr gelegen käme.

Während des Krieges ißt jemand zuletzt seinen Hund auf. Er betrachtet die übriggebliebenen Knochen und meint:
»Armer Hektor! Das wäre etwas für ihn gewesen!«

22. Februar

Vierundvierzig Jahre; in diesem Alter fängt es langsam an, daß man nicht mehr hoffen kann, noch einmal so lange zu leben.

Ich fühle mich alt und möchte keine fünf Minuten jünger sein.

25. Februar

Meine Unwissenheit und das Eingeständnis meiner Unwissenheit, das ist der klarste Zug meines mir eigenen Wesens.

26. Februar

Die Ironie muß sich kurz fassen. Die Aufrichtigkeit kann weit ausholen.

6. März

Ich verspüre Lust, nach Italien, vor allem nach Neapel zu reisen, um mir den Vesuv anzuschauen. Auch ich habe nämlich von Zeit zu Zeit meinen kleinen Ausbruch.

12. März

Schreiben, immer nur schreiben! Aber die Natur bringt auch nicht dauernd etwas hervor. In der schönen Jahreszeit schenkt sie uns Blumen und Früchte, dann ruht sie sich mindestens sechs Monate aus. Dies wäre übrigens auch mein Rhythmus.

23. März

Der Schriftstellerverband ist kein Verein von Künstlern: er ist eine Handelsgesellschaft. Oh, täuschen Sie sich nicht über meine Gefühle. Persönlich mache ich mir ebenso wenig aus dem Panthéon wie aus der Académie française, da aber Zola, Schriftsteller und ehemaliger Präsident dieses Verbandes, im Panthéon ruht, muß der Referent ihn erwähnen, genauso wie er die Ernennung von Durand zum Kommandeur in irgendeinem abgelegenen fernen Land vermerkt. Sie brauchen das weder zu loben noch zu tadeln: Sie müssen es sagen. Es geht nicht darum zu beweisen, daß sie zu den Dreyfusanhängern oder Dreyfusgegnern gehören, sondern daß wir unabhängig und wohlerzogen sind. Das eben macht Zola Freude oder vielmehr seinen Erben und seinen Freunden, die ihn hier vertreten.

27. März

Ich bereite mir meine Sorgen ganz gern selbst.

Das Volk ist dumm, stinkt und spuckt überall hin. »Die Kunst und das Volk!« Was für eine Formulierung!

Das Volk ist das ach so artige Kind, das Fratzen schneidet, sobald man ihm den Rücken zukehrt.

Verse wiederlesen, die man einmal auswendig gekonnt hat.

31. März

Ich gehe in meinem Zimmer auf und ab, auf dem Teppich, vom Fenster bis zur Türe, doch vorher setze ich mir meinen kleinen steifen Hut auf.

1. April

Meine Augen weiden die Natur ab.

2. April

Ubu Roi, ein Kinderstück.

Die Wörter: das Kleingeld eines Satzes. Das darf nicht überhandnehmen. Man hat immer zu viel Kleingeld.

4. April

Zola und unmoralisch! Aber er stinkt doch förmlich nach Moral! Coupeau wird bestraft, Nana wird bestraft; bei Zola werden alle Bösewichter bestraft.

14. April

Es bedarf eines wahren Sturms, um die Federn eines Spatzen gegen den Strich zu bürsten.

15. April

Ich kenne nur eine Wahrheit: allein die Arbeit macht uns glücklich. Allein dieser Wahrheit bin ich mir ganz sicher, doch vergesse ich sie immer wieder.

16. April

Leicht und hart wie ein in Stein gehauener Flügel.

Der Flug einer Taube, die sich auf einem zu schwachen Ast niederläßt. Mit ihrem Flügel unterstützt sie den Ast.

Oh, die schlechte Laune, die sich da wieder herauskristallisiert! Kaum denkt man daran, schlechte Laune zu haben, und schon nimmt sie feste Formen an. Mit solchem Fluidum lassen wohl Derwische im Handumdrehen Blumen wachsen.

20. April

Wenn ich mich beim Schreiben nicht verbesserte, wäre ich wahrlich arm dran.

21. April

Ich habe zwar eine Moral, doch ist sie recht verschlungen. Zum Guten gelange ich nur über Querwege.

Allein Marinette begreift etwas davon.

2. Mai

Vogel Strauß, ein Riesenküken.

Ein alter Baum in voller Blüte, fast weißhaarig.

Stille. Ich höre mein Ohr.

7. Mai

Wieviele Dinge dauern zu lang! Wieviele Freuden verlöschen schlecht, bis sie zuletzt verkohlen!

Mein Gehirn ist unbeständiger als ein Königreich aus Wolken.

Manchmal bringe ich meine Zeit gern damit zu, ins Ungewisse zu starren; dort hole ich mir alles heraus, was klar und greifbar ist, und drücke es in Worten aus.

14. Mai

Ich will immer recht haben, aber ein Recht genügt mir nicht, und wäre es das beste: ich will sie alle haben.

In der Politik nimmt sich die Aufrichtigkeit aus wie ein schwieriges und hinterhältiges Manöver, wie ein geschicktes Gaunerstück.

16. Mai

Wer den Bois de Boulogne verdirbt, das ist der Reiche. Und dann diese Reiter, die es ergötzt, wenn das Lederzeug ihres Sattels nur so knarrt! Und die armen Alten, die noch ein bißchen radfahren wollen, ehe sie sterben!

Die Gouvernanten, die auf einer Bank sitzend viel zu kleingedruckte Bücher lesen. Sie verderben sich die Augen.

Der Bois de Boulogne, über den ich vor Freude sogleich in Tränen ausbrechen könnte, weckt in mir aber auch das Verlangen, aufs Land hinauszufahren und ihn nie mehr wiederzusehen.

Wie wenige Menschen vermögen etwas Schönes anzuschauen, ohne gleich ausrufen zu müssen: »Ich habe etwas so Schönes gesehen!«

Die Natur erbebt bei dem Gedanken, von einem jungen Mädchen gemalt zu werden.

Ein Herr läßt die Straßenbahn anhalten und steigt aus; etwas beschämt, fängt er an, auf dem Bürgersteig zu rennen, um sich zu rehabilitieren.

23. Mai

Claudel sagt von Jammes, er sei der größte Dichter aller Zeiten, und Jammes sagt dasselbe von Claudel.

25. Mai

Wenn jemand bewiesen hat, daß er Talent besitzt, muß er nur noch beweisen, daß er es auch zu nützen versteht.

Überlegenheit des Verses im Theater: Versuchen Sie doch einmal, gegen eine Dummheit anzugehen, die sich gut reimt!

26. Mai

Mein Name, der gedruckt in der Zeitung steht, zieht mich immer wieder an wie ein Duft.

6. Juni

Gewitter. Dieses Haus ist nicht vom Blitz getroffen worden, seit es steht, über hundert Jahre. Warum sollte es auch? Schön und gut, aber schon die Antwort könnte ein Blitzschlag sein.

8. Juni

Stil. Die schwerfälligen Silben, die alles überlagern und uns daran hindern, den Satz zu verstehen.

9. Juni

Das Paradies ist ein Luftschloß.

Die schöpferische Wahrheit aus Illusionen ist die einzige, die ich wirklich mag.

Sie hielt sich für die schönste Blondine aus Chitry. Da fährt sie nach Paris und begegnet den hübschen Mädchen von der Straße, mustert sich in den Spiegeln der Geschäfte und findet sich nicht mehr so gut. Zurück in Chitry gibt sie das ganz naiv zu.

»In Paris bin ich nicht so schön wie hier«, meint sie, »doch ich glaube, das muß an den Spiegeln liegen.«

Ich sauge dieses Land aus, aber es frißt mich auf.

Der Mond steht noch ganz allein am dunkelblauen Himmel, ohne Sterne. Selbst Venus zögert.

Was ihm sagen? Ich kann ihn schließlich nicht anbellen.

Jede Medaille hat ihre Kehrseite, ausgenommen vielleicht der Mond.

Der Ruhm ist der Rauch ohne Feuer, von dem man so viel spricht.

21. Juni

Vielleicht habe ich ausgerechnet auf dem Abtritt aus lauter Langeweile meine besten Aufzeichnungen niedergeschrieben.

26. Juni

In diesem Erdenwinkel, einem Dorf, ist ungefähr die ganze Menschheit vertreten.

29. Juni

Kleiner Nutzen der Angst: versuchen, den anderen Mut zu machen.

Die Lilie leuchtet weiß, sogar nachts.

1. Juli

Eine Elster, die Eigentümerin einer ganzen Wiese.

5. Juli

Der wahre Egoist nimmt es sogar hin, daß andere glücklich sind, vorausgesetzt, sie sind es seinetwegen.

7. Juli

Das zarte Morgenlicht, in dem alle Farben sich von ihrer schönsten Seite zeigen.

Die Bachstelze mit ihren kleinen Füßchen aus Messingdraht.

27. Juli

Ein Rauch zog über die Wiese dahin wie eine Herde von kleinen Kälbern.

30. Juli

Die Bücher haben für mich keine Würze. Sie geben mir nichts mehr. Es ist, als wollte man einen Maler bitten, ein Bild zu kopieren. Oh Natur! Du allein bleibst mir noch.

Bücher. Es genügt, die ersten fünfzig Seiten zu lesen und den Rest des Buches aufzuschneiden.

31. Juli

Schmetterling, vagabundierende Blume.

Langsam wie ein leeres Fuhrwerk, das nichts einzufahren hat.

Der Arm, den ich nach meinem Manuskript ausstrecken möchte, ist wie gelähmt.

Nichts widert mich mehr an als meine Manuskriptentwürfe: zerdrückte Eier, noch ehe sie gelegt wurden.

1. August

Ich gebe zu, daß mich die Natur manchmal langweilt. So verdanke ich ihr eine Würze mehr: eben die Langeweile.

Grüner Mond an einem eiskalten Abend.

4. August

Das einzige wirklich vollkommene Buch, das müßte wohl ich schreiben, wenn ich es könnte.

5. August

Sechs Uhr abends. Die Schatten sehen aus wie Kamele.

11. August

Unser Beruf als Kritiker ist hart, doch läßt sich damit leichter Geld verdienen als mit einem einzigen guten Buch.

12. August

Das möchte ich mir aufschreiben! Doch in der Natur ist nirgends ein Bleistift zu finden.

Wenn das Barometer schönes Wetter anzeigt, hüte ich mich, es anzurühren.

26. August

Ich habe es mir nie verkneifen können, eine Fliege zu retten, die sich in einem Spinnengewebe verfangen hatte.

28. August

Von Natur aus bin ich weder ein Beobachter noch ein Spötter, ich sehe schlecht, und meine Antwort ist offen und wahr, das heißt armselig. Erst hinterher kommt alles wieder in Ordnung.

Meine Ironie ist nur die eines Wiederkäuers. Erst in der Erinnerung belustigen mich die Dinge.

La Bruyère, der einzige, von dem zehn zufällig gelesene Zeilen niemals enttäuschen.

Ich fühle mich am Rande der Wahrheit.

Im Garten lasse ich das Unkraut wachsen.

Der Spaziergang verwandelt den Kopf in einen Korb voller Ideen, die durchgeschüttelt werden.

29. August

Um nur ein klein wenig Gutes zu tun, müßte man ein großer Heiliger sein.

4. September

Die Schwalbe, die der Regen nicht berührt.

21. September

Gérault-Richard (Zeitungsverleger): »Geben Sie mir, was Sie wollen«, sagt er zu mir, »die Abfälle Ihres Geistes.«

»Ich habe nur Perlen!«

»Meinetwegen auch Perlen, das ist mir ganz egal.«

Die Kunst ist eine Unterweisung: Sie lehrt den Leser sehen.

Nichts als Erfolge, kein einziges Werk.

Die Träumerei ist mein Dünger.

Die Kunst: mit dem Finger die Wahrheit ein wenig vorschieben.

22. September

Taine wollte Reiseeindrücke haben. Gautier hatte sie.

Loti ist ein Künstler. Bourget ein Intellektueller.

Ein Kritiker ist ein bißchen wie ein Soldat, der auf sein Regiment schießt oder zum Feind, zum Publikum nämlich, überläuft.

25. September

Ein Vorurteil ist eine Wahrheit, die man nur allzusehr betont. Es gibt überall Wahrheiten, aber man sollte nicht zu sehr daran glauben und vor allem nicht darauf bestehen.

Wir müssen uns guten Glaubens allen Erfahrungen stellen. Wir sollten auch eine religiöse Zeremonie bewundern, wenn sie schön ist, und nicht sie gern mögen oder verabscheuen, nur weil sie religiös ist.

26. September

Die Menschen darstellen! Was heißt das? Man müßte das Innerste malen, aber das sieht man nicht. Wir können nur das Äußere beobachten. Doch gibt es keinen Menschen, und sei er der wertvollste, der nicht durch seine Worte, sein Verhalten, seine Gesten irgendwie auch ein bißchen lächerlich wirkt. Und wir halten doch nur dieses Lächerliche fest. Die Kunst ist unerbittlich und macht auch vor keiner Tugend halt, und das Resümee all dieser Versuche, sich in Kunst auszudrücken, besteht darin, daß das Leben vor allem komisch zu sein scheint.

Wenn wir unserer Bewunderung für irgend etwas nicht ganz sicher sind, genügt schon ein einfaches: »Ach wirklich, das finden Sie gut?« des ersten besten, und schon sind wir verwirrt. Wir fühlen, wir könnten uns womöglich getäuscht haben. Von da bis zur Aufgabe unserer Bewunderung ist es nur noch ein Kinderspiel.

Man sollte nicht länger über ein Stück sprechen, als der Verfasser daran geschrieben hat.

Nur dann bin ich liebenswürdig zu den Leuten, wenn ich ganz sicher weiß, daß ich ihnen überlegen bin.

12. Oktober

»Was macht mir das schon aus, daß Sie Patrioten sind, wenn Sie sich wie Flegel aufführen?«

»Patriotismus geht über alles andere.«

»Nein doch: mit allem anderen. Ohne das andere taugt er nichts.«

13. Oktober

Der Mensch charakterisiert sich mit nur wenigen Worten, die ihm entschlüpfen. Sobald er einen ganzen Satz formt, lügt er.

15. Oktober

Anatole France ist im Grunde nur der erste unter den Dilettanten.

Vor allem in der Freundschaft kann sich die Heuchelei lange halten. In der Liebe genügt es nicht, nur zu sprechen: Man muß handeln. Die Freundschaft kann lange ohne Beweise auskommen.

In Nevers heißt eine Straße »Rue du Renard«. Das ist immerhin schon ein Anfang. Nach meinem Tod wird daraus womöglich ein Mißverständnis.

20. Oktober

Capus definiert den Erfolg: »Der persönliche Wert multipliziert mit den Umständen.« Und das kommt hin.

23. Oktober

Wenn man die Fehler der anderen ganz deutlich sieht, so nur deshalb, weil man sie selber hat.

28. Oktober

Das Kompliment ist angenehm wie eine leichte Nordwindbrise, aber segeln kann man damit nicht.

30. Oktober

Manchmal fällt mir wieder ein, daß ich Schriftsteller gewesen bin.

31. Oktober

Es gibt Augenblicke, in denen gelingt uns alles. Kein Grund zu erschrecken: Das geht vorüber.

2. November

Eine Tagebuchnotiz sollte mehr aussagen als eine ganze Seite: wenn nicht, ist sie nutzlos.

3. November

Was ist schon ein schönes Buch, dem keiner Beachtung geschenkt hat?

21. November

Diese widerwärtigen Leute, die uns ein paar Zeilen schreiben, noch ehe sie unser Buch überhaupt gelesen haben!

22. November

Der materielle Erfolg scheint dem literarischen nicht entsprechen zu wollen.

26. November

Man gibt sich antimilitaristisch. Meiner Ansicht nach denken in Friedenszeiten alle so, und in Kriegszeiten würde keiner, oder so gut wie keiner mehr wagen, es zu sein.

27. November

Was mich vor allem erstaunt, ist dieses Herz, das immerzu schlägt.

13. Dezember

Man sagt kurzerhand, jemand sei tiefsinnig, wenn er nicht geistreich ist.

»Was ist Gott?«
»Da fragen Sie mich zu viel.«

23. Dezember

Man muß sich darauf verstehen, seinen Stil zu vernachlässigen, um geschmeidiger zu wirken.

Man setzt sich an die Arbeit. Lange nichts. Man sucht nicht einmal. Plötzlich streicht, ich weiß nicht was für ein Hauch vorüber, und siehe da, das Feuer brennt.

Ich sitze an meinem Schreibtisch wie der Esel in einer Box. Ich lese und bin faul. Mein Geist ißt und käut wieder.

24. Dezember

Was ich von dem einen Baum sage, gilt für alle anderen auch, aber beim Anschauen dieses einen und nicht eines beliebigen anderen habe ich jenes Bild gefunden, das meinen Eindruck für den Leser mitteilbar macht.

25. Dezember

Achtung empfinden wir allein für das Feierliche.

26. Dezember

Das Leben ist zunächst einmal ernst und dann, wenn möglich, auch glücklich.

Auch der Feder kann ein Wort entschlüpfen.

29. Dezember

Manche Lobrede ist eine Kritik. Fast alle Kritiken sind Lobreden.

Was ist schon der Frühling im Vergleich zum Schnee!

1909

1. Januar

Die Mondgöttin, Göttin des Schweigens.

Ich könnte alle meine Bücher neu schreiben, indem ich sie auflockere.

6. Januar

Wir sollten uns nicht über die Freunde lustig machen: Sie sind immer noch das Beste, was wir haben.

Marinette und ihr erleuchtetes Gesicht, wenn sie einen Eierkuchen mit Rum anzündet.

19. Januar

Um das, was man geschrieben hat, genau durchzusehen, muß man es beim Lesen noch einmal überdenken.

Das Herz schlägt wie der Dreschflegel in einer Scheune.

23. Januar

Ich habe ein glücklich veranlagtes Gedächtnis, das mir erlaubt, augenblicklich jede beliebige Lektüre wieder zu vergessen.

Ich komme immer mehr dahin, meinem Mißtrauen zu mißtrauen.

9. Februar

Das ist die Stunde, in der die Schornsteine auf den Dächern menschliche Gestalt annehmen.

Mendès war alles, was ich nicht mag, vielleicht alles, worauf ich neidisch bin.

Capus gesteht mir, wieviel Freude es ihm macht, Grammatiken zu lesen. Es wird auch Zeit!

16. Februar

Man kann natürlich sprechen und doch falsch.

Barrès, ein großer Schriftsteller, einer von jenen, die am besten die französische Sprache beherrschen, aber was will er sagen? Man versteht jeden einzelnen Satz, einen nach dem anderen, und am Ende all dieser klaren Einsichten steigt nur noch Rauch auf. Wir sollen bei uns selbst bleiben, bei unseren Toten, gut und schön. Aber unsere Energien sollten wir doch nach außen hin entfalten, auch gut. So müssen wir versuchen, diese beiden Rhythmen miteinander zu verbinden. Teufel auch!

25. Februar

Madame Rostand sagt: »Edmond ist bescheiden, anständig, gut und großzügig! Er hat nur einen Fehler: er schreibt nicht. *Chantecler* ist wunderbar. Es ist schöner als alles, was er bisher geschrieben hat. Wenn das ein Erfolg wird, könnte dies das Theater erneuern. Seine anderen Stücke waren noch reines Theater. *Chantecler* aber ist ein Gedicht sich widersprechender Gefühle in Gestalt von Vögeln. Es ist herrlich! Alles ist darin enthalten. Sehen Sie, ich sage Ihnen doch alles, genau wie früher.«

26. Februar

Paris bei Schneewetter, mitten am Tag hell erleuchtet.

28. Februar

Die Literatur ist ein Metier, in dem man immer wieder von neuem beweisen muß, daß man Talent hat, und zwar den Leuten, die keines haben.

Der Geschmack, das kann Angst vor dem Leben und vor der Schönheit sein.

4. März

Diner Goncourt … Rosny, der Hugo als schwachköpfiges Genie, als monumentalen Dummkopf abtut, versucht mir zu erklären, was ein wahrer Denker ist, was den Wert eines Gedankenspiels ausmacht: Kant, Bergson, Poincaré. Aber ich bleibe hartnäckig und sage ihm, daß in einem schönen Vers von Victor Hugo mehr Gedanken stecken als in irgendeinem Buch über Metaphysik.

10. März

Es gibt eine falsche Bescheidenheit, doch keinen falschen Ehrgeiz.

12. März

Vielleicht fehlt Rostand nur, nicht arm und verkannt zu sein.

20. März

Man sollte gar nichts sagen, weil alles verletzt.

Ein Regen mit Klaviertropfen vermischt.

7. April

Park Monceau. Diese in Dunkelheit gehüllte Stille.
Eine Taube kann keinen Nachbarn neben sich auf dem Ast dulden.

Die Sonne verbirgt sich hinter einem Baumstamm.

Die Tauben hoch oben im Baum stützen sich mit den Ellenbogen auf den Rand des Himmels.

»Wenn einer Ihrer Bewunderer Sie zum Essen einlädt«, sagt Tristan, »gehen Sie lieber nicht hin. Er bewundert Sie so sehr, daß Sie dabei nur verlieren können.«

Und gerade das Hirn altert.

Ich hätte wohl ein Dutzend Bücher mehr schreiben können, aber kein einziges, das besser gewesen wäre. Mir scheint, ich habe mein Leben verschlafen.

Und schon ist meine Feder des Schreibens wieder müde. Fällt es meinem Gehirn etwa schwer, einen Gedanken zu Ende zu denken?

Vollenden: womöglich heißt das, in seinem Werk das verwerfen, was gerade besonders schön ist.

Man müßte ein Buch schreiben, das häufig von nachdenklichen jungen Menschen gelesen würde, nicht aber das Buch, mit dem man zwei köstliche Stunden zubringt.

19. April

In den Tag hineinschreiben, aber nicht unbedingt jeden Tag.

20. April

Schönes Wetter! Wenn man bedenkt, daß heute Menschen gestorben sind!

Meine Treue als Ehemann festigt merkwürdigerweise meinen literarischen Ruf.

3. Mai

Wer aus tiefem Schlaf erwacht, hat immer ein wenig Angst in seinem Blick, so als wäre er durch eine Katastrophe geweckt worden.

Das Meer ist voller Unruhe. Vertrauen Sie sich ihm nicht an. Die Fische könnten in Zorn geraten.

4. Mai

Alles nützt sich ab. Selbst das Bild, das so hilfreich ist, ermüdet zuletzt. Ein bilderloser Stil wäre wohl der beste, doch gelangt man dahin nur auf Umwegen und mit eigenwilligen Auswüchsen.

Das eben wissen die Professoren nicht, die zunächst einmal damit beginnen, uns zum Schweigen zu bringen. Wir sollten jedoch nur dann schweigen, wenn wir auch sicher sind, unseren alten Glanz wiederzufinden, wann immer wir wollen.

Der schöne Stil dürfte gar nicht besonders auffallen.

Michelet tut nur das: sehr ermüdend. So erklärt sich die Überlegenheit von Voltaire oder von La Fontaine. La Bruyère ist zu gewollt; Molière zu nachlässig.

Es gibt Leute, die erreichen die Kürze nur mit dem Radiergummi; dabei scheiden sie notwendige Worte aus.

Man sollte schreiben, wie man atmet, ein harmonisches Ein- und Ausatmen mit all seinen Längen und seinen überstürzten Rhythmen, immer ganz natürlich – das ist das Symbol des schönen Stils.

Dem Leser schulden wir nur Klarheit. Die Eigenart, die Ironie, die ungestüme Heftigkeit muß er hinnehmen, auch wenn sie ihm mißfallen. Er hat kein Recht, darüber zu urteilen. Man könnte sagen, das gehe ihn gar nichts an.

5. Mai

An andere denke ich nur in den Stunden der Faulheit, aber ich bin ja faul.

Der Park Luxembourg ist ein einziges Blättergewölbe, unter dem Menschen träumen.

Frauen mit tiefem Ausschnitt, deren frischer und warmer Busen wie eine Frühlingssuppe wallt.

7. Mai

Der Künstler verläßt sich immer auf das Unvorhergesehene.

Park Monceau: ein riesiger Sonnenschirm aus Blättern.

8. Mai

Ich muß zugeben: Ich habe nur eine Schwierigkeit, nämlich die, mich an die Arbeit zu setzen, aber ich erlebe sie jeden Tag.

11. Mai

Galerie Durand-Ruel. Die *Seerosen*, eine Serie von Landschaftsaquarellen von Claude Monet.

Ich weiß nicht, was ich dazu sagen soll. Selbstverständlich ist das schön, aber ich kann doch nicht sagen: »Das ist schön, besonders in den ovalen Rahmen.« Ein Abgrund trennt unsere Kunst von dieser.

Ein junger Mann, eher ärmlich gekleidet, sitzt davor und schaut starr und unbeweglich mit halbgeschlossenen Augen auf die Bilder. Ich wüßte gern, was er sieht.

Das ist eine Malerei für Frauen. Dagegen können sie nicht antreten. Das ist zu schön; die Natur gibt das nicht her.

Ich fühle in mir das entsetzliche Verlangen, herauszugehen und, wie von einer Reise zurückkehrend, zu sagen: »Ich bin da gewesen!«

Das Leben geht weiter. Die Feder stößt einen leisen Todesschrei aus.

22. Mai

Glück heißt, es suchen.

24. Mai

Im Leben finde ich nur Gründe, die mich darin bestärken, keinen Roman zu schreiben.

Junge Leute: Sie haben fast alle Fieber.

Gerade die sogenannten »schönen« Schilderungen haben in mir den Sinn für Beschreibungen in nur drei Worten geweckt.

Ich bin ganz sicher, daß eine keusch und züchtig lebende Menschheit sehr viel geläuterter wäre.

29. Mai

Theater. Weil sie die Politiker nicht so darstellen, wie sie sein können, dürfen wir nicht glauben, sie zeigten sie uns so, wie sie sind.

Sie schreiben ihre Stücke in unmittelbarer Nähe von Bekleidungskammern.

31. Mai

Das Glück ist auch aus Opfern gemacht. Wann werden Sie sich opfern?

Wir schrieben recht gute Kritiken, würden wir uns nicht immer bemühen, mehr Gutes zu sagen, als wir denken, oder aber auch Schlechtes.

Großzügige Menschen; sie haben überflüssige Sous in ihrer Westentasche, und es macht ihnen nichts aus, sie zu verlieren oder auszugeben. Ich dagegen muß sie erst aus der Tiefe meines vorsorglich fest verschlossenen Portemonnaies ziehen.

2. Juni

Ekel: Schwäche aus verdunkelter Einsicht.

5. Juni

Wenn Keuschheit auch keine Tugend ist, so ist sie doch sicher eine Kraft.

Was genau und exakt ist, kann nur feinsinnig sein.

In Chaumot, 11. – 16. Juni

Ich klettere auf einen Stuhl, und wenn ich ein altes zerfleddertes Buch finde, dann greife ich danach.

Daß Gott unverständlich ist, kann das denn schon der schlagende Beweis dafür sein, daß es ihn gibt?

Ekel, aber Ekel wovor? Ich vermöchte es nicht zu sagen.

16. August

Ich versichere Ihnen, die Dummheit hat einen bestimmten Geruch, der aus ihr selbst kommt. Der Mensch braucht gar nicht erst zu sprechen.

22. August

Die Wahrheit ernüchtert stets. Die Kunst dient dazu, sie zu verfälschen.

Das Leben ist weder lang noch kurz; es hat Längen.

4. Oktober

Die Wahrheit existiert nur in der Einbildung. Die Auswahl der Wahrheit geht zurück auf Beobachtung. Der Dichter ist ein Beobachter, der sofort wieder Neues schafft. Der Beweis dafür ist der, daß er die Leute nicht wiedererkennt, wenn er ihnen später begegnet.

22. Oktober

Man muß sein Herz schonen, um sein Urteil zu stärken.

29. Oktober

Ja, ich schreibe ein Buch über das alte Haus, und dieser Gedanke belebt mich wieder.

27. November

Romantik, das heißt die Tiere sprechen und sie das sagen lassen, was man will. Realismus, das heißt, sich ihrer Natur unterwerfen, die darin besteht, daß sie eben nicht sprechen.

Wieso kann man zum Kritikenschreiben zugelassen werden, ohne vorher eine Prüfung in Rechtschreibung abgelegt zu haben?

Der Mensch ohne Herz, der nur literarische Emotionen kennt.

Noch vor Einbruch dieser Nacht wird das Wasser zufrieren, so wie eine Wunde vernarbt.

4. Dezember

Wir müssen es verstehen, uns zu langweilen, damit das Leben uns nicht zu kurz erscheint.

5. Dezember

Das Lyrische ... ist Übertreibung, Vergrößerung. Der Realismus hat darauf reagiert. Es ist alles immer wieder eine Frage von Aktion und Reaktion.

Die Romantik hat die Regeln von Zeit und Ort abgeschafft; nicht die der Charaktere. Der Realismus verwirft dann sämtliche Einheiten.

Die Romantik wollte das Lyrische auf dem Theater einführen. Der Realismus ebenso, doch konzentriert und treffend.

Das Wort lebt nur aus der Stelle, die man ihm im Satz zuweist; das Lyrische gibt sich etwas allzu leicht mit dem Ungefähren zufrieden; so erklärt sich manche kalte Lyrik.

Balzac kein Romantiker!

Flaubert kein Romantiker! Aber Madame Bovary langweilte ihn.

Die Neuerungen des Realismus liegen nur im Detail.

AlleThemen und das ganze Leben.

Der Arbeiter ist lyrisch, zweifelsohne, der Bürger aber auch. Wir haben die Wahl. Es geht nicht darum, laut zu schreien: Wir brauchen das Maß, die durch die Kunst geregelte Leidenschaft, den französischen Geschmack, da wir in Frankreich sind.

Shakespeare werfe ich vor, daß er kein Französisch kann. Um so besser! So haben wir zwei schöne Sprachen, und das beflügelt, sie zu lernen.

Zola Romantiker. Sein schönstes Buch, das ist seine Tat. Man kann sagen, an diesem Tag habe er seinen Weg gefunden.

Schon Victor Hugo hatte eine Vorliebe für das präzise, mathematische Bild.

In bestimmten Fällen muß man im Theater einen poetischen Zustand zu erreichen suchen.

Victor Hugo, Realist, einverstanden. Er ist derjenige, der die Wahrheit am besten hervorhebt. Notwendige Klarheit.

Das Häßliche überwiegt, weil das Leben nicht schön ist. Das Publikum kennt sich selbst weder im Schönen noch im Hübschen aus. Es liebt die Verse, ja, wenn sie aus dem Mund einer hübschen Schauspielerin oder eines seiner Lieblingsschauspieler kommen, was dasselbe ist, oder auch wenn sie in Musik gekleidet sind.

Alle haben dem Publikum gefallen oder es reizen wollen, was auch wieder dasselbe ist.

Die Abmachungen: So gesehen ist das Theater größer als das Leben.

Das Publikum verwechselt die Wahrscheinlichkeit mit der Wahrheit. Auch in dem schönsten Stück Lyrik muß Realismus stecken.

Wenn das Publikum Sinn für das Leben hätte, könnte es das Theater nicht ertragen. Ich gehe so weit zu sagen, daß es auf dem Theater keine Wahrheit gibt oder daß, wenn Wahrheit nachgeahmt wird, dann nur die derbste, nicht die nuancierteste.

Alles in allem muß man ein Kunstwerk schaffen, das dem Publikum entgleitet, das es aber erträgt.

Der Romantiker schaut sich einen Spiegelschrank an und glaubt, es sei das Meer. Der Realist schaut sich das Meer an und meint, es sei ein Spiegelschrank. Doch der Mensch mit dem gesunden Menschenverstand sagt vor dem Spiegelschrank: »Das ist ein Spiegelschrank«, und angesichts des Meeres: »Das ist das Meer.«

10. Dezember

Ich preise die Perfektion und belächle das Genie, das sich gehen läßt.

... Die ständige Suche nach dem treffenden Wort macht uns untauglich für jede Improvisation. Wir vermögen nicht zu sprechen, weil wir schreiben können, und der Redner achtet überhaupt nicht auf die Worte, die er benutzt.

Meine Unfähigkeit zu arbeiten bringt mich zur Verzweiflung.

Die Sonne strickt mit ihren Strahlen rosarote Wolken.

Noch unangenehmer als jedes Strebertum ist das Zurschaustellen der Bescheidenheit.

Nicht um ein Zeichen Gottes bitte ich. Wenn ich nur erleben könnte, daß die Menschen handeln, wie sie reden, ich wäre schnell unsicher!

Ehe ich sterbe, möchte ich einmal um die Welt reisen, hierhin und dahin gehen. Ja, aber dort hätte ich dann eine meiner Migränen, und es wäre wieder alles beim alten.

Der Winter, ein langer dunkler Gang wie ein Schornstein.

Eine Rose, und so viele Mieder!

Einen Geist, der weggeht, kann man unmöglich aufhalten. Es ist, als versuchte ein Löwenzahn, seine Samenfäden wieder einzufangen.

1910

22. Januar

Mein Herz schlägt wie ein verschütteter Bergmann, der durch unregelmäßiges Klopfen noch Lebenszeichen gibt.

Das abscheuliche Vergnügen, fast schon ein Heilmittel, seine schlechte Laune an den anderen auszulassen.

Alle Eichen sind historisch, doch einige prahlen nicht damit.

Der Schnee fällt aus schwarzer Wolke.

26. Januar

Der Schnee auf dem Wasser: die Stille auf der Stille.

27. Januar

Wozu wohl diese Tagebücher? Keiner sagt die Wahrheit, nicht einmal der, der sie schreibt.

1. Februar

Rostand ist vor allem ein gleichgültiger Schriftsteller. Wir sind immerhin seine Kollegen: Er liest uns nicht einmal.

Das Künstliche reicht ihm in dem Maße, daß er sich dafür begeistern kann, als wäre es die Wahrheit.

Er forscht nicht nach, sondern er akzeptiert.

Ist er deshalb ruhiger? Mehrt das seinen Ruhm? Leidet er nicht unter dem kleinsten Erfolg eines anderen?

Er kann die ganze Zeit auf einem Teppich gehen, doch um zu leben, muß er seinen Mund an die frische Luft, an alle Giftdünste halten.

Gewisse Lügner haben ein so großes Bedürfnis zu lügen, daß man zuletzt Mitleid hat und ihnen hilft.

16. Februar

Träumen wie eine Katze, die an der Zimmerdecke den Lichtkegel einer Lampe betrachtet.

Es ist erschreckend, wie schwer es einem fällt, sich für das Leid der anderen zu interessieren, solange man selbst ganz gesund ist.

Ich kann mich nicht entschließen, mich mit Hilfe Gottes aller meiner Schwierigkeiten zu entledigen.

22. Februar

Heute sechsundvierzig Jahre alt. Wie lange noch? Bis zum Herbst?

23. Februar

Marinette weint für uns beide, und ich, ich helfe ihr ein wenig dabei.

Humor: Scham, Spiel des Geistes. Es ist die moralische und tägliche Sauberkeit des Geistes. Ich habe eine hohe moralische und literarische Vorstellung von Humor.

Die Phantasie führt vom Wege ab, die Empfindsamkeit verflacht.

Der Humor ist im Grunde die Vernunft. Der geregelte Mensch.

Keine Definition hat mich befriedigt.

Außerdem ist in Humor alles enthalten.

Zwischen meinem Gehirn und mir bleibt immer eine Schicht, die ich nicht zu durchdringen vermag.

Leben, indem man sich mit dem Tod amüsiert.

27. Februar

Außerdem bin ich am Ende. Ich könnte von vorn anfangen, und das wäre besser, aber niemand würde es merken.

Es ist besser, ein Ende zu machen.

6. März

Ich verstehe das Leben nicht, aber ich behaupte auch nicht, es sei unmöglich, daß Gott etwas davon versteht.

15. März

Wer nicht die Krankheit des Skrupels kennt, darf nicht einmal daran denken, ehrlich zu sein.

ANHANG

NACHWORT

Jules Renard, mit sechsundvierzig Jahren gestorben, hat kein umfangreiches Gesamtwerk hinterlassen. Es besteht aus Prosabüchern, von denen einige als Romane gelten können, aus Theaterstücken, die zum Teil Bühnenfassungen dieser Romane sind, aus wenigen literaturkritischen Arbeiten und aus einem Tagebuch, das die Jahre 1887 bis 1910 umfaßt.

Pierre-Jules Renard stammte aus der französischen Provinz. Er wurde am 22. Februar 1864 in Châlons-du-Maine (Departement Mayenne) geboren; sein Vater, Bauunternehmer in öffentlichem Auftrag, beaufsichtigte dort die Erdarbeiten für die Eisenbahnlinie Laval-Caen. Zwei Jahre später geht die Familie Renard (Jules war das jüngste von drei Kindern) in die burgundische Heimat des Vaters: der kauft ein Haus in Chitry-les-Mines (Departement Nièvre), wo Jules Renard aufwächst – in einer wald- und wasserreichen Landschaft, die vom Mittelgebirge des Morvan beherrscht wird.

Sechs Jahre lang, von 1875 bis 1881, ist Renard Schüler des Gymnasiums von Nevers und wohnt während dieser Zeit mit seinem älteren Bruder Maurice zusammen in einem Pensionat. Seine Leistungen in der Schule sind mäßig. Den ersten Teil der Reifeprüfung, des Bakkalaureats, besteht er nicht, wird aber dennoch nach Paris geschickt, wo er, untergebracht in einem »erbärmlichen« Hotelzimmer, das Lycée Charlemagne besucht und sich auf den Wettbewerb um die Aufnahme in die Ecole Normale Supérieure vorbereiten soll; seine Familie hofft, daß er Lehrer wird.

Zwar besteht Renard im Juli 1883 das Bakkalaureat,

aber mit so schlechten Zensuren, daß für eine Aufnahme in die Ecole Normale kaum Aussichten bleiben. Zudem hat er zu schreiben begonnen, vielleicht ermutigt durch seinen Schulkameraden Ernest Raynaud, den künftigen Lyriker und späteren Historiographen der symbolistischen Bewegung in Frankreich. Renard bietet »einer Provinzzeitung nicht signierte Artikel« an und schreibt Gedichte in der romantischen Manier von Alphonse de Lamartine; eines davon, *Dédicace*, schickt er seiner Schwester Amélie. Dem Vater, der ihn weiterhin mit Geld unterstützt, gibt er hinhaltende Auskünfte über seine Zukunftsabsichten: »Ich suche, das ist meine ganze Beschäftigung«, schreibt er in einem Brief vom 12. Januar 1883.

Was einen Broterwerb angeht – Advokatengehilfe, Hauslehrer, Jurist –, bleibt es bei Vorsätzen und Anläufen. Renard hat erste Verbindungen zu Theater- und Literaturkreisen der Hauptstadt bekommen: Danièle Davyle, eine Schauspielerin von der Comédie-Française, trägt mehrmals bei Konzerten und in Salons sein Gedicht ›Die Rosen‹ vor; 1884 schon erscheint ein Artikel über ihn in *La Presse*, 1885 im *Zig-Zag* ein weiterer, den die Romanverfasserin Rachilde (mit bürgerlichem Namen Marguerite Eymery) geschrieben hat: »Er gilt als sehr häßlich, ist in Wirklichkeit aber einer der hübschesten Männer von Paris«, heißt es darin; zumal die »wundervollen gepflegten, blutleeren, blaugeäderten Prälatenhände« rühmt Rachilde an ihm.

Zu einer ersten Buchveröffentlichung zu kommen, ist freilich schwer. Außer an Gedichten, die er 1886 auf eigene Kosten drucken läßt, arbeitet Renard an dem Roman *Les Cloportes* (›Die Asseln‹) – er wird erst nach seinem Tode veröffentlicht – sowie an einer Novellensammlung, die 1888 unter dem Titel *Crime de Village* (Dorfverbrechen) erscheinen wird. Renard bekommt zu spüren, daß der hauptstädtische Literaturbetrieb ein »Fieberberuf« ist, in dem man »Erfolg hat oder stirbt«, wie er an seine Schwester schreibt. Und in einem Brief an seinen Bruder steht der klassische Satz eines erfolgshungrigen jungen französischen Provinzlers: »Für Geld bin ich zu allem entschlossen, und ich werde mich zur Eroberung von Paris aufmachen.«

Das Jahr 1886 bremst ihn darin: Renard muß in Bourges seinen Wehrdienst ableisten, geht aber sogleich wieder nach Paris (»alles ist besser, als nach Chitry zurückzukehren«, schreibt er an seinen Vater). Er bemüht sich jetzt ernstlich um eine Anstellung, arbeitet für 100 Francs in einer Handelsgesellschaft, später halbtags als Hauslehrer. Und er beginnt, Tagebuch zu führen: die erste datierte Eintragung stammt vom 15. Juni 1887.

Im Februar 1888 verlobt sich Renard mit Marie Morneau, die er am 28. April heiratet (in seinem Tagebuch und in seinen Briefen nennt er sie wahlweise Marinette, Marinon und Rinette). Sie ist begütert; ihre Mutter besitzt (und bewohnt) ein Mietshaus in der Rue du Rocher 44, nahe der Gare Saint-Lazare. In das zweite Stockwerk dieses Hauses ziehen die jungen Eheleute noch im selben Jahre ein.

Mit der Heirat sind die drückendsten Existenzsorgen Renards behoben; doch seine schriftstellerische Laufbahn kommt nur schleppend in Gang. Einen wichtigen Schritt in die literarische Öffentlichkeit tut er, als er am 13. November 1889 auf Anregung Ernest Raynauds an der Sitzung teilnimmt, bei der die Zeitschrift *Mercure de France* gegründet wird. Insgesamt zehn »Subskribenten« zeichnen Anteile, darunter, außer Raynaud und Renard, der Lyriker Albert Samain und Alfred Vallette, der künftige Herausgeber der Zeitschrift (glückloser Romancier und inzwischen Ehemann von Rachilde). Mit sechs von fünfundzwanzig Anteilen wird Renard Haupteigner (im März 1894 sollte der *Mercure*... in eine Aktiengesellschaft umgewandelt werden).

Ähnlich wie später aus der 1909 gegründeten Zeitschrift *Nouvelle Revue Française* (und wie in Deutschland aus der 1899 gegründeten Zeitschrift ›Die Insel‹) ist aus der Zeitschrift *Mercure de France* (sie hat 1965 ihr Erscheinen eingestellt) ein bedeutender Buchverlag hervorgegangen – ein Verlag, der durch Autoren wie Guillaume Apollinaire, Paul Claudel, André Gide, Alfred Jarry oder Louis Pergaud bei der Erneuerung der französischen Literatur um die Jahrhundertwende eine wichtige Rolle gespielt hat.

Für die ersten drei Jahrgänge des *Mercure*... lieferte Jules Renard regelmäßig Beiträge, erzählende wie auch kritische. Er gehörte 1894 mit seinem Prosaband *Le Vigneron dans sa Vigne* (Der Winzer in seinem Weinberg) auch zu den ersten Buchautoren des Hauses. Doch die meisten seiner Bücher hat er in anderen Verlagen veröffentlicht: bei Ollendorff, bei Flammarion, später bei Fayard. Mag das aus literaturstrategischen Überlegungen geschehen sein – es gibt auch einen Hinweis auf Renards künstlerische Absichten.

Daß er seiner Anlage nach kein Lyriker war, sondern Prosaist, hatte er bald gespürt. Er fühlte sich auch nicht den Dekadenten und den Symbolisten verwandt, sondern sah sich als realistischen Erzähler und stand unter dem Einfluß von Honoré de Balzac, Gustave Flaubert, Guy de Maupassant und von Emile Zola und dessen dokumentarischem Verfahren. So bittet Renard während der Arbeit an *Les Cloportes* seinen Vater, ihm Nummern der Zeitung *La Nièvre Républicaine* herauszusuchen, die Briefe in der Mundart des Morvan oder einer anderen enthalten.

Nicht von ungefähr ist der Roman *Les Cloportes* erst nach Renards Tod veröffentlicht worden: Er hatte darin einen Weg zu beschreiten versucht, der nicht seiner war – den folgerichtig ausgeschrittenen Weg Emile Zolas, dem es (seinem sozusagen naturwissenschaftlichen Ehrgeiz gemäß) um die Darstellung von Vertretern bestimmter

Arten gegangen war. Renard hingegen erkennt früh, daß seine Stärke in der scharfen Beobachtung des einmalig Individuellen liegt. »Der Gelehrte verallgemeinert«, notiert er am 17. Januar 1889 in sein Tagebuch, »der Künstler unterscheidet«. Und unter demselben Datum stellt er fest: »Ich habe keine Typen gesehen, wohl aber Individuen.«

1870 meinte Zola im Gespräch mit Edmond de Goncourt, man könne das Publikum »nur durch die Quantität der Bände und die Produktionskraft« ansprechen. Auch in dieser Hinsicht bietet Jules Renard ein ganz und gar gegenteiliges Bild. Die Bücher, die er herausgebracht hat, sind von bescheidenem Umfang, und die Einheiten, aus denen sie aufgebaut sind, stellen keine Kapitel, sondern miniaturhafte Einzelszenen dar. Bezeichnend für einen solchen Aufbau ist *Poil de Carotte* (›Rotfuchs‹), das Renard 1894 veröffentlichte und von dem 1902 eine erweiterte Neuausgabe erschien, illustriert von Félix Vallotton.

›Rotfuchs‹, ein Beitrag zur Naturgeschichte der Familie, ist Renards bekanntestes Werk geblieben (drei Verfilmungen sprechen für seine nicht nachlassende Anziehungskraft). Das liegt sicherlich auch am Thema, denn da kein Mensch in seinem Elternhaus eitel Liebe erfährt, kann sich jeder Leser mit einem Teil seiner Kindheitserinnerungen in das getriezte und gepiesackte jüngste von drei Kindern der Familie Lepic hineinfühlen. »Poil de Carotte«, schreibt Walter Widmer im Vorwort zu seiner Übersetzung, »ist ein geducktes, bedrücktes, überscheues, verklemmtes, verkorkstes Kind, das sein unersättliches Liebesbedürfnis auf den bedenklichsten Umwegen zu befriedigen suchen muß. Er ist auf dem besten Weg zu einer Neurose. Wenn er nicht gar schon mitten drin lebt! Er ist ein Wesen, das ›man‹, das heißt die Umwelt, Eltern, Geschwister und Nachbarsleute, mit vereinten Kräften und in schöner Einhelligkeit ›kleingekriegt‹ hat. Er kann nur noch schweigen, hinterlistig und heimlich aufmucken, sich hinterhältig rächen, Böses mit Bösem vergelten, revoluzzen. (...) Er kämpft einen verzweifelten Kampf. Er kämpft ihn bis zum bitteren Ende durch, bis zum Sieg.«

Während er an der Schlußredaktion des Textes arbeitet, im Herbst 1894, stellt Renard mehrmals selbstkritische Betrachtungen an: »ein schlechtes Buch, unvollständig, schlecht gebaut, weil es mir nur schubweise gekommen ist«, heißt es am 21. September in seinem Tagebuch, und am 27. meint er, »man könnte es beliebig kürzen oder verlängern«. Die zeitgenössische Kritik aber, angeführt von namhaften Rezensenten wie Léon Daudet und Lucien Descaves (denen sich Léon Blum und Charles Maurras anschlossen), begrüßte *Poil de Carotte* mit nahezu einhelliger Zustimmung. Es wurde Renards Durchbruch als Schriftsteller.

Mittlerweile war er selber zweifacher Vater geworden – Vater eines Sohnes, Pierre-François, den er nach einer Figur von Pierre Loti gerne »Fantec« nannte, und einer Tochter, Julie-Marie, »Baïe« mit Kosenamen. Die Familie verlebte immer wieder längere Zeit auf dem Lande, auch um die Spannungen im Verhältnis zu der Schwiegermutter Morneau zu verringern, und 1896 mietete sie in dem Dorf Chaumot, zwei Kilometer von Chitry-les-Mines entfernt, ein ehemaliges Pfarrhaus, das Renard *La Gloriette* taufte. Dort, am Canal du Nivernais, verbringt er fortan regelmäßig mehrere Monate des Jahres, geht auf Jagd und nimmt am Leben der dörflichen Gemeinde teil; 1900 wird er zum Stadtrat von Chaumot, 1904 zum Bürgermeister von Chitry gewählt (dieses Amt hatte zeitweise schon sein Vater bekleidet).

Der »winterliche« Renard hingegen »trägt einen gesteppten Hausmantel und hält in der Hand einen Federhalter. Er bewohnt das zweite Stockwerk eines gutbürgerlichen Hauses der Rue du Rocher, darin ein Arbeitszimmer, das frei ist von Firlefanz«: so beschreibt Louis Vauxcelles 1904 im *Matin* den Pariser Literaten Jules Renard. Nicht nur seine Buchveröffentlichungen hatten ihn bekanntgemacht, er genoß hohes Ansehen auch als Bühnenautor, seit André Antoine im Jahre 1900 die Theaterfassung von *Poil de Carotte* auf seine Bühne gebracht hatte (das Stück kam im selben Jahr auf 125 Vorstellungen).

Seine Arbeit fürs Theater bringt Renard in berufliche Beziehungen, aus denen teilweise Freundschaften werden. Edmond Rostand, der 1897 mit seinem *Cyrano de Bergerac* einen wahren Bühnentriumph feiert, stellt ihn Sarah Bernhardt vor. Mehrmals ist er zu Gast auf dem normannischen Landsitz des Schauspielers Lucien Guitry, der mit der Schauspielerin Marthe Brandès zusammenlebt: beide spielen Rollen in Stücken von Renard. Guitrys Pariser Wohnung an der Place Vendôme ist eine Zeitlang Treffpunkt für regelmäßige Zusammenkünfte mit den Schriftstellern Tristan Bernard und Alfred Capus – eine Kumpanei von »Musketieren«, wie sie sich nennen, in der sich ebenfalls das persönlich Angenehme mit dem beruflich Nützlichen verbunden haben wird.

Denn weder offizielle Anerkennung noch offiziöse Ehrung seiner Schriftstellerei sind Renard gleichgültig, und beides wird ihm zuteil: Im Jahre 1900, dem Jahr der Pariser Weltausstellung, wird er auf Betreiben von Lucien Descaves und Edmond Rostand zum Ritter der Ehrenlegion ernannt. 1907 wählt ihn die Académie Goncourt, 1896 von Edmond de Goncourt durch Testament gestiftet, zum Nachfolger des verstorbenen Joris-Karl Huysmans; am 12. November nimmt er zum erstenmal an einem Arbeitsessen der Akademie teil – ihr jährlicher Romanpreis, der Prix Goncourt, geht in diesem Jahr an Emile Moselly, den Verfasser von *Terres lorraines*, für den auch Renard eintritt.

Vor der Zuwahl hatte er die Mitglieder der Akademie

auf seine negativen Äußerungen über die Brüder Goncourt hingewiesen – ein Zeichen für seine moralische Integrität, die er auch im Pariser Literaturbetrieb zu wahren sucht. Um sich von Intrigen und literarischem Lobbyismus freizuhalten, liest er gewissenhaft alle Bücher, die für den Prix Goncourt eingereicht werden, macht sich Notizen für die Sitzungen, von denen er keine ausläßt. Solchermaßen zum redlichen Provinzler gestempelt zu sein, dessen »Wurzeln noch Erde anhaftet«, wie er im Tagebuch vermerkt, ist Renard nicht unangenehm, im Gegenteil: die Pariser sehen ihm dafür manches nach.

Aus seinen eigenen Anfängen weiß er allerdings, daß literarische Qualität ohne Protektion nicht viel wert ist, und an eben diese Anfänge wird er aufs schmerzlichste erinnert, als 1909 Rachilde im *Mercure de France* seinen Prosaband *Ragotte* mit einer 10 Zeilen-Notiz verreißt – dieselbe Rachilde, die ihn einst zu einem der hübschesten Männer von Paris erklärt hatte. »So endet eine fünfundzwanzigjährige Kameraderie«, schreibt Renard an den Dramatiker Maurice Pottecher, dem er noch im selben Jahr seine *Mercure*-Aktien verkauft.

Jules Renard verwand solche Enttäuschungen schwerer als andere Menschen. Er war in jeder Hinsicht mit einem scharfen Blick begabt – ja, damit geschlagen. Die Bonhomie, die er an den Tag legte, konnte über seinen wahren Charakter täuschen, und der war skrupulös bis zum Zwanghaften, bis zur Selbstquälerei. »Wer nicht die Krankheit des Skrupels kennt, darf nicht einmal daran denken, ehrlich *(honnête)* zu sein«, notiert er am 15. März 1910, gut zwei Monate vor seinem Tode.

Auch das Bild des Naturmenschen und Sportlers Renard ist trügerisch: Er war Radfahrer (einer damals aufkommenden Mode entsprechend, der auch sein Schriftstellerkollege Alfred Jarry huldigte), machte sogar seine Reserveübungen als *sergent vélocipédiste* mit; er übte sich auf den Pariser Fechtböden und ging während seiner Landaufenthalte auf Jagd, setzte damit aber zeitweise aus, weil er seiner »Mordtaten« nicht froh wurde und daran »kein ungetrübtes Vergnügen« fand, wie er 1899 an Maurice Pottecher schreibt. Bei anderer Gelegenheit merkt er an, daß er Fliegen aus Spinnennetzen befreit.

Selbst als junger Mensch zeigt Renard keine ungebrochene Lebenskraft. Zeitlebens leidet er an heftiger Migräne, die ihn an die Dornenkrone Christi gemahnt, und mit einunddreißig Jahren schon kommt er sich wie »ein abgenagter Knochen« vor. Krankheits- und Todesfälle in der Familie prägen sein Lebensgefühl, in zunehmendem Maße das Lebensgefühl eines rasch Erschöpften und früh Verbrauchten: Mit achtundzwanzig Jahren stirbt sein älterer Bruder Maurice an Angina pectoris; 1897 setzt sein Vater durch einen Flintenschuß ins Herz seinem Leben ein Ende; 1909 stürzt seine Mutter in einen Brunnen und ertrinkt – ob Unfall oder Selbstmord, bleibt offen: »eine ziemlich komplizierte Art, mich zum Waisenkind zu machen«, kommentiert er das Ereignis.

Die Berichte über die Nachtwachen am Totenbett seiner Verwandten gehören zu den eindringlichsten Schilderungen in Renards Tagebuch. Über den Selbstmord des Vaters fällt kein verurteilendes Wort. Vielmehr ist Renard voller Achtung und Bewunderung für dessen Ende und wünscht sich, er könnte in den schweren Stunden seines Lebens dieselbe Seelenstärke beweisen. Er kann sich vorstellen, daß ihm in bestimmten Stunden des Alters ein Flintenschuß in den Kopf nicht im geringsten mehr weh tun wird, und sein eigenes Ende ahnt er mit beklemmender Klarsicht voraus: »Von heute an sind all meine Gedanken vom Tode getönt«, schreibt er am 27. November 1909, nach einer schweren Herzattacke, in sein Tagebuch. Am 22. Mai 1910 stirbt er.

Daß einer, dem Menschen und Dinge so schnell durchschaubar werden wie Jules Renard, Schwung und Kraft zu politischer Betätigung findet, ist nicht selbstverständlich, sondern eher verwunderlich. Renard war kein Opportunist; auf Posten und Pfründen hatte er es nicht abgesehen, und das Ausüben von Macht war ihm zuwider – so sehr zuwider, daß er Hemmungen hatte, einem Barbier Weisungen zu geben. Seine Ämter in der Kommunalpolitik – Stadtrat, später Bürgermeister – brachten ihm mehr Verdruß als Genugtuung ein. Dennoch beließ er es nicht bei ihnen, sondern benutzte sie dazu, in Wort und Schrift seine Überzeugungen zu äußern.

Zwei politische Ereignisse der Dritten Republik haben in Renards kurze Lebensspanne hineingespielt: die Dreyfus-Affäre und der französische Kulturkampf, die Auseinandersetzung um das Verhältnis zwischen Staat und Kirche. In beiden Fragen war Renard Republikaner, setzte sich für die Revision des Dreyfus-Prozesses und für die Trennung von Staat und Kirche ein, die 1905 unter dem Staatspräsidenten Emile Loubet durch Gesetz verkündet wurde. Antiklerikalismus hatte ohnedies in der Familie Renard Tradition, und weder der Bruder noch der Vater sind kirchlich beerdigt worden.

Renard hat Artikel für Zeitungen seiner Heimatprovinz und (von 1904 an) für die Zeitung *L'Humanité* geschrieben, die 1902 von Jean Jaurès gegründet worden war. Reflexe seiner politischen Betätigung finden sich auch in seinen Briefen, seltener in seinem Tagebuch, das er in unregelmäßigen Abständen führte. Er fängt es ohne Vorsatz an, doch wird es in dem Maße für ihn wichtig, wie er die Lust am Schreiben verliert – am Schreiben von Prosa- oder Bühnenstücken zumindest. »Meine Bücher sind mir so ferngerückt, daß ich für sie schon eine Art Nachwelt bin«, notiert er am 27. November 1906.

Sein Schreibtrieb hingegen bleibt bis zuletzt rege; »leidenschaftlich« liebt Renard die französische Sprache, glaubt an die Regeln ihrer Grammatik und genießt deren Ausnahmen und Unregelmäßigkeiten; ebenso leidenschaftlich ist seine Suche nach dem treffenden Wort und sein Bemühen um gedrungenen Ausdruck. Lange Beschreibungen bei anderen Autoren reizen ihn zu solchen »in drei Worten«, und auf diesem Hintergrund wird seine Bemerkung vom 20. Dezember 1906 verständlich: »Jedesmal wenn ich mich an die Arbeit setze, werde ich von der Literatur gestört.«

So gesehen, schreibt Renard sich immer weiter aus der Literatur hinaus. Andererseits ist er so lange schon Berufsschriftsteller, daß er die Aufzeichnungen in seinem Tagebuch immer wieder an Werken mißt, die er zu schreiben hofft. Deshalb kann er einmal das Tagebuch als ein »Heft von Fehlgeburten« bezeichnen. Doch ist es ebenso sehr intimes Tagebuch wie Arbeitsjournal; es enthält Fingerübungen und Skizzen, moralische Reflexionen und literarische Urteile, Schilderungen von Tagesereignissen in der Familie Renard und im Pariser Literatur- und Theaterbetrieb, Schilderungen von Reisen und vom ländlichen Leben in der Provinz, oft mit wörtlich wiedergegebenen Gesprächen. Die Genauigkeit im Beobachten, zu der Renard sich anhält, führt zu einer ungewollten Gnadenlosigkeit im Beschreiben von Menschen, und man begreift, daß Schriftstellerkollegen noch zu Lebzeiten sich ängstlich bei ihm erkundigten, ob er Erinnerungen zu veröffentlichen gedenke.

Leider wird Jules Renards Tagebuch wohl niemals vollständig und niemals in seinem ursprünglichen Wortlaut bekannt werden. Renards Witwe, die 1938 gestorben ist, war zunächst gegen die Veröffentlichung. Erstmals hat Henri Bachelin, ein Schüler Renards, das Tagebuch zwischen 1925 und 1927 in fünf Bänden innerhalb einer Ausgabe von Renards Gesammelten Werken beim Verlag Bernouard veröffentlicht. Von ihm wissen wir, daß Renard insgesamt 54 Hefte verschieden großen Formats und verschieden starken Umfangs hinterlassen hat, aus denen auf Wunsch der Witwe viele Stellen gestrichen worden sind; in Zweifelsfällen sprach sie das letzte Wort. Bachelin hat von sich aus solche Stellen weggelassen, die von Renard mehr oder minder wörtlich in seine Bücher übernommen worden sind. Das Originalmanuskript des Tagebuchs ist verbrannt worden. Allerdings hatte Bachelin, wie er nach dem Tode der Witwe berichtet hat, eine ungekürzte Kopie für sich behalten, die bisher freilich nicht aufgetaucht ist.

Noch dazu ist sicher, daß der veröffentlichte Text einen von Bachelin stark redigierten Text darstellt. Léon Guichard, der zusammen mit Gilbert Sigaux Renards Tagebuch in der *Bibliothèque de la Pléjade* herausgegeben hat (erstmals 1960; die neueste, dritte Auflage stammt aus dem Jahre 1972) – Guichard untersucht in seiner editorischen Notiz den Text der einzigen handschriftlichen Tagebuchseite von Renard, die der Verbrennung entgangen ist (geschrieben am 19. September 1895). Danach hat Bachelin ganze Sätze weggelassen, Namen gestrichen und einzelne Wörter verändert, außerdem vieles falsch gelesen.

Beim Wiederlesen älterer Aufzeichnungen hat Jules Renard im Jahre 1900 festgestellt, das Tagebuch sei das Beste und Nützlichste, was er in seinem Leben gemacht habe. An eine Veröffentlichung scheint er nicht gedacht zu haben; er spricht lediglich davon, daß sein Sohn (»Fantec«) es einmal lesen sollte. Jedenfalls hat es unabhängig von einem wertenden Vergleich mit Renards Prosabüchern und Bühnenstücken eine beträchtliche Wirkung ausgeübt und Leser gefunden, die ihrerseits von dieser Wirkung Zeugnis abgelegt haben.

Eines der frühesten Zeugnisse ist das von André Gide, den Renard im Dezember 1891 bei Marcel Schwob kennengelernt und der damals schon seine ›Aufzeichnungen des André Walter‹ veröffentlicht hatte. 1898 bezog sich

Gide in der Zeitschrift *L'Ermitage* bei der Antwort auf eine literarische Umfrage auf Renard, und 1901 widmete er in derselben Zeitschrift dessen *Le Vigneron dans sa Vigne* einige sehr lobende Zeilen; er lese Renard »wie einen Klassiker«, heißt es darin.

1926 greift Gide, mittlerweile selber Tagebuch-Schreiber, in einem »Erschöpfungszustand« nach Renards Tagebuch und empfindet es als eine »Oase«. Er macht Beobachtungen am verknappten Stil Renards – »kein Strom (...) eine Destillation« – und stellt kritisch fest: »Der Satz erwürgt den Gedanken. Er schlägt zwar die richtige Note an, aber stets pizzicato.« Gide stellt auch kritische Fragen zu Renards Ehrlichkeit; er meint, man könne – und das sei »das Interessanteste an diesem Tagebuch« – das »Fortschreiten von Gefühls- und sogar Gedankenverdrängungen beobachten, welche die Forderung der Aufrichtigkeit nach sich zieht«.

Erst im März 1927 kommt Gide auf Renards Tagebuch zurück (damals war der vierte Band der Ausgabe bei Bernouard erschienen), jetzt gar mit »Entzücken«. Über die Aufzeichnungen aus den Jahren 1903 bis 1905 urteilt er: »Weniger verkrampft als der vorhergehende Band. Es findet sich darin, dann und wann, Ausgezeichnetes, Vollendetes; manchmal sogar – o Glück – Ergriffenes.«

1935 erschien eine gesonderte Ausgabe des Tagebuchs im Verlag Gallimard. Nach Mitteilung von Maria van Rysselberghe, die es in dieser Ausgabe kennenlernte, hat Gide damals wieder mit Vergnügen in Renards Aufzeichnungen gelesen. Ausführlich referiert sie eine Unterhaltung, die Gide 1938 (im November) mit Pierre Naville über Renards Tagebuch geführt hat. Nicht durch seine literarischen Urteile erhalte es seinen Wert, meinte Gide zu Naville; Renard sei darauf bedacht gewesen, »seinen Blickwinkel einzuengen, wohl um besser zu sehen, was er betrachtete, und man muß zugeben, daß ihm das gelungen ist. In seinem Tagebuch gibt es außerordentliche Anmerkungen.«

Ähnlichen Schwankungen wie bei André Gide unterliegt bei Paul Léautaud das Urteil über Renards Tagebuch. Léautaud (1872–1956) war 1908 als Sekretär in die Redaktion des *Mercure de France* eingetreten; er verteilte die Post, las Korrektur, kümmerte sich um die Anzeigen in der Zeitschrift und um das Rezensionswesen. Renard, den um acht Jahre Älteren, kannte er als einen Aktionär der Gesellschaft und als einen Autor des Hauses; bei den Jahresversammlungen unterhielt er sich bisweilen mit ihm.

Wie Léautaud in einer Theaterkritik aus dem Jahre 1912 erzählt (in der Comédie-Française wurde *Poil de Carotte* gegeben), hat ihm Renard ein Exemplar von *Ragotte* mit einer Widmung geschickt, über die er habe lachen müssen – so schmeichelhaft für ihn sei sie gewesen.

Als 1925 Renards Tagebuch zu erscheinen beginnt, liest Léautaud es voller Neugier an und fällt sogleich ein schneidendes Urteil: »Uninteressant« – und dann: »Keinerlei zutreffende Beobachtung. Unlesbar – zumindest das, was ich davon kenne.« Allzuviel scheint das nicht gewesen zu sein, denn erst zwei Jahre später, am 19. Oktober 1927, vermerkt er, daß er den ersten von fünf Bänden der damaligen Ausgabe ausgelesen hat. Léautaud wiederholt jetzt ein früheres Urteil (einen Vergleich mit dem Tagebuch der Brüder Goncourt, das »wirklich ein *Tagebuch*« sei) und fährt fort: »Das Renards kommt mir in erster Linie wie das große Notizbuch eines Schriftstellers vor, ein literarisches Laboratorium sozusagen.«

Léautauds Bemerkungen entspringen einem Stilideal, das er an Schriftstellern des 18. Jahrhunderts gewonnen hatte und am vollendetsten bei Stendhal verwirklicht fand. Renards »Evangelium« hingegen, so Léautaud, sei »Flaubert, der Satz, die Bilder« gewesen. Andererseits urteilt

Léautaud, wie Gide, als einer, der (seit 1893) selber Tagebuch führte und sich mit dem Gedanken trug, es noch zu Lebzeiten zu veröffentlichen. Das erklärt wohl die wachsende Anteilnahme an Renards Schicksal und die ausdrückliche Revision seines früheren Urteils. Unter dem Eindruck von Renards Aufzeichnungen aus dessen letzten Lebensjahren, den Jahren 1906 bis 1910, schreibt Léautaud am 18. Mai 1928, es sei vielleicht falsch von ihm gewesen, »alles, was dieses Tagebuch an Selbstbeobachtung und Selbstprüfung, was es an Subjektivem enthält, nicht genug zu würdigen: diese Seite kommt sehr ausführlich weg«.

Am 28. November 1927 führt Léautaud mit Henri Bachelin, dem ersten Herausgeber von Renards Tagebuch, ein langes Gespräch, das er in seinem Tagebuch protokolliert. Anlaß war ein Artikel von Henri Jeanson, der in der Zeitschrift *La Rumeur* darauf hingewiesen hatte, daß Bachelin schwerlich den vollständigen Text des Tagebuchs veröffentlicht habe. Léautaud fragt ihn nach Einzelheiten und erfährt, daß in der Tat die Hälfte des Manuskripts verbrannt worden ist, und zwar von Renards Witwe. Darüber ist Léautauds Empörung so heftig, daß er auf diesen Umstand in seinem eigenen Tagebuch viele Jahre danach mehrmals zurückkommt, so im November 1938, im Juni 1939 und noch im Juni 1943 – zweifellos aus Angst davor, daß es ihm mit seinem eigenen Tagebuch einst ebenso ergehen könnte.

Bei späteren Gelegenheiten wiederholt Léautaud sein erstes, negatives Urteil und spricht von Renards »literarischen Chinoiserien«, die er nicht ertragen könne. Einer gründlichen Lektüre hat er Renards Tagebuch nicht wieder unterzogen; er hat sich auch nie wieder so stark von ihm anrühren lassen wie beim Lesen von dessen Aufzeichnungen aus den Jahren 1906 bis 1910. Damals, am 16. Mai 1928, hatte er geschrieben: »Durchaus nicht komisch, ein derartiges posthum veröffentlichtes Werk von einem Manne zu lesen, den man gekannt hat. Jeden Augenblick schiebt sich das Gesicht dieses Mannes zwischen das Buch und einen selbst, der Gedanke an den Tod gerät hinein.«

André Gide und Paul Léautaud, Angehörige derselben Generation, hatten Renard beide gekannt. Jean-Paul Sartre hingegen, der dritte französische Autor, der Renards Tagebuch aufs angelegentlichste gelesen hat (Verfasser eines Tagebuchs auch er), gehörte der nachfolgenden Generation an. In den ersten Tagen des Zweiten Weltkriegs, am 2. September 1939, wurde Sartre eingezogen und kam mit seiner Abteilung (er war Wetterbeobachter) ins nördliche Elsaß. Da an diesem Frontabschnitt während des Winters 1939/40 keine Kampfhandlungen stattfanden, hatte Sartre reichliche Muße für Lektüre. Am 25. Februar 1940 bittet er Simone de Beauvoir, ihm Renards Tagebuch zu schicken (damals in der Ausgabe von Gallimard). Am 19. März bestätigt er ihr den Empfang dieses und anderer Bücher und ist »begeistert, den Jules Renard wieder lesen zu können«: »Ich werde darüber ein bißchen ins Heft schreiben.«

Die bescheidene Ankündigung ist der Auftakt zu einer anhaltenden Beschäftigung mit Renards Tagebuch – einer Beschäftigung, die um so intensiver wird, als Sartre bei Kriegsausbruch selber begonnen hatte, Tagebuch zu führen (auch mit dem Tagebuch André Gides setzt er sich während dieses Winters in seinen Aufzeichnungen auseinander). Unter demselben Datum, dem Datum des 19. März 1940, bringt Sartre bereits das Wesentliche dessen zu Papier, was seinen späteren Aufsatz »Der gefesselte Mensch« ausmacht – einen Aufsatz, der im April 1945 erscheinen wird. Nicht nur einzelne Einfälle und Formulierungen enthält die Tagebucheintragung, sondern die ganze Gedankenführung und -folge in ausgeformten Sätzen und Absätzen. Eintragungen vom 21. und vom

23. März ergänzen die Renard-Analyse und runden sie ab.

Weder hält Sartre sich bei Einzelheiten auf, noch verfällt er in eine geschmäcklerische Lesehaltung wie Gide. Mit bewundernswert sicherem analytischem Zugriff kommt er auf den Kern des Schreibens von Renard, auf das, was er später dessen »Realismus des Schweigens« nennen wird. Sartre leitet ihn von zweierlei ab: zum einen von Renards ländlicher Herkunft (»hinter ihm stehen Generationen der Stummheit«), zum anderen von Renards Stellung in der Geschichte der erzählenden Literatur Frankreichs, seiner Stellung als deren »Schwanzende«. Seine literarischen »Vorfahren« – Flaubert, Zola, Maupassant – hätten ihm nichts zu tun übriggelassen, schreibt Sartre. Auch in diesem Sinne sei Renard »ein völlig gefesselter Mensch« gewesen, und über das Tagebuch urteilt er am 23. Mai 1940: »Sein *Journal* ist weniger eine Übung in luzider Strenge als ein Winkel schändlicher und zärtlicher Komplizenschaft mit sich selbst. (...) Er ist hier aufgeknöpft – es sieht nicht so aus, weil der Stil gut gekleidet ist.«

Gide, Léautaud, Sartre: unmittelbar nach seinem Erscheinen und innerhalb eines Zeitraums von nur anderthalb Jahrzehnten reagieren drei ganz verschiedene Schriftsteller-Temperamente, noch dazu aus zwei verschiedenen Generationen, auf Renards Tagebuch. Jenseits der Grenzen Frankreichs dauerte es damit länger, zumal in Deutschland, wo nach 1933 der literarische Grenzverkehr durch die Reichsschrifttumskammer eingeschränkt und überwacht wurde. Dabei waren von Jules Renard schon um die Jahrhundertwende kurze Texte ins Deutsche übersetzt worden: 1898 veröffentlichte Michael Georg Conrad in der ›Gesellschaft‹ Stücke aus den *Histoires naturelles* (›Naturgeschichten‹); in der ›Insel‹ folgten 1901 zwei Stücke aus *Le Vigneron dans sa Vigne*, ›Das Porträt‹ und ›Die Nadel‹. Übersetzt waren sie von dem rührigen Franz Blei; er machte die Leser der Zeitschrift auf einen Autor aufmerksam, »dessen Ironie nicht nur das Ziel des Witzes sucht, deren tiefer Sinn vielmehr eine schöne Menschlichkeit bedeutungsvoll vorstellt«.

Im Jahre davor hatte die ›Insel‹ unter dem Titel ›Fuchs‹ Hugo von Hofmannsthals Übersetzung der Bühnenfassung von *Poil de Carotte* veröffentlicht, eines »sehr merkwürdigen Einakter(s)«, wie Hofmannsthal am 24. März 1900 an Hermann Bahr aus Paris schreibt. Renard hatte er bei seinem Pariser Aufenthalt durch Maurice Maeterlinck kennengelernt, hatte auch am 2. März die erfolgreiche Uraufführung im Théâtre Antoine gesehen und war deshalb enttäuscht, als sich das Stück auf dem Burgtheater, wo es am 16. Februar 1901 uraufgeführt wurde, nicht halten konnte. Die Besetzung fand Hofmannsthal »sehr glücklich (...), der französischen sehr nahekommend, ja in einem gewissen Sinn noch besser« (so in einem Brief an Hans Schlesinger vom 9. Februar 1901). Rudolf Kassner dagegen, der ebenfalls die Pariser Inszenierung kannte, kritisierte in der ›Wiener Rundschau‹, am Burgtheater habe man das Stück »zu deutsch« gespielt, »d. h. in diesem Falle voreingenommen, aus einem Charakter heraus statt einem Charakter zu, mit zu viel Farbe und zu wenig Linie. Das ganze ist kein Ölbild, sondern ein Pastell. Poil de Carotte räsonniert sehr viel, das stört uns; wir verlangen ›Natürlichkeit‹ bei einem Fünfzehnjährigen, sonst heißt er altklug. Poil de Carotte ist aber Franzose und ist eine Art ingénu, das heißt ein naiver Räsonneur, ein unnatürlich Natürlicher. Mr. Lepic war in der Darstellung zu sehr sentimental. Ein Franzose faßt das Familienleben viel praktischer auf, und Antoine gab seinem Lepic sehr viel Humor, schon gleich am Anfang. Mme. Lepic war in der Darstellung des Burgtheaters unmöglich.«

Auf Renards Tagebuch hat in Deutschland als erster Ernst Robert Curtius hingewiesen. Möglicherweise angeregt von André Gide, mit dem er freundschaftlichen

Umgang pflog und der damals das Tagebuch las, veröffentlichte Curtius in der ›Neuen Schweizer Rundschau‹ 1927 in seiner Übersetzung eine Eintragung Renards vom 1. Januar 1895. ›Gewissenserforschung des Schriftstellers‹ hat er den Text überschrieben, der an Renard das hervorhebt, was einerseits Léautaud mit »Selbstbeobachtung und Selbstprüfung«, andererseits Sartre mit »luzide(r) Strenge« bezeichnet. Eine Vorbemerkung hat Curtius leider nicht hinzugefügt.

Es entspricht der Gebrochenheit deutscher Schriftstellerschicksale in diesem Jahrhundert, daß zu den wenigen deutschsprachigen Äußerungen über Renards Tagebuch auch eine Stimme aus dem Exil gehört, die Stimme Kurt Tucholskys. Während der zwanziger Jahre hatte Tucholsky als Zeitungskorrespondent in Paris gelebt; damals entdeckte er Renards *Histoires naturelles* und schrieb darüber in der ›Vossischen Zeitung‹ vom 18. September 1927. ›Ein Buch voller Tiere‹ ist die Besprechung überschrieben, die vor allem eine Liebeserklärung an den Autor und eine Empfehlung für Leser darstellt – so sehr ist Tucholsky von Einzelbeispielen entzückt. »Vom Epigramm bis zum silbernsten Essay ist alles da«, schreibt er über das Buch, und im letzten Satz nennt er Renard einen »kleinen König der Tiere«.

Tucholskys Äußerung über Renards Tagebuch ist womöglich noch enthusiastischer als seine Besprechung der *Histoires*... Sie stammt vom 1. November 1934 und steht in einer der Tagebuch-Beilagen zu den Briefen, die er aus Schweden an seine Zürcher Freundin Hedwig Fischer (»Nuuna«) geschrieben hat, in einem der sogenannten ›Q-Tagebücher‹. »Ich müßte Dir den halben Renard ausschreiben«, heißt es darin. »Ist das ein süßer Mann! Diese Tagebücher sind himmlisch. Manches habe ich beinah wörtlich so empfunden und auch geschrieben.«

Erst nach dem Zweiten Weltkrieg hat es ausführlichere

und zusammenhängende Hinweise auf Renards Tagebuch und Übersetzungsproben daraus gegeben. So stellte ihn Ferdinand Lion 1948 in seiner Anthologie ›Europäische Tagebücher‹ mit einigen wenigen Aufzeichnungen aus den Jahren 1887 bis 1906 vor. Beobachtungen und Gedanken des ernüchterten, mit Klarsicht geschlagenen Renard überwiegen. Unter anderem gibt Lion eine Aufzeichnung wieder, die Renard an seinem 42. Geburtstag, dem 22. Februar 1906, gemacht hat (»Zweiundvierzig Jahre alt. Und was hab ich geleistet? Nicht allzu viel.«). Sie zeugt von Renards Unfähigkeit, sich auf einmal Geleistetem auszuruhen und daraus ein Selbstgefühl zu entwickeln. Nicht Genugtuung, nur Ungenügen flößt ihm der Rückblick auf sein Leben ein.

Es ist der gleiche Renard, den Wilhelm Lehmann 1949 mit einem ebenso einfühlsamen wie scharfsichtigen Aufsatz in der Zeitschrift ›Merkur‹ porträtiert (1960 hat ihn Lehmann zu einem Nachwort für die deutsche Ausgabe der ›Naturgeschichten‹ umgearbeitet). Er gründet das Porträt vor allem auf Sätze aus Renards Tagebuch, das er im Original zitiert. Renards Umgang mit der Natur interessiert ihn, den Naturlyriker Lehmann, begreiflicherweise am meisten. Doch treibt er seine Analyse ins Allgemeine weiter und umschreibt sorgfältig ein spezifisch modernes Lebensgefühl, das Renard an so etwas wie eine Scharnierstelle im Bewußtseinswandel der neueren Literatur versetzt: »war das Wahrheitsziel älterer Zeiten der kontinuierliche, der in einen größeren Gedankenzusammenhang eingebaute, allgemeine Mensch«, schreibt Lehmann, »so weiß der moderne Mensch die Wahrheit im Diskontinuierlichen. In Facetten zerfällt er, statt des großen Bogens wölben sich die Bogen der Augenblicke, nicht einmal einen Tag lang können wir böse oder gut oder traurig sein! (...) Renards Kunst beruht auf dieser Präsenz des Daseins, der Erfülltheit jeder Linie, des Nichtleugnens der Fugen. Seine Notizen sind sein tägliches Gebet und die beruhigte Erzählung seiner Fehlschläge. (...) es gibt keine glücklichen oder unglücklichen Menschen, sondern nur glückliche und unglückliche Augenblicke. *On a des courages, non pas du courage.*«

Genau diesen Satz von Renard greift Gerda Zeltner-Neukomm elf Jahre später in ihren Studien zum *Nouveau roman* auf (›Das Wagnis des französischen Gegenwartsromans. Die neue Welterfahrung in der Literatur‹). Im zweiten Kapitel ihrer Untersuchung (›Die Figur ohne Tiefe‹) deutet sie ihn als »ein frühes und wesentliches Symptom von einer anderen Art Wahrheit: ein Schritt zu der Atomisierung des Menschen, die heute überall ihren Fortgang nimmt«.

Beide, Lehmann wie Zeltner-Neukomm, gelangen zu ähnlichen Ergebnissen wie Sartre in seinem Aufsatz aus dem Jahre 1945, ohne seine phänomenologisch-existentialistische Methode anzuwenden. (Mit Sicherheit haben beide den Aufsatz gekannt, und zumal Lehmann kommt der Sartreschen Formel vom »Realismus des Schweigens« sehr nahe, wenn er feststellt: »Das Unglaubliche gelingt, mit Worten schweigen.«) Desto eindrücklicher bestätigen sie seine Einsichten über Jules Renard und dessen Tagebuch sowie seinen literarischen Weitblick – einen Blick, der ebenso weit in die Vergangenheit wie in die Zukunft der Literatur dringt: »Er haucht sein Leben aus, da der niedergehende Realismus ihn erwählt hat, um in ihm sein Leben auszuhauchen. Dennoch – ob es in der erbitterten Anstrengung der Selbstzerstörung, der systematischen Zerstückelung der Flaubertschen Satzperiode oder in seinem immer irregeleiteten Gespür für das jenseits der abstrakten äußeren Erscheinungen des Empirismus liegende konkrete Individuelle ist – dennoch zeugt dieser Todgeweihte von einer Art Katastrophe, die auf den Schriftstellern des Fin de siècle lastet und die, direkt oder indirekt, zum Ursprung der zeitgenössischen Literatur gehört.«

Hanns Grössel

NAMEN- UND WERKREGISTER

INHALT

ANHANG